全国高等院校商贸、营销、电子商务等专业改革创新示范规划教材
江西科技师范大学教材出版基金资助

新媒体营销

王凌洪　张定方　编　著

中国商业出版社

图书在版编目(CIP)数据

新媒体营销 / 王凌洪,张定方编著. --北京:中国商业出版社,2021.1
ISBN 978-7-5208-1351-8

Ⅰ. ①新… Ⅱ. ①王… ②张… Ⅲ. ①网络营销-教材 Ⅳ. ①F713.365.2

中国版本图书馆 CIP 数据核字(2020)第 227655 号

责任编辑:李 飞　蔡 凯

中国商业出版社出版发行
010-63180647　www.c-cbook.com
(100053　北京广安门内报国寺 1 号)
新华书店经销
北京京丰印刷厂印刷

*

787 毫米×1092 毫米　16 开　16.25 印张　300 千字
2021 年 1 月第 1 版　2021 年 1 月第 1 次印刷
定价:68.00 元

* * * *

(如有印装质量问题可更换)

内容简介

近年来，随着数字技术、信息技术的飞速发展，以互联网为代表的新媒体从诞生到逐步发展壮大，深刻改变了人们的生活方式、重塑了新的媒介营销。本书共分九章，第一章介绍新媒体营销概论，主要让读者认识新媒体营销；第二章介绍新媒体营销平台类型，让读者了解新媒体营销的主要平台及模式；第三章介绍新媒体营销策划，让读者了解新媒体营销的基本策略；第四章介绍新媒体营销广告投放，让读者了解新媒体广告投放的基本策略及投放平台；第五章介绍新媒体营销文案创作，让读者了解新媒体营销文案的特点与类型，掌握新媒体营销文案创作思维和创作方法；第六章介绍新媒体营销图文类内容设计，让读者了解新媒体营销图文的标题拟定以及新媒体营销图文内容的爆文打造和新媒体营销的图片设计；第七章介绍新媒体营销视频类内容设计，让读者了解新媒体营销视频内容策划，学会新媒体营销视频制作；第八章介绍新媒体营销数据分析，让读者了解新媒体营销数据分析和新媒体营销数据分析报告的撰写；第九章介绍新媒体舆论管理及发展趋势，让读者了解新媒体舆论的特点、新媒体带来的负面效应，掌握网络舆情的应对策略等。

本书比较全面地介绍了国内外新媒体营销的最新知识，可作为应用性本科院校及职业院校电子商务、市场营销、企业管理类、商务贸易类专业"新媒体营销"课程的教科书，也可供从事企业营销类活动的工作人员使用。

前　言

近年来，随着数字技术、信息技术的飞速发展，以互联网为代表的新媒体从诞生到逐步发展壮大，深刻改变了旧有的新闻信息传播方式，系统重塑新的媒介生态和传播格局。在新兴媒体数量激增，媒体受众日益细分的格局下，消费者的媒体接触习惯已经发生了根本改变。随着服务范围的扩大和内容的多元化，新媒体在人们生活中的应用越来越广泛，催生了人们价值理念和消费行为的改变。因此，培育和践行新媒体从业人员的社会主义核心价值观和法治意识刻不容缓。

"新媒体营销"作为一门新兴课程在财经商贸类专业中广泛开设，成为人才培养中不可或缺的重要组成部分。目前，新媒体营销的相关知识、案例和探讨在互联网上不断涌现，内容碎片化特点明显，市面上为数不多的相关教材也基本是新媒体平台运营技巧的罗列，缺乏系统性、规范性的逻辑体系，距离人才培养的需求距离较大。新媒体发展迅猛，企业对新媒体人才的需求越来越大。本书针对以上问题和人才培养需求，由江西科技师范大学联合3所院校共同开发，形成了如下鲜明特色：

1. 构建科学合理的知识技能体系，内容更加符合教学规律和新时代人才培养需求

本书从庞杂而碎片化的互联网内容中，科学梳理"新媒体营销"课程的核心知识点和技能点，形成在线开放课程和新形态一体化教材的知识技能体系；合理取舍内容，将新媒体营销策划、内容生产与营销数据分析作为重点和难点；选用近三年最新营销内容和案例作为素材，进行符合教学传播要求的改写和分析。

2. 突出实操性，注重新商科"课、岗、赛、训"融合的特色

本书融入最新的新媒体营销岗位标准与技能要求，对接技能大赛，突出实训特色，以营销内涵为主线，营销数据分析为依托，注重新媒体营销策划能力和营销内容创作能力的培养。每一章都遵循"学习目标"（知识与能力）→"案例导入"

(引出问题)→"知识讲解"(系统培养)→"知识与技能训练"(考核提升)的逻辑结构展开。

3. 实现了在线开放课程和新形态一体化教材的"互联网+"式互动

本书体现了数字技术对教育教学的强大支撑、以"一本教材就是一门课程"的目标进行开发,建设了微课、动画、视频、图文、课件、习题、实训、案例等内容丰富的颗粒化资源,以满足"互联网+"时代移动学习的需要,推动线上线下混合式教学、自主学习、翻转课堂等改革与创新实践。

本书由王凌洪、张定方担任主编,何金莲、廖志华、祝振磊担任副主编,参编人员有陈明军、杨春季、刘洋等老师。本书大纲的编写,内容的总体设计,以及最后的统稿、定稿、总纂由王凌洪完成。

由于新媒体营销涉及的内容具有较强的前瞻性与时效性,加之编写时间仓促、作者水平有限,书中难免存在不足之处,恳请广大读者批评指正,以使本书日臻完善。

编者
2020 年 11 月

目 录

第一章　新媒体营销概论……………………………………………………………(1)
  第一节　认识新媒体……………………………………………………………(4)
  第二节　新媒体营销……………………………………………………………(11)
  第三节　新媒体营销发展趋势…………………………………………………(16)
  [知识与技能训练]………………………………………………………………(25)

第二章　新媒体营销平台类型………………………………………………………(27)
  第一节　微信平台………………………………………………………………(29)
  第二节　微博平台………………………………………………………………(33)
  第三节　视频平台………………………………………………………………(44)
  第四节　其他平台………………………………………………………………(49)
  [知识与技能训练]………………………………………………………………(53)

第三章　新媒体营销策划……………………………………………………………(55)
  第一节　用户定位………………………………………………………………(57)
  第二节　内容定位………………………………………………………………(60)
  第三节　营销策划模式…………………………………………………………(65)
  第四节　营销策划方案的撰写与展示…………………………………………(78)
  [知识与技能训练]………………………………………………………………(81)

第四章　新媒体营销广告投放………………………………………………………(83)
  第一节　新媒体广告综述………………………………………………………(85)
  第二节　新媒体广告投放策略…………………………………………………(87)
  第三节　新媒体广告投放载体…………………………………………………(90)
  [知识与技能训练]………………………………………………………………(111)

第五章　新媒体营销文案创作………………………………………………………(113)
  第一节　新媒体营销文案的特点与类型………………………………………(115)
  第二节　新媒体营销文案创作思维……………………………………………(118)
  第三节　新媒体营销文案创作方法……………………………………………(121)
  [知识与技能训练]………………………………………………………………(138)

第六章　新媒体营销图文类内容设计 (141)

第一节　新媒体营销图文的标题拟定 (143)

第二节　新媒体营销图文内容的爆文打造 (154)

第三节　新媒体营销的图片设计 (159)

第四节　新媒体营销内容的正文编辑 (166)

[知识与技能训练] (172)

第七章　新媒体营销视频类内容设计 (175)

第一节　新媒体营销视频内容策划 (177)

第二节　新媒体营销视频制作 (184)

第三节　视频策划注意事项 (189)

[知识与技能训练] (194)

第八章　新媒体营销数据分析 (199)

第一节　新媒体营销数据分析概述 (201)

第二节　新媒体营销数据分析对象 (207)

第三节　新媒体营销数据分析报告 (210)

[知识与技能训练] (218)

第九章　新媒体舆论管理及发展趋势 (221)

第一节　新媒体舆论的特点 (223)

第二节　新媒体带来的负面效应 (230)

第三节　网络舆情的应对策略 (240)

[知识与技能训练] (250)

第一章　新媒体营销概论

【知识目标】

了解新媒体、新媒体营销的概念、内涵，理解新媒体营销的核心理论和营销方式，了解新媒体发展的趋势。

【能力目标】

能专业地界定新媒体并正视新媒体的特征，合理运用新媒体营销思维开展营销活动。

【案例导入】

那些新媒体营销"套路"

2019年的"天猫双十一全球狂欢节"全天交易额达到2684亿元，轻松刷新纪录。在这场盛宴中，企业利用新媒体开展营销活动已经成为常态。

1. 299个品牌销售额破亿元

蒋凡透露，今年参与天猫"双11"的用户，比去年全天新增了1亿多。此前披露的数据显示，过去两年，淘宝天猫新增用户超过70%来自下沉市场。新的人群为新消费活力持续增强奠定了基础。

iPhone11仅1分钟成交破亿元，戴森电动拖把10分钟成交超去年全天，泡泡玛特龙家升迷你系列盲盒9秒钟售罄55000个——创新、有趣的产品切中了"追新族"的需求。

今年，共有299个品牌跻身"亿元俱乐部"，其中崛起的新品牌尤为引人注目。仅以美妆为例，国货彩妆品牌花西子今年首次参与天猫"双11"，开场1小时成交额就突破1亿元，互联网原生品牌HomeFacialPro和完美日记成立时间都不到5年，近几年来已是"亿元俱乐部"的常客。

11月11日全天，产生1.7亿笔C2M数字化工厂直供订单，聚划算"千万爆款团"诞生了31个过亿单品、1064个千万爆款单品、18000个百万爆款单品。最受下沉市场欢迎的品牌爆款中，七成为聚划算的定制款货品或一年内首发的新品。

农业基地直供模式把农田和餐桌连接在一起。由全国707个县提供的4548款优质农货入驻阿里巴巴兴农脱贫项目,如海南三亚黄金火龙果、湖北秭归的脐橙等。2019年天猫双11,22个小时内,阿里巴巴全平台农产品销售额突破70亿元,比去年双11全天增长53%。半天时间,天猫双11兴农脱贫会场的成交额,已超过去年双11全天。

进口商品供给有效地促进消费升级,并呈现出显著的普惠趋势。11月11日0点前,天猫国际消费者进口商品加购数超过3960万件,其中一位消费者的"全球购物车"装载了来自13个国家和地区的97件进口商品。

2.淘宝直播带来近200亿元成交额

新的消费场景既为消费者创造了新鲜感,也为品牌商家开拓了数字化运营的新阵地。淘宝直播成为品牌商家的标配,天猫旗舰店2.0、语音购物已成潮流。

天猫双11开始仅1小时03分,淘宝直播引导的成交就超过去年双11全天;8小时55分,淘宝直播引导成交已破100亿元。超过50%的商家通过直播获得新增长。天猫双11全天,直播带来的成交近200亿元。

双11期间,1167家旗舰店2.0核心试点商家进店消费者同比去年增长超过50%。11日当天,购买笔数转化率同比去年提升超过20%,商家自主运营消费者带来的成交同比增长超过200%。超过350个品牌首次上线旗舰店品牌Zone,这是展示品牌个性、多样化沟通消费者的场景。双11预热期间,品牌Zone为商家带来了超过2亿人次的访问量。今年天猫双11,还有超过500万人体验了一种新的购物方式,在天猫精灵平台上,共有105万笔通过"说话"的方式支付成功的订单,共有176个品牌参与,开启了"语音购物元年"。

这些现象表明,消费正在因数字技术发生巨大的变化。

3.今年天猫双11,重庆人最爱买裤子

12日,根据阿里巴巴提供的数据,今年双11,重庆的男女老幼,都爱囤裤子!

在"60后""70后""80后""00后"最喜爱的商品中,裤子排名第一!而在"50后""90后"的购物车中,裤子的受欢迎程度也能排进前五。

冬天太冷,不仅要囤裤子,还要囤羽绒服、棉衣、毛呢外套。在重庆市"60后"到"90后"的购物车里,羽绒服是今年最热门的单品之一,均进入该年龄段"最喜爱商品TOP5"。不怕冷的"00后",不囤羽绒服也囤起了棉衣。此外,毛呢外套也较受欢迎,被"60后""70后""90后"装进购物车。

手机也是重庆人最爱买的商品之一。在"50后""60后""80后""90后""00后"的购物车里,手机位列"最喜爱商品TOP5",其中"90后"最爱买手机。

值得一提的是,"70后"偏偏不爱手机等科技产品。今年双11,他们买起了裤子、卫浴用品、羽绒服、沙发、毛呢外套,相当居家!

年龄不同,最爱的品牌也不同。这届重庆"00后"最爱耐克、阿迪达斯、安踏、完美日记和李宁。而比他们大不了多少的"90后",却更爱苹果、美的、华为、海尔和阿迪达斯。

4. 物流链路全面数智化

目前，阿里巴巴的核心系统已100%跑在阿里云公共云上，这使阿里巴巴得以应对更加复杂的技术挑战。今年天猫双11订单创建峰值达到54.4万笔/秒，是2009年第一届双11的1360倍，创下新的世界纪录。飞天云操作系统成功扛住了全球最大的流量洪峰。

物流订单量增长纪录不断被刷新。天猫双11开场12小时，国内324个城市已经签收双11包裹。仅用16小时33分钟，2019年天猫双11物流订单量破10亿，比去年提前6小时45分钟。全天物流订单达12.92亿，数智物流新纪录诞生。

菜鸟网络总裁万霖表示，双11物流解题的关键，在于全链路的"数智化"。随着菜鸟电子面单的普及与IoT技术的深化，正在让每一个包裹、每一个物流人、每一辆车、每一个仓库成为一个数字化节点，连接成一张数智化网络。

物流链路的全面数智化使得全社会的物流力量可以充分、高效地调动起来，解决送达十几亿包裹的世界级议题。

[资料来源：2019－11－12，https://mbd.baidu.com/newspage/data/landingshare?pageType＝1&isBdboxFrom＝1&context＝%7B%22nid%22%3A%22news_10066313914844101680%22%7D]

【案例启示】

"天猫双十一全球狂欢节"充分利用新媒体平台信息传播"快、准、狠"的特点，把事件营销、口碑营销、互动营销等方法贯穿于新媒体营销活动的全过程。天猫将互联网思维、跨界思维、大数据思维、共享经济思维等新媒体营销思维运用于"天猫双十一全球狂欢节"活动中，在统筹把握活动节奏的同时，创新地设计了更多、更合理的玩法，为企业利用新媒体开展营销活动提供了示范。

在移动互联网时代，商业与社交在新媒体领域已经密不可分，新媒体营销的应用也越来越广泛，企业普遍意识到新媒体营销的重要性，迫切需要利用新媒体营销思维，指导其日常经营活动。

第一节 认识新媒体

从国家层面上看，不断出台的政策刺激着"互联网+"产业的升级和创新，鼓励传统媒体和新媒体相互融合促进；从个体层面上看，新媒体已经与人们朝夕相伴，深深地影响着人们的工作生活。

一、新媒体产生的背景

1. 互联网与智能终端突飞猛进，催生创新拐点

随着信息传播技术的进步，传媒行业经历了从平面媒体到广播电视媒体再到互联网媒体的演进过程。自3G牌照发放以来，中国移动互联网便进入了持续的爆发式增长阶段，移动化和融合化成为中国新媒体发展与变革的主旋律。如图1-1所示，移动互联网市场的市场规模保持超高的增速。手机视频、即时通信、移动游戏等各种APP应用功能通过智能终端喷涌而出。媒体承载的信息资源逐渐发生过渡和转移，从固定到移动、从大屏到小屏，移动互联网和智能终端突飞猛进地发展，导致企业的品牌价值发生了深层次变化，进而又引发了新媒体营销模式的变革。

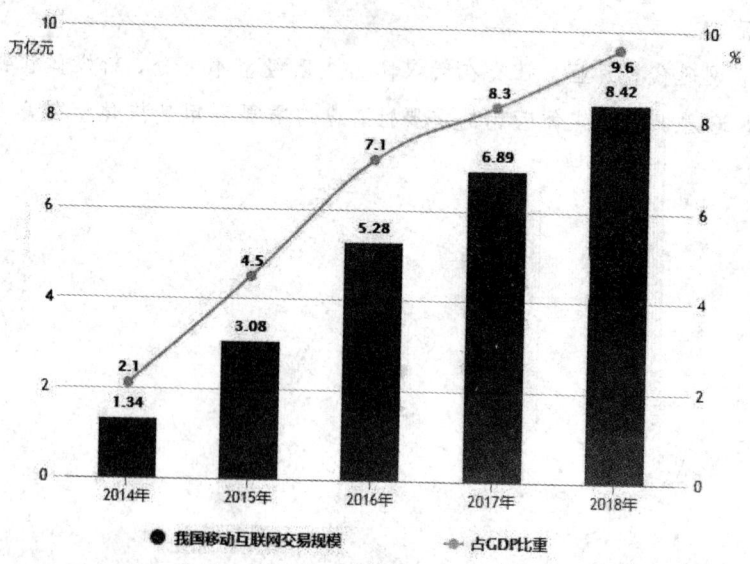

图1-1　2014—2018年我国移动互联网交易规模及占GDP比重统计情况

随着4G技术的全面推广、5G技术的逐渐成熟和6G网络的部署研发，未来移动互联网

将在传媒业中占据主导地位,移动互联网产业链上的各个环节都将受益于这一领域的高速增长。

2.用户行为习惯悄然变化,企业顺势而动

移动互联网不仅打破了信息在时间、空间上的不对称,更改变了信息的传播方式,直接改变了人与人之间的沟通交流方式,改变了人们的行为(包括社交、学习和生活)、消费观念及习惯。同时,消费者群体正在变迁,消费主力从"60后""70后"变成了互联网原住民"80后""90后",消费者的思想、观念、行为模式也发生了巨大改变,"60后""70后"更注重看得见、摸得着的实地、实物接触消费,而"80后""90后"更注重消费感知、自我价值认同和社交分享等特点的消费。

传统营销模式是在各大媒体打广告,吸引消费者关注进而根据广告的指引咨询、购买。在移动互联网时代,随着消费者的消费习惯和消费模式的变化,用户会根据自己的需求先在网上搜索,然后在各个商家之间进行比较,哪家可以更好地满足自己的需求,就会在哪家购买。通过物流拿到商品后,如果品质、体验还不错,用户可能会在社交媒体上分享给其他网友。在这一变化下,企业纷纷转变观念,主动贴近用户,进行营销方式的革新。企业迫切需要通过媒体平台和用户进行持续性互动,及时收集、整理和分析用户个性化、差异化的大数据,并对自身的产品或服务进行迭代优化,利用网络协同和智慧数据实现精准营销。

3.传统媒体主动融合求变

互联网、大数据、人工智能、云计算等新兴技术的发展推动了媒体技术的更迭发展,也促进了行业的转型升级和竞争加剧。传统媒体如果不积极寻求转型,进行结构升级,整合优化资源、破解僵局,寻求可持续发展之道,很快就可能被时代淘汰。在外界环境的变化和内在发展双重压力下,传统媒体正在主动与新媒体融合,进行转型升级。

二、新媒体的概念

1.新媒体的概念

新媒体(New Media)一词最早出自1967年美国哥伦比亚广播电视网(CBS)技术研究所所长戈尔德马克(P.Goldmark)的一份商品开发计划。自此,新媒体一词开始在美国流行并迅速扩展至全世界。那时,新媒体一词更多指向电子媒体中的创新性应用。目前,国内外学术界以及产业界对新媒体还没有统一的定义。

联合国教科文组织对新媒体的定义是:"以数字技术为基础,以网络为载体进行信息传播的媒介。"美国《连线》杂志对新媒体的定义则较为广泛:"所有人对所有人的传播。"这个定义突破了传播媒体对传播者和受众两个角色的严格划分。在新媒体环境下,"听众""观众""读者""作者"的角色不再专指某一群体,信息的传播变得多来源、多渠道、多指向,每个人都可以是生产者、传播者和接收者。

就本书而言,相对于报纸、杂志、电视等传统媒体而言,新媒体是一个动态变化的概念,指基于互联网技术、通信技术等信息传播技术，采用新的媒介经营模式，实现个性化、互动化、精准化的传播，开创新的媒体内容与表现形式、创造新的媒体用户体验的现代媒体类型。新媒体具有依托网络技术，以互动性为核心，以平台化为特色，以人性化为导向等特点。

2.新媒体的类型

新媒体的动态变化影响着新媒体类型的界定，从第一代门户网站、BBS论坛、博客、QQ、视频、数字电视等，到日新月异的移动门户、各类自媒体平台、微博、微信、短视频、直播等，新媒体的类型随着新的互联网产品和服务的诞生层出不穷，其界定方法也变得越来越模糊。

当前的新媒体大致分为三大阵营九类平台，如图1-2所示。

(1)第一阵营包括微信平台和微博平台等。众所周知，这两类平台是目前各大企业都需要深耕的新媒体平台。

(2)第二阵营包括直播平台、视频平台、音频平台。娱乐化与多媒体化是营销推广的热门趋势，这三类新媒体平台是企业需要抢占和强化的阵地。

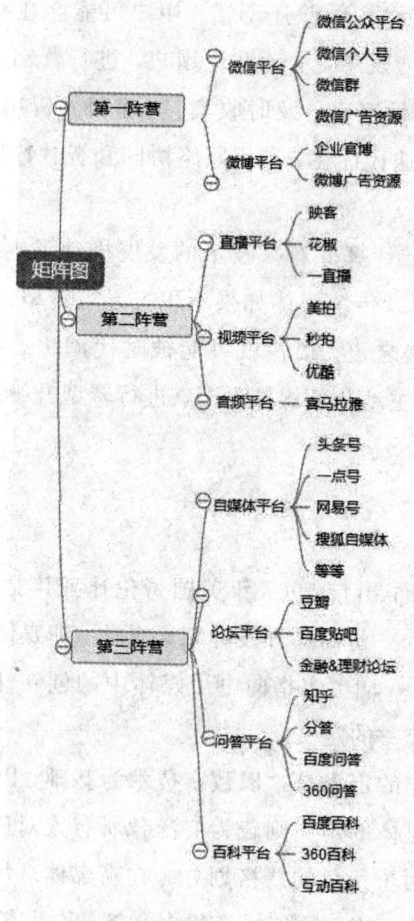

图1-2 新媒体三大阵营九类平台

(3)第三阵营包括除"双微"之外的自媒体平台和论坛平台，这些平台上的流量不容小觑。

3.新媒体的发展现状与发展前景

(1)新媒体的发展现状

1)互联网用户规模庞大，新媒体用户使用率高。CNNIC 第 43 次《中国互联网络发展状况统计报告》显示，截至 2018 年 12 月，我国网民规模达 8.29 亿，全年新增网民 5653 万，互联网普及率为 59.6%；我国手机网民规模达 8.17 亿。我国网络新闻用户规模达到 6.75 亿，年增长率为 4.3%，网民使用比例为 814%。其中，手机网络新闻用户规模达到 6.53 亿，占手机网民的 799%，年增长率为 5.49%。微博用户使用率为 42.3%，较 2017 年年末增长 10.9%。网络直播用户规模达到 396 亿，用户使用率为 479%。2018 年，短视频应用迅速崛起，网络短视频用户规模达 6.48 亿，占网民总体的 78.2%。手机网络视频用户达到 5.9 亿，占手机网民的 72.2%。

2)短视频市场群雄逐鹿，网红化、草根化凸显。2017 年短视频市场迎来群雄逐鹿的新阶段，面对火热的短视频市场，互联网巨头纷纷加入，以各自组织梯形视频分发队伍的形式瓜分市场。《中国新媒体发展报告(2018)》显示，随着垂直化短视频平台的兴起，短视频行业的产品类型与服务更加多元化(如图 1-3 所示)，玩法更加多样，发展前景更加广阔。

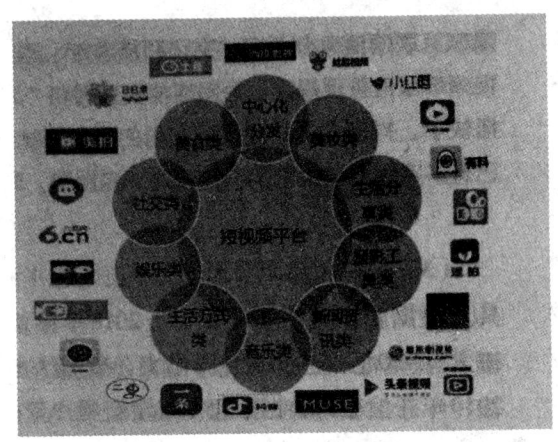

图 1-3 短视频平台

首先，平台数量快速增加。不同监测机构的数据均显示，2017 年短视频平台数量增长，仅易观千帆监测的平台数量就达到近 60 家。除了快手、秒拍、美拍三家早期的市场进入者之外，从 2016 年下半年起，今日头条推出了矩阵产品头条视频、火山小视频、抖音、梨视频。2017 年，大批入局者密集跟进，3 月，土豆网全面转型成为短视频平台，6 月，头条视频变身为独立 APP——西瓜视频。此外，快视频(360 旗下)、波波视频爱奇艺头条、好看视频(百度旗下)纷纷入局。互联网巨头亦纷纷进场，进行生态布局，腾讯系(快手)、阿里系(新土豆)、头条系、新浪系(秒拍)、百度系(好看)、360 系(快视频)无人缺席。

其次，平台规模持续扩大。QM 数据显示，2017 年快手月活用户数达到 2 亿人，在其发布的"中国亿级 APP 最强增速榜 TOP10"上位列第二，实现了令人瞩目的现象级增长；火山小视频、西瓜视频在"中国 5000 万级以上 APP 最强增速榜 TOP10"上名列前两位。

最后，商业规模逐步扩大。短视频商业变现始于 2016 年，随着用户数量快速增长、平台急剧扩张、资本大量涌入，短视频市场规模逐步扩大。

3) 微信微博影响力巨大，自媒体平台势如破竹。微信已成为全民级移动通信工具。根据腾讯官方数据显示，2018 年微信及 WeChat 合并 MAU 达到 10.82 亿，平均每天有 450 亿次的信息发布出去，微信已实现了对国内移动互联网用户的大面积覆盖。2019 年新浪微博数据中心发布最新用户发展报告，报告显示，微博 MAU 为 462 亿次，连续三年增长超过 7000 万。

互联网社交媒体的蓬勃发展促生了一大批自媒体平台，新浪微博的自媒体计划使得很多"大 V"获益良多。微信的自媒体也呈现出疯狂的蔓延趋势，与其他型相比，搞笑类微信账号具有更好的传播效果，很多文章的阅读量都超过 10 万。"新指数大数据平台"显示，排名前 50 名的微信公众号每条文章的平均阅读量突破了 1 万次，可见，微信平台的服务能力和传播能力非常强大。网络基建、各种可穿戴设备和视频社交的发展，将推动社交平台专业化、智能化、服务化、全媒体化、垂直化和地方化，社交媒体的传播价值、商业价值、服务价值、营销价值也会具备更高的发展水平。

4) 信息新技术加快媒体融合的速度，移动智媒化时代到来。近几年传统媒体深受新媒体迅猛发展的巨大冲击，也在与新媒体的碰撞和尝试中，积极寻找未来能和新媒体相互融合、共赢发展的方式。例如：新华网、财新网和网易新闻突破数据新闻穹顶，通过可视化的产品形态转变了业务流程；央视新闻也在"两微一端"的新媒体平台总共突破了 1 亿用户；超级编辑部利用新媒体平台打造视频、户外屏等多种形态的发展模式；还有澎湃新闻的内容微创新、今日头条针对受众设计的个性推荐阅览，等等。能够实现移动化、可视化，有针对性的多功能互联网平台已经成为媒体发展的大趋势。建立在专业媒体、人工智能、云计算和大数据等基础上，新技术已经从概念阶段走向实践阶段，并逐渐迈向智媒化阶段，媒介界限变得模糊。

(2) 新媒体的发展前景

由中国社会科学院与社会科学文献出版社共同发布的《中国新媒体发展报告(2018)》对中国新媒体未来发展提出了十大展望。

1) 数字经济引领"数字中国"建设走上新征程。数据显示，2017 年，中国信息通信技术发展指数分值为 5.60，高于全球平均水平，成为全球进步最快的十个国家之一。数字经济促进中国经济增长，成为引领"数字中国"的重要力量。中国应以"数字中国"建设为统筹平台，加快网络强国建设步伐，围绕《中国制造 2025》，推动互联网和数字技术与经济社会融合发展。

2) 人工智能企业迅速崛起，智能互联与万物融合的时代加速到来。5G 已经进入国际标准研制的关键阶段，根据工信部的消息，我国具备示范应用能力的 5G 终端最早会在 2019 年下半年推出。2019 年下半年生产出第一批 5G 手机。以智能硬件为突破口，万物互联加速到来。随着人工智能算法、智能语音与计算机视觉、智能驾驶等领域的不断发展，人工智能企业将加速崛起。

3)媒体融合系统性创新发展，效果评估不断规范。媒体融合战略发展将进入第五年，系统性创新成为重点。传统媒体在技术的冲击下将会面临更多的挑战，纸媒的停办、重组、区域整合还将继续。传统媒体在与新媒体融合发展的过程中要坚持新媒体思维，坚持移动和智能优先，坚持发挥内容优势。在融合发展实践中，新媒体和媒体融合发展评估指标和体系增多，媒体融合发展要科学、客观地评估体系。

4)"一带一路"倡议等中国智慧持续推进我国国际传播能力的提升。2018年是"一带一路"倡议提出五周年，应利用我国主场外交活动、重要时间节点等进行国际传播能力建设。我国对外传播工作虽然取得了一定进展和成绩，但是对照国际社会的认知需求、国家对外传播工作的实际要求还存在一定差距。我国应利用微传播、微外交等新途径、新方式提升我国的软实力。

5)"双微"发展依然强势，今日头条异军突起。2018年春节，微信全球月活跃用户数首次突破10亿大关。截至2018年12月，新浪微博月活跃用户数增至4.62亿，相比2017年年底增加了7000万。2017年，微博实现总营业收入77.13亿元，76%的增速创上市以来的新高，其中广告收入为6682亿元，同比大增75%。今日头条凭借新闻客户端、短视频、知识付费产品等形成组合产品链，发展势头强劲。

6)以加强网络舆论引导为主进行互联网内容建设，防范网络思潮风险。2017年，主流话语体系建设取得重大成就，阵地意识不断强化，但同时存在网络思潮对主流意识形态解构的风险。互联网内容建设的首要任务是牢牢把握正确的舆论导向，全面提高舆论引导能力。

7)内容价值持续回归，内容付费成为新媒体盈利增长的新热点。在"后真相"时代，呈现客观事实、深度信息的报道显得格外珍贵。不仅在新闻媒体领域，在任何新媒体产品领域内容的价值都不容忽视。随着内容付费领域的不断拓展，知识IP和知识领袖不断涌现，短视频和音频成为内容付费行业的主要产品形式。然而，如何确保知识付费产品的高打开率成为一个重要问题。内容付费也将成为中华优秀传统文化创造性输出的一个新方式。

8)政务新媒体不断自我整合，服务功能逐步"实化"和"具化"。在国家倡导"互联网+政务服务"、政务资源互通共享后，可以预见全国政务新媒体功能将会更加完善，不同部门间的信息壁垒将会被逐渐打通，人们网上办事将会更加便利。在平台建设初步完成后，政务服务的效率与质量提升迫在眉睫。

9)用户个体商业价值被激活，以"社交电商"为代表的社交化产品成为新势力。根据艾媒咨询数据，2017年中国社交零售用户规模达2.23亿人，较2016年增长了467%，预计2020年用户规模增至5.73亿人。拼多多、小红书、有赞、云集等社交电商模式有效解决了传统电商获取流量难的问题，通过充分挖掘用户个体价值和社群价值，以信任和人脉为核心有效进行商品和平台的推广。社交电商催生了新零售，充分发挥了社交化这一新媒体产品的核心功能。借助社交媒体平台，以"社交电商"为代表的社交化产品将不断发展。

10)互联网治理趋势依然是严管严控，网络安全至关重要。2018年4月，国家互联网应急中心发布的《2017年我国互联网网络安全态势报告》称，没有网络安全就没有国家安全，要切实保障国家数据安全，加强新媒体用户个人信息保护，促进互联网全球治理合作，推动构建网络空间命运共同体。

第二节 新媒体营销

自新媒体出现以来,各种依托新媒体的营销方式也随之发展起来,营销手段日趋多元、营销形式日趋丰富,营销策略也更加符合消费者的个性化需求,企业进行营销方式更新的时间也越来越短。

一、新媒体营销变革

在新媒体时代,消费者的需求发生了变化,更加倾向于品质化、个性化和服务化,千人千面的用户画像让营销体系变得愈加复杂。以追求产品功能卖点的品牌价值观念难以获得消费者青睐,企业逐渐认识到,趣味感性、软性植入、能够激发情感共鸣的优质内容才能真正塑造品牌价值。注意力经济时代来临,碎片化的媒介环境开始呼唤静态沉浸式、渗透式、交互式的营销模式。

从消费者、品牌价值到媒介环境,商业环境的三大主题共同演进,伴随着新媒体的动态更新,传统的营销规律被打破,新媒体营销变革正在发生。

1. 新的市场理念

这是一个逐渐从企业向消费者中心转变的过程,新媒体营销真正让消费者成为营销的主体和核心。通过新媒体,企业开展多平台的营销互动,一部分消费者可以通过新媒体平台影响另一部分消费者。只有这样的新媒体营销,才能将市场真正带入用户为王、全民营销的时代。

2. 新的营销目标

新媒体出现以后,销售渠道和营销都更加多元化,对很多产品来说,营销不再是单纯的广告,还有内容营销、互联网话题造势等多种方式;销售不再是线下实体店推销,所有的新媒体渠道都可以成为变现的销售网络。新媒体营销要将品牌传播与销售协同才能真正提升商业效率。

3. 新的传播模式

相较于传统媒体,新媒体最突出的特征是改变了过去的单向传播,创造了传播者和接受者之间随时随地双向传播的模式。这样的传播模式赋予了新媒体开放性和参与性。越来越多的媒体、企业和商家开始重视受众、用户对项目或商品的参与性。

4. 新的技术驱动

新媒体拓展了人工智能及智能问答系统的应用领域,通过数字营销、标签优化、算法赋能,打通商品、消费者、媒体多层商业要素之间的匹配逻辑,实现精准营销分发。

二、新媒体营销的特征

新媒体营销,是指基于互联网平台进行的新形式的营销方式,以微博、微信、APP、H5等新媒体为传播渠道,就企业相关产品的功能、价值等信息来进行品牌宣传公共关系、产品促销等一系列营销活动。作为企业营销战略的一部分,新媒体营销是新时代企业全新的营销方式。

传统营销无论是通过报纸、电视电影、广播、杂志投放广告,还是其他推销方式本质上都是从企业或者广告主的角度出发,与消费者的互动性不强。新媒体营销则从技术上的数字化与传播上的互动性出发进行营销,这种营销模式更注重内容的多样性和传播过程的互动性。企业可以通过新媒体平台的消费者反馈,及时调整传播策略和营销策略,甚至针对不同的个体采用个性化的营销方式。

随着科学技术的每一次变革,新媒体营销方式都会有新的形态出现,而营销的目的万变不离其宗:让顾客知晓并认可企业的产品和服务,从而产生消费行为。

新媒体营销的具体特征表现为以下几种:

1.形式多样,个性化突出

新媒体渠道的多样化带来的是营销方式的多元化,微博、微信、APP、直播、视频、百科平台等新媒体各有特色,每种新媒体代表的都是一种不同的营销方式,企业可以通过一种或多种组合方式开展营销。从消费者的角度而言,人们倾向于在自己更熟悉、更信任的媒体上进行消费和购买。在新媒体上,企业通过个性化的手段和内容与消费者建立强社交关系,获得消费者信任,触达消费者另一方面,新媒体营销根据不同类别用户的特点与需求进行针对性的营销活动,而不是像传统营销一样对所有接收信息的用户进行无差别的轰炸。例如,对于不同年龄段的用户来说,针对年轻群体的营销活动应更加新潮,更贴近热点,使用年轻人的流行语言;而针对年纪较大的用户,营销活动可能需要突出怀旧的主题。新媒体营销针对不同类别用户的特点和需求展开营销,必然也就会有更大概率取得用户的认同和响应,提高营销效果。

2.消费者范围广泛,互动性强大

新媒体受众范围广泛,所有加入互联网的用户,都可以成为企业进行新媒体营销的受众。人群影响面大,受众范围广,在大量用户群的网络中,生产有共鸣的内容和广告,容易形成大范围的口碑营销、病毒营销。强大的互动性是新媒体营销最明显的特征,新媒体改变了传统媒体营销的"单向"传播劣势,形成了一种企业和消费者的"双向"传播。新媒体促使企业和消费者之间建立直接的联系,进行一对一的交流,企业可以依据消费者的反馈,及时调整营销模式和产品结构。同时,企业可以通过抓取新媒体后台数据和利用数据挖掘技术,发现消费者潜在需求,利用数字营销,对消费者进行精准定位,力求在营销时满足用户的个性化、分众化需求。

传统的营销主要是单向传输，相对而言更加注重用户的覆盖率，例如，纸质媒体渠道的发行点，电视的收视率，网站的访问量、点击量、阅读量等指标。传统媒体通过更广阔的渠道覆盖来实现最大的用户覆盖率。而新媒体营销更加关注的是对种子用户与粉丝用户的培养，就是要构建用户的参与感，让用户更多参与产品的设计研发及销售服务过程，让用户和产品共同成长。当然，信息技术的发展也为产品与用户的互动提供了更多的可能性和更加便利的形式。因此，互动性是新媒体营销的重要特征之一。

3.传播快速高效，呈现裂变式增长

新媒体的传播速度快，传播强度大，内容包括图片、文字、音频、视频等多样化信息，这些内容更加生动、形象、直观，容易被消费者迅速接收和理解。在具体营销实践中，新媒体营销的传播呈现裂变式增长，使得企业的营销可以在短时间内迅速抵达更多的用户。相对而言，传统营销活动的传播节点简单，传播链条很短。例如，电视广告的传播从公司通过广告把信息传递给观众就结束了，只有企业和观众两个参与方。新媒体营销受益于技术发展和社交平台的普及，使营销活动传播的链条大大增加，而且具有了自发传播的能力和特点。例如，企业的营销文章，一方面用户可以通过转发、分享等方式传播给其他用户，使传播的链条大大增加，营销文章的生命周期大大延长；另一方面优质的营销内容到传播后期已经不需要企业的干预和推动，而是依靠用户之间的转发和分享就能在社交网络上自发以网络方式传播。

4.营销效果评测数据化

随着技术的发展和移动互联网的普及，每天都产生海量数据。通过对这些海量数据的挖掘，可以实现用数据支撑商务活动的各个环节。数据化的表达是新媒体营销重要的特征。首先，**数据化是新媒体营销的基础**。新媒体营销的第一步就是要对与营销活动有关的对象进行数据化的挖掘和评估。例如，要通过对访问浏览记录、购买记录、搜索记录等用户行为进行数据挖掘和分层分类分析，从而用数据准确地描述用户；同样，营销活动也需要数据分析和运营。其次，相较于传统营销粗放评估的营销效果，新媒体营销的成果可以进行数据化呈现。例如，企业可以详细知道有多少人阅读了它的营销文章，转化了多少购买率，转化了多少粉丝关注率，甚至可以知道用户是谁，从哪里来。数据化营销成果的呈现可以促使企业及时调整营销策略和活动，以达到更好的营销效果。

三、新媒体营销模式

随着新媒体营销应用领域的不断开拓，当前出现了以下九种较为常见的营销模式。

1.病毒营销

病毒营销是利用公众的积极性和人际网络，让营销信息像病毒一样传播和扩散，营销信息被快速复制传向数以万计、数以百万计的受众，像病毒一样深入人脑，快速复制，广泛传播，将信息在短时间内传向更多的受众。

2. 事件营销

事件营销是通过策划、组织和利用具有新闻价值、社会影响以及名人效应的人物或事件，吸引媒体、社会团体和消费者的兴趣与关注，以求提高企业或产品的知名度和美誉度，树立良好的品牌形象，最终促成产品或服务销售的手段和方式。

3. 口碑营销

在这个信息爆炸的时代，消费者对广告、新闻等都具有极强的免疫能力，只有新颖的口碑传播内容才能吸引大众的关注与议论。口碑传播最重要的特征就是可信度高，一般情况下，口碑传播都发生在朋友、亲戚、同事等关系较为亲密的群体之间。

4. 饥饿营销

饥饿营销就是商家采取大量广告促销宣传，勾起顾客的购买欲，然后采取控制手段，让用户苦苦等待，结果反而更加刺激购买欲的营销方式，有利于其产品提价销售或为未来大量销售奠定客户基础。但需要注意的是，在市场竞争不充分、消费者心态不够成熟、产品综合竞争力不可替代性较强的情况下，这种方式才能较好地发挥作用；否则，就会产生负面效果。

5. 知识营销

知识营销是通过有效的知识传播方法和途径，将企业所拥有的对用户有价值的知识（包括产品知识、专业研究成果、经营理念、管理思想，以及优秀的企业文化等）传递给潜在用户，并逐渐形成对企业品牌和产品的认知，将潜在用户最终转化为用户的过程和各种营销行为。

6. 互动营销

互动营销的双方一方是消费者，另一方是企业。只有抓住共同利益点，找到巧妙的沟通时机和方法，才能将双方紧密结合起来。互动营销尤其强调，双方都采取一种共同行为。互动营销的优势有：促进客户的重复购买、有效地支撑关联销售、建立长期的客户忠诚、能实现顾客利益最大化。将互动营销作为企业营销战略的重要组成部分来考虑是未来许多企业新媒体营销的发展方向。

7. 情感营销

情感营销就是把消费者个人情感差异和需求作为企业品牌营销战略的情感营销核心，借助情感包装、情感促销、情感广告、情感口碑、情感设计、企业文化等策略来实现企业的经营目标。在情感消费时代，有时消费者购买商品所看重的已不是商品的数量、质量和价格，而是一种情感上的满足，一种心理上的认同。

8. 会员营销

会员营销是一种基于会员管理的营销方法，商家通过会员积分、等级制度等多种管理办法，增加用户的黏性和活跃度，持续延伸用户生命周期。并通过客户转介等方式，实现客户价值最大化。

会员营销是一门精准营销，是通过将普通顾客变为会员，分析会员消费信息，挖掘顾客的后续消费力并汲取其终身消费价值，来实现企业效益和规模的不断放大。会员营销也是一种绑定消费者的手段,在新媒体营销中运用非常广泛。

9.社群营销

社群营销是基于圈子、人脉、六度空间概念而产生的营销模式,是基于相同或相似的兴趣爱好,通过某种载体聚集人气,通过产品或服务满足群体需求而产生的商业形态。社群营销的载体不局限于微信、论坛、微博、QQ群,甚至线下的社区等各种平台,都可以进行社群营销。

社群营销模式所具备的特征主要有:组织发展与团队经营、传播平台的有效利用、内容重要的社群凝聚,意见领袖和社群的深度研发。

综合运用上述九种营销模式是新媒体营销的发展趋势。病毒营销、事件营销适用于品牌前期宣传。因为这两类营销方式影响范围广、更能抓住用户的注意力,让用户快速建立起对品牌的印象。情感营销、知识营销、会员营销、饥饿营销、口碑营销、互动营销更多用于品牌宣传的中后期。在用户对品牌建立了初步的认知度之后,情感营销可引起用户的共鸣。知识营销、口碑营销可增加用户对品牌的认可度。社群营销、会员营销、互动营销可增强用户与品牌的黏性。跨界营销把不同行业、不同产品、不同偏好的消费者的共性元素进行融合和互相渗透,实现品牌间影响力的互相渗透。

第三节 新媒体营销发展趋势

以信息技术为基础的移动互联网模式下的新媒体对传统媒体产生越来越深刻的影响,尤其是传播方式的影响。有的影响仅是技术演化造成的,有的影响则是社会文化演化造成的。当然,技术的演化也可以反过来加速社会文化的演化。

一、注意力经济时代来临

人类信息阅读的载体大的变化趋势是从岩画到纸书,从书籍到报刊,从报刊到计算机,从计算机客户端到手机移动端。在变化方面,大的趋势是阅读屏幕越来越小,阅读时间越来越短。

更为重要的是,计算机阅读和移动阅读都是交互式阅读模式,人阅读怎样的内容是需要自己一步步去选择的,这和图书这种静态沉浸式阅读模式完全不同。

在这种交互式阅读模式下,如果一个人要花很长时间等待自己想看的内容,他会变得越来越缺乏耐心,甚至直接跳出。这种因为不耐烦等待而马上跳出的行为模式在纸质图书阅读过程中就比较少见。有人归纳出"三秒原则",意思是如果内容在3秒内刷不出来,阅读者就会选择跳出。

在同样的带宽下,对于不同媒体,大家愿意接受的等待时间应该是有区别的。在设置新媒体内容时,要注意测试内容打开的正常速度是否在正常人等待预期内,否则就需要进行调整(见表1—1)。

表1—1 请选择你对不同新媒体素材能接受的等待时间

媒体类型	1—3秒	4—7秒	8—10秒
网站文章			
微信公众号文章			
短视频			
H5小游戏			

另外,为了让大家对阅读内容产生强烈的兴趣,能保持注意力等待,媒体就越来越倾向于选择更吸引人的标题,或者把长文章分成若干小节,每节设置吸引人进一步阅读的标题和诱导图片,减少阅读跳出的可能性,这就是所谓的"标题党"现象。

在这种趋势下,更强调排版的长文章、更强调轻松读的图形化文章、更强调趣味性的短视频、更强调游戏性的交互式 H5 等新的阅读载体就比传统的大段文字更有吸引力,这也成为新媒体从业者必须掌握的运营新武器。

二、移动场景阅读时代来临

就阅读屏幕而言,计算机屏幕面积是远远超过普通纸质图书的,但是计算机屏幕也好,手机屏幕也罢,都不是特别好的阅读载体,因为干扰信息太多。所以亚马逊为了电子阅读专门推出了 Kindle 硬件(见图 1-4),就是为了避免人的阅读注意力被无关的电子信息所干扰。

图 1-4　Kindle 电子书阅读器

今天,智能手机已经普及,很多人现在已经习惯了用手机取代原来很多必须依赖计算机完成的工作,如工作交流、邮件收发,甚至是内容制作(如微信排版、编辑)。

智能手机普及后,阅读就进入了移动场景下的碎片化时间阅读模式,在公交、地铁、餐馆、会议、课堂等场合,只要有一点点碎片化时间,越来越多的人就会变成"低头一族",阅读手机上的信息。

进入移动阅读时代后,手机屏幕越做越大,但手机阅读相对计算机阅读而言,屏幕减小了一个数量级。在屏幕变小的情况下,一页屏幕上可以显示的内容会越来越少,能展示在屏幕上的内容会得到更多人的关注,没有出现在首页上的内容会很容易被海量信息淹没。

现在互联网上有一个新词叫"头部内容",是指总是能在主流移动 APP 上抢占头条的内容。如果你经常产出头部内容,你就会形成强大的品牌,进而占领消费者的心智模式。

在计算机客户端时代,计算机阅读屏幕足够大,可以容纳相对较多的头部内容;到了移动客户端时代,能容纳头部内容的空间被大大压缩了,如果你不能进入手机 APP 的首页空间,你的内容得到关注的可能性就很小,这就进一步强化了优质内容对显示空间的争夺。谁能总是抢占手机头部的显示区域,谁就能不断得到曝光,就能进一步形成品牌的传播力。

所以在计算机客户端时代,有人总结出"长尾理论",意思是有了搜索就可以找到理论上所有的商品,每一种商品都可能有人选择和购买,那么无数销量不大的商品也可以汇集成一个大市场。这个市场总体上也许能占到全部市场销量的 50%,这就打破了原来的"二八法则"。

但是到了移动客户端时代，因为"头部内容"效应的存在，在移动阅读状态下，人的注意力会进一步被集中到头部内容，大家讨论和分享的内容越来越同质化，结果很可能又回到"二八法则"，甚至是赢家通吃的模式。

三、参与感时代来临

在没有互联网之前，媒体的一大变化趋势就是信息量越来越大，产生信息的周期越来越短。以报纸为例，就可以清晰看见整个媒体的演化特征，如图1-5所示。

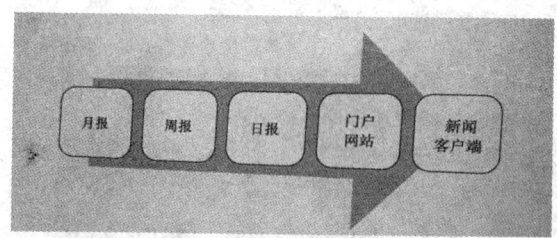

图1-5 报纸出版周期进化示意图

最早的报纸是月报，慢慢变成日报，然后是门户网站，最后是移动互联网时代的新闻客户端APP。

报纸产出的媒体形态主要是新闻、出版信息量越来越大，出版的周期越来越短；到了互联网时代，门户网站已经可以做到实时更新，支持社交分享和在线评论；在移动互联网时代，更是在实时更新的基础上增加了个性化的内容推送。

报纸是其他媒体发展的一个缩影，不仅是报纸，像电视、视频这样的媒体，也是频道越来越多，内容越来越多，每一个媒体都在努力抓住潜在用户的眼球，确保自己拥有更多的用户。

为了抓住用户，不同类型的媒体也在努力提高自己的内容设计水平和技术交互手段。以电视综艺节目为例，大致经历了图1-6所示的发展阶段。

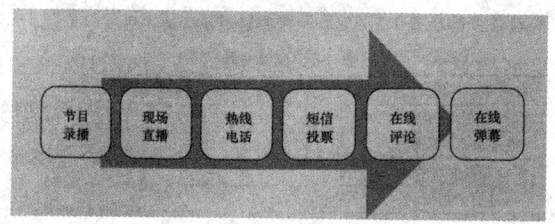

图1-6 视频综艺节目交互方式进化示意图

最早的电视综艺节目是先录制再定期播放的，观众只能看节目。慢慢就增加了直播类型的节目，开始有主持人串场，这就让综艺节目开始变得有个人的风格。后来综艺节目也允许观众加入交流，最开始是支持热线电话打入发表意见，但电话交流只有极少数人才能成功参与，到了短信时代终于可以实现全民投票参与了。

解决带宽问题以后，互联网时代越来越多的人喜欢在网络上观看综艺节目，因为可以在线评论、分享、点赞，允许每一个人都发表自己的看法，不过这个阶段人们还是无法真正参与到节目直播中去。直到弹幕技术的出现，每一个在线观看节目的观众弹幕发言都可以成为直播节目内容创造的部分。这个时候，普通观众的参与感意识就大大增强了。

一旦内容市场习惯了参与感，你的内容又无法创造出参与感，那么作为媒体，你就可能会被用户抛弃。这也就是为什么传统媒体都在纷纷寻求转型的原因：一方面是因为大家的阅读载体发生了变化，以前由纸质媒体转移到桌面计算机，现在转移到智能手机，那么内容的分发载体也必须改变；另一方面是内容的制作方式要全面适应从传播型设计到参与感设计的转变。

课堂讨论

如果你要写一篇微信公众号文章，你认为哪些方式会让文章更有参与感？打开你的手机微信公众号或者朋友圈，找一些擅长利用这些手段的典型微信号填写表1－2，然后和同学们分享一下。

表1－2 文章分享

手段	案例文章名
有场景带入感的标题	
抓住萌点的配图	
跟上潮流的表情包	
有趣的话题投票	
插入对胃口的背景音乐	
发一段真人语音	
播放个性视频	

四、社会化传播时代的来临

传统媒体，包括当下也被视为传统媒体的一些互联网媒体（如新闻网站），视频门户更多是依赖渠道的流量去传播。当网络分发流量的渠道是百度的时候，大家都必须在百度上投入推广费用；当网络流量渠道转移到微信的时候，大家又想通过微信公众号做推广。所以在新媒体上做推广，很多业内人士叫"导流"。不管应用的媒体平台是什么，传统媒体考核指标称为目标人群到达率，在报刊上就是发行量，在电视广播上就是收视(听)率，在网站上便是访问量。将广告或者公关文章插入或植入覆盖量高的媒体内容中，便可以获得较高的注意力流量。

但这些流量的转化率到底如何？很难讲。什么样的流量是好流量？当然是转化率高的流量。什么样的流量转化率最高？当然是被用户信任的流量。

在过去，这些流量可以来自搜索引擎，有公信力的网站，用户关注的明星微博、用户喜欢的微信公众号，等等。当好流量是稀缺资源的时候，流量就会越来越贵。

不过这其中质量最高的流量往往是你社交圈里信任的人推荐的。有些人在社交圈里能量高，在某些专业领域有眼光，大家都信任他，他推荐的产品或服务大家都很信任，会直接去选用。如果他能影响的人足够多，他就开始在某些领域形成了个人品牌，开始成为更多人的"信任代理"。一旦成为足够多的人的"信任代理"，他就可以有意识地强化个人品牌的标签识别度，不断曝光自己在某个领域的影响力，鼓励对这个领域感兴趣的人直接通过社交媒体和自己互动，积累粉丝订阅数，这样的人也容易被称为"自媒体""网红"。

这就是今天互联网和过去互联网的一个区别：今天的互联网越来越强化人和人直接的连接，而不仅仅是人和组织、人和社会的连接。

人和人的关系链逐步演化成社会化网络媒体最重要的组成部分。在社会化网络媒体中，谁拥有更多的用户信任，谁就掌握了一部分网络流量的走向，谁就能通过经营好这种"信任"带来商业回报。

所以说，社会化传播背后是一种"信任经济"，"网红"就是信任经济的一种典型产物。但要持续得到别人的信任，对大部分人而言，最好的方式不是做"网红"，而是培养专业化的品牌，做持续的原创专业内容产出。

你可以通过专业品牌产出优质内容，影响所能覆盖的用户关系链，让自己的内容借助喜欢自己的用户的社交关系链条传播扩散到更大的互联关系网中。如果产出的内容有足够的话题性或专业性，或者两者兼具，就有可能利用社交关系传播链条带来爆发性传播。

课堂讨论

表1—3中的哪些产品更依赖你朋友圈的社交口碑？请为你认为更受社交口碑影响的产品打钩。和同学交流一下看法：为什么有的产品更依赖社交口碑？

表1—3 请选择你认为依赖社交口碑的产品

鲜花店		大米	
餐馆		醋	
英语培训班		辣椒酱	
手机		方便面	
某款游戏		某款果汁机	

五、短视频时代来临

2019年1月发布的《2018抖音大数据报告》显示，短视频产品"抖音"的国内日活跃用户突破2.5亿、国内月活跃用户突破5亿，热门城市全年点赞量超过10亿（见图1—7）。显然，以"抖音"为代表的短视频产品正逐渐成为风靡全国的应用产品。

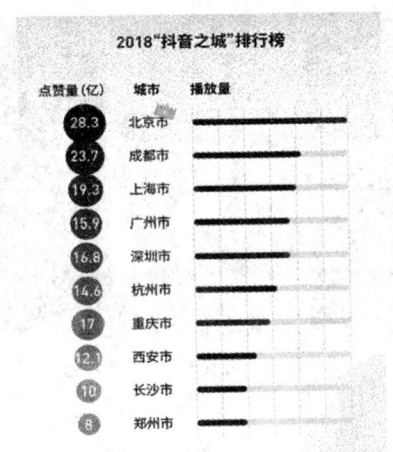

图1-7 《2018抖音大数据报告》部分内容

"视频"这一媒体形态其实诞生已久,优酷网、土豆网、爱奇艺等视频网站在2005年左右先后上线;而短视频仅属于视频的一个分支模块。但是为什么短视频会迅速崛起,成为企业新媒体营销必须重视的一大平台?原因有两个。

第一,传统的新媒体营销内容以图片、文字或H5等形式为主;与之相比,短视频的信息承载方式更立体、内容更丰富、互动性及参与感更强。

第二,随着智能手机的普及和移动互联网的提速降费,网民有了大量碎片化时间,而短视频平台的内容通常仅15秒左右,充分满足了网民在"等人""坐车"等碎片化场景的娱乐需求。

课堂讨论

请谈谈你通常在什么时间浏览短视频内容?

在这种趋势下,企业的新媒体营销工作也需要做出相应的变化。

首先是风格娱乐化。短视频平台的整体内容风格以轻松、娱乐为主,因此企业在短视频平台上发布的内容需要减少枯燥的说教,增加其趣味性。其次是视频真人化。虽然短视频平台可以发布纯文字类视频(见图1-8左)或图片翻页类视频(见图1-8中),但是平台曝光度高的内容往往以真人出镜类(见图1-8右)居多。因此,新媒体营销者除了要具备文案创作能力及内容策划能力外,还需要拥有一定的"镜头感",感受到镜头的位置并使其表情、肢体语言能被镜头以最佳角度记录。

最后是内容系列化。短视频平台用户在遇到感兴趣的视频内容后,通常会查看作者信息并浏览更多视频,这就要求新媒体营销者对内容进行精准定位,防止出现"昨天拍花草、今天拍生活技巧、明天拍工作技能分享"的情况,最终对粉丝增长产生不利的影响。

图1-8 短视频的不同样式

六、信息流时代来临

在新媒体领域,"信息流"指的是平台按照一定的顺序进行内容呈现,像水流一样将内容逐个呈现在用户眼前。例如,用户在进入微博首页后,所看到的信息呈现样式即信息流,如图1-9所示。

早期的信息流呈现以时间顺序为主。以微博为例,如果账号A在上午8:00发布微博、账号B在上午8:10发布微博、账号C在上午8:05发布微博,则用户进入微博后由上到下分别看到的内容是:A的微博→C的微博→B的微博。

图1-9 微博首页信息流样式

现阶段,多数平台的信息流呈现已经由"时间顺序"改为"算法分发",即平台数据系统会记录注册用户的每一次浏览行为,并基于此计算用户的喜好,随后向用户推送可能感兴趣的内容。例如,笔者在今日头条阅读美食类文章后,系统便推荐多篇此类文章,如图1-10所示。

图1-10 今日头条系统推荐内容

在以算法分发为主的信息流时代,新媒体账号内容的浏览量不再只取决于账号粉丝数,还取决于系统对账号的友好程度。如果某新媒体账号具有100万粉丝但系统不推荐,则内容浏览量可能仅个位数;相反,如果某新媒体账号只有1万粉丝但系统对其进行推荐,其内容浏览量可能会突破百万,甚至更多。

因此,在以算法分发为主的信息流时代,新媒体营销者需要在过往的"粉丝招募""粉丝留存"工作的基础上,做好以下三项工作。

第一,加强内容原创水平,防止被系统判定为"抄袭"而不被推荐。

第二,增强账号活跃程度,规律地更新系列化内容。

第三,重视平台日常沟通,加强与平台相关板块负责人的联络,第一时间了解系统规则变化,并争取获得平台资源位置。

课堂讨论

现阶段多数算法分发平台会记录用户的浏览行为,并"猜"出用户可能对什么感兴趣,进而为用户推荐感兴趣的内容。假如你近期在知乎浏览了大量求职类内容,以下哪些文章是知乎极有可能推荐给你的?

A.《在家如何制作好吃的牛肉干?》

B.《求职时如何与HR谈判以争取到更高的待遇?》

C.《如何有一个高质量睡眠?》

D.《求职的秘密:如何找到靠谱的公司?》

E.《你知道的最冷的冷知识是什么?》

七、内容电商时代来临

21世纪初,国内新媒体平台(如新浪门户、网易邮箱、搜狐门户等)与电商平台(如阿里巴巴、当当网、慧聪网等)呈相互分离状态——新媒体平台负责内容传播、电商平台负责产品销售,两大平台各行其道,企业新媒体营销者应根据具体需求选择对应的平台。

但是随着微信公众平台、今日头条、大鱼号等新媒体内容平台的崛起,新媒体平台与电商平台开始广泛融合,越来越多的新媒体账号开始通过文章、视频等内容形式,直接销售商品(包括虚拟商品)。

例如，2017年12月19日，"黎贝卡的异想世界"在其公众号推出同名品牌，用户进入当日推送的文章《我的衣橱Ⅱ怎么用基本款单品提高衣橱利用率》并浏览全文后，在文末可以直接点击购买，如图1—11所示。

图1—11 "黎贝卡的异想世界"公众号推文

凭借着优质的内容及文末无缝衔接的商品，"黎贝卡的异想世界"同名品牌一经推出便实现了"9个单品在两分钟内卖出了10001件""7分钟交易额突破100万元"的销售成绩。

在内容电商时代下，企业新媒体营销者需要特别注意的是：消费者的互联网消费习惯正在发生变化，从过往"有具体的购物需求后，去电商平台搜索、比对并下单"变为"无购物需求状态下浏览内容，由于被内容吸引或打动而直接下单"。

因此，如何根据用户属性进行产品选择，如何策划独特的内容吸引读者持续浏览，如何将广告"无缝"植入文章内，如何营造稀缺感并引导读者下单等，将成为企业新媒体营销的重点思考的问题。

课堂讨论

你是否有过"读完一篇文章，受作者推荐而购买一本书、一件衣服、一套课程"的经历？请找到这篇文章并与同学们分享。

本章小结

1.所有基于信息技术的媒体都可以看作新媒体，传统媒体经过信息技术改造后，也可以升级成新媒体。

2.不管是新媒体还是传统媒体，在实际工作中最关注的焦点是了解每一种媒体的覆盖人群、适合场景和风格调性，从而准确选择可以投放的媒体。

3.信息技术改变了人类的阅读行为模式，移动化、碎片化、场景式阅读开始成为主流，这深深影响了新媒体传播的规律。抢占读者注意力吸引读者参与互动，诱导读者进行社交分享传播开始成为新媒体运营的主要目标。

4.新媒体营销必须对趋势保持关注，了解短视频、信息流及内容电商等最新变化，并进行对应的营销策略优化。

知识与技能训练

一、单选题

1.下列选项属于新媒体的是（　　）。
 A.电视　　　　　　B.手机媒体　　　　　　C.广播　　　　　　D.报纸
2.以下不属于微博取代博客的原因的是（　　）。
 A.利用碎片化时间　　B.互动性强　　C.更有利于社交传播　　D.娱乐性强
3.新媒体对日常生活和社会的影响是（　　）。
 A.语言环境、人际交往　　B.阅读习惯、工作习惯　　C.社会安定　　D.以上都是
4.下列关于联合国教科文组织对新媒体的定义，不正确的是（　　）。
 A.以数字技术为基础　　B.以网络为基础　　C.进行信息传播　　D.是一种媒介
5.下列不属于综合性门户网站的是（　　）。
 A.网易　　　　　　B.新浪　　　　　　C.腾讯　　　　　　D.淘宝

二、多选题

1.新媒体营销从业者应该具备的能力有（　　）。
 A.文案能力　　B.创新能力　　C.网感　　D.审美能力　　E.学习能力
2.新媒体营销创新思维包括（　　）。
 A.品牌思维　　B.框架思维　　C.产品思维　　D.用户思维　　E.联想思维
3.下面属于新媒体营销特征的有（　　）。
 A.形式多样，个性化突出　　B.消费者范围广泛，互动性强大　　C.传播快速高效
 D.营销效果评测数据化　　E.不能裂变
4.以下不属于新闻资讯类应用的有（　　）。
 A.今日头条　　B.微信　　C.当当读书　　D.滴滴出行　　E.腾讯视频
5.常见的新媒体营销模式有（　　）。
 A.病毒营销　　B.口碑营销　　C.饥饿营销　　D.情感营销　　E.社群营销

三、判断题

1.新媒体是利用数字技术和网络技术，通过互联网、无线通信网等渠道，向用户提供信息的传播形态。（　　）
2.新媒体营销是指利用新媒体平台进行营销的模式。（　　）
3.第一代社区是博客，英文简称BBS，又名网络社区。（　　）
4.对大众有新鲜感是传统媒体与新媒体最主要的区别。（　　）

5.新媒体的核心特征是及时与互动。（　　）

四、案例分析题

抖音，是一款音乐创意短视频社交软件，是一个专注年轻人的15秒音乐短视频社区。用户可以通过这款软件选择歌曲，拍摄15秒的音乐短视频，形成自己的作品。此APP已在安卓各大应用商店和苹果的AppStore上线。

抖音于2016年9月上线。2017年11月10日，今日头条以10亿美元收购北美音乐短视频社交平台Musicaly，将之与抖音合并。2018年3月19日，抖音确定新slogan"记录美好生活"。

试分析：抖音为什么能在如此短的时间内发展壮大？

五、实训实战题

（一）实训背景

在对新媒体营销岗位职责形成了初步认知的基础上，通过本实训活动，学生可以掌握其具体岗位职责与任职资格。

（二）实训任务

（1）通过招聘网站搜索引擎，搜集相关信息资料，编制新媒体营销岗位职责说明书。

（2）样本数量至少30个。

（三）实训步骤

（1）教师演示如何通过招聘网站搜索引擎查找所需信息。

（2）小组通过招聘网站搜索引擎进行信息资料搜集。

（3）小组对搜集的信息进行总结提炼，编制岗位职责说明书，可参考素材"岗位职责说明书模板"。

（4）完成实训内容后，分小组进行路演，教师对各个小组的实训结果做出评价，展示优秀实训结果。

第二章　新媒体营销平台类型

【知识目标】

了解微信营销、微博营销、视频营销、自媒体营销、移动营销的概念、功能及价值，理解其不同营销模式。

【能力目标】

掌握微信营销、微博营销、视频营销、自媒体营销、移动营销的营销技巧，能策划相关营销方案。

【案例导入】

从伏牛堂看餐饮人如何玩转社群营销

湖南米粉是湖南人的最爱，在过去的100年间一直存在散、小、乱和走不出湖南的问题。2014年，伏牛堂一改过去的问题，在北京仅用2年时间，就从一个4人团队发展到拥有10家门店，年营业收入近亿元的企业。这些都是如何做到的？

1.用微信精准定位人群

在伏牛堂开业前期，张天一找了大约50个朋友，要他们通过微博搜索"湖南+北京"这样的关键词关注40~50个这样的用户，目的是找寻在北京的湖南人。然后再找他们线下见面，内测米粉。花了两个月的时间，他们共建了7个以湖南人为核心的微信群，积攒了近2000个高质量顾客。有了这批初始顾客，于是也便有了30多平方米的小店，用4天卖出14362碗米粉的壮举。

2.微信群要有自己的符号

微信营销如果没有一个能够激发共鸣的情感符号，那么建立的微信群就会变得毫无意义，所以在建立微信群时，要树立一个能够吸引你想吸引的目标用户的价值符号，而且这种价值观还得代表一种正能量。伏牛堂设计了一个以湖南人乡土情结为核心的"霸蛮"符号试图将"霸蛮"打造成年轻人信仰的一种"图腾"，让年轻人内心充满不服输、做自己的信念，成为最有力量感、最"霸蛮"的生物。

3.要懂得分析顾客结构

当微信人数达到一定数量的时候，就要对顾客进行定性分析和定量统计。伏牛堂的主体顾客是湖南人，女孩占到70%以上，"85后"也占到70%，还有大部分是学习者、白领社群。张天一据此将社群成员分成若干兴趣小组，对接了1000个志愿者，让他们每周开展线下活动。

此外，伏牛堂开展了直播、软文、微信发布会、校园"牛肉粉创业"等促销活动。2014年，张天一写了《我硕士毕业为什么卖米粉》的软文发布到2000人的微信群里，结果半小时微信朋友圈转发量达到了1350个，这意味着半个小时就已经有了几十万的传播。这2000个初始顾客不仅为张天一带来了客流，还为其品牌传播起到了功不可没的作用。

截至2016年，伏牛堂微信公众号共发布了近30万字的300多篇内容，累计阅读量近千万，而张天一本人也写了100多期文章，正是这种创新与坚持，才成功将伏牛堂打造成了一个自媒体属性平台。

[资料来源：吴宇佳，从伏牛堂看餐饮人如何玩转社群营销、(2016－10－11)2017－0903htp://www.canyin88.com/zhuanlan/wuyujia/2016/1011/43434.html.]

【案例启示】

伏牛堂通过聚焦微信，强化粉丝群体的维护与经营为业务导流，为业绩"刷单"，从而使得一个地方的饮食文化，在没有任何积累的情况下，凭借微信的力量，在餐饮界刮起了一场又一场的龙卷风，它不仅解决了学习者创业难的问题，也帮助中小企业营销走出了困境。

微信营销是企业开启新媒体营销的重要平台。自2011年微信诞生以来，围绕用户的需求，其功能不断改进和创新，微信营销却随之不断地改变。一个平台的调性就好比一个人的性格，不同的平台其调性也不相同。同样的内容在不同的平台上发布也会有不一样的效果。企业营销人员必须深谙不同的新媒体平台的特点和风格，才能选择适合自身需求和调性的平台来开展营销策划。

第一节 微信平台

微信已成为全民级移动通信工具,也是目前流量最大的新媒体平台。微信完全融入国内网民生活成为生活方式。微信占据了国内网民 23.8% 的时间(排在第二位的腾讯视频仅占据 4.9% 的时间),已经培养出了用户高度的依赖性。《2017 年微信经济社会影响力报告》显示:2017 年由微信驱动的信息消费达到人民币 2097 亿元,拉动流量消费达到 1191 亿元,拉动行业流量收入占比达 34%,微信已深入渗透到商业活动和日常生活之中。

具体而言,在微信平台上,企业常用的新媒体资源和工具包括:微信公众平台、微信群及微信朋友圈、微信群互动营销活动。

一、微信公众平台

利用微信公众平台账号进行新媒体营销活动,简单来说就是进行一对多的媒体行为活动,如商家通过微信公众服务号二次开发展示商家微官网、微会员、微推送、微支付、微活动、微报名、微分享、微名片等,已经形成了一种主流的线上线下微信互动营销模式。

自 2012 年上线以来,微信公众号的数量得到了迅速增长,根据《2017 年微信经济数据报告》和《2017 年微信用户研究和商机洞察》的数据,截至 2017 年年底,微信公众号已超过 1000 万个,其中活跃账号 350 万,较 2016 年增长了 14%,月活跃粉丝数为 7.97 亿,同比增长了 19%,公众号已成为用户在微信平台上使用的主要功能之一。微信公众号已拥有成熟的流量变现模式。经过数年发展,庞大的创作群体加速了微信公众平台的快速发展,尤其是粉丝数量的激增促使公众号从单纯内容输出向商业化、专业化转变:企业通过企业号、服务号发布官方信息,并直接与用户沟通,通过订阅号的打赏推广广告等方式进行流量变现。微信公众号已形成了广告推广、电商运营、内容付费等清晰的商业模式。围绕公众号产业链聚集了大量第三方运营企业。

微信公众号按照功能定位可分为以下几个主要类别:

1.客户服务类。客户服务类公众号依托目前微信公众平台的各种开放接口,集成企业的 CRM 系统,变成微信端的 CRM 以管理客户关系,每一个粉丝都相当于企业的会员。客户服务类公众号主要面对销售型企业或者公共服务行业,例如"招商银行信用卡"公众号,针对每个关注的粉丝客户,通过登录实现账户实时消费动态、在线消费查询,以及会员积分兑换等。它适合大的连锁企业,每个粉丝都来自消费者或者线下门店,能够为粉丝客户带来持续性的服务和跟踪。

2.品牌推广类。品牌推广类公众号更多的是用于打造公司品牌形象,向粉丝或者消费者传达公司的品牌理念和企业动态等,比如"锤子"手机,不论其产品销量怎样,但其"情怀"理念的传导非常具有传播力度,粉丝对于品牌理念的认同会进一步吸引更多粉丝,引起品牌共鸣,实现企业销售扩大与品牌知名度的提升。

3.销售渠道拓展类。微信巨大的活跃用户数量,对于任何一个企业来说无疑都是一座待发掘的"金矿"。销售渠道拓展类公众号主要是通过微信与微信支付的便捷性,打造一个纯销售或者促销信息整合的平台,这类公众号属于销售的承载平台,目前已经有很大一部分人开始深入这个领域、出现了一批热销于朋友圈的产品,比如水果、特产、减肥产品、美容产品与快销产品等,微信公众平台既是其销售的管理平台也是线上重要的传播渠道。

4.媒体资讯发布类。媒体资讯发布类公众号目前数量占比相对较多,比如央视新闻、环球时报、第一财经周刊等,一方面通过微信公众号实现最新资讯的发布,作为不同行业、不同领域深度文章的发布平台,内容相对具备即时性、真实性、深入性,适合于打造行业或个别领域内的资讯解读平台。另一方面也是将PC端或者纸媒的流量和粉丝导向自己的公众账号,让粉丝更加便捷地获取其关注的资讯信息。

5.个人自媒体类。个人自媒体类公众号可以用包罗万象来形容,属于微信公众平台最多的类型之一,比如罗辑思维、蛋解创业、假装在纽约等,都是行业内比较出名的个人自媒体,这种大型的个人自媒体也在逐渐向企业运营转变,因为自媒体终将面临变现的问题,他们一般会吸引由个人原有影响力带来的忠诚读者,因为优质内容吸引而来的粉丝,还有被自媒体人的各种价值观所影响的追随者,这类公众号更多的是以个人魅力与发布优质原创内容为吸引点。自媒体账号并不适合企业来做,但是,可以尝试用自媒体的方式把企业的代表人物打造成为一个"网红"自媒体大号。

二、微信群

微信群是用户社群运营和客户服务的载体,可以形成人脉圈效应,微信群的传播形式丰富,包括但不限于文字、图文、语音、视频、位置、名片、第三方应用等,具有移动互联网的创新性和有效性,打开频次更高,用户体验更佳。

利用微信群进行营销,就是借助平台用户基数大、活跃度高的特点进行的,包括品牌推广、活动策划、个人形象包装、产品宣传等一系列营销活动。

微信群营销的特点及优势有以下几点。

1.成本低。相对于动辄上千万元投入的传统营销方式而言,微信群营销以其低成本、高回报的优势获得了众多企业的青睐。在传统的营销者看来,如何让更多的人了解自己的产品并转化为购买行为是他们营销的重要工作。但是在微信群中,每一个个体都是购买力和传播力的结合体,无论是"购买"还是"传播",用户都能为企业带来巨大效益。

2.够精准。微信群的功能定位就是告诉别人这个微信群是干什么的,每个微信群都有自己的作用,这个定位越具体、越细化,就越能够精准吸引目标用户。当群成员根据群功能定位察觉该群并不适合自己或者不是自己想要的时,就会主动退出群聊;而真正有需求且适合这个圈子的人,就会留下来,到最后留下的通常都是真正适合或者喜欢这个微信群的人。精准营销也为许多企业找到了可行的方法,将硬广变为软广,从"茫茫人海"转向了"特定社群",这不仅节省了成本,而且带来了众多的精准客户。

3.裂变快。裂变原理告诉我们,每一个微信群里,群成员之间都有着千丝万缕的联系,好像一个"鱼塘",具有自裂变属性和社交属性。因此可以在微信群里策划一系列的方法、方案作为"鱼饵",将粉丝瞬间"引爆",最后抓住时机有条不紊地扩大微信群的规模,实现数据库的快速倍增。

三、微信朋友圈

作为熟人社交中非常有代表性的一个圈子,你朋友圈的任何内容都来源于你的好友。大部分人都很放心地在朋友圈分享自己的日常生活,并且人们更愿意通过朋友圈去关注和了解亲朋好友的生活状态,这和微博这种开放式的社交平台完全不一样。

微信朋友圈的特点,有以下几点。

1.私密性强,传播圈层封闭。由于微信的封闭属性,朋友圈的内容同样仅限于微信好友进行查看,因此导致传播圈层较为封闭,正好适合通过朋友圈实现快速传播和病毒营销。

2.信任度高,沟通有效性强。朋友圈实际上是一个熟人的圈子,分享的意义和价值并不仅仅是与熟人间的感情交流,熟人的信任关系是人与人之间有效沟通甚至进行互惠互利的商务活动的优良土壤。

3.形式多样,可扩展性好。朋友圈可以发布文字、图片、短视频以及链接等内容,好友通过分享就能实现引流,也可以方便地通过识别图片上的二维码来阅读更多内容。

四、微信群互动营销活动

微信群重新定义了品牌与用户间的互动方式在传统的营销推广方式中,是通过各种媒体把产品以广告的形式推出去,推送者并不知道自己的产品被谁关注、关注多少、什么时间被关注、什么地方被关注,也无法与用户进行交流;而通过微信群将产品营销推广出去,当产品得到目标用户关注后,便可与用户达到几乎100%的交流,用户的黏性与精准的营销数据远远超过了传统的推广方式。下面以"欢乐时光美味团"社区水果店微信群营销为例,具体说明微信群互动营销活动的开展。

1.用户需求定位

微信群营销的关键点在于抓住用户需求的"痛点",用户才会心甘情愿加入微信群,并且不会屏蔽。社区水果店在开展微信群营销之前,首先会对所在小区房价、楼龄、入住率、竞争度等方面进行具体调研分析,了解该小区住户群体类型。例如在碧桂园小区的住户都是高端精英人士,这类人群对日常生活品质有较高要求,但缺乏时间外出采购,既有一定的经济基础,又有开展微信群营销的条件,且在调研中发现,采购水果等食材,基本以女性为主。

2.拉群裂变

建微信群就是在建立自己的圈子,要深耕这个圈子,让这个圈子的人都有信任感。在定位了用户需求以后,水果店首先建立了自己微信群,并取名为"欢乐时光美味团",然后将微信群的二维码打印出来,写明:新店开张,邀请3人加群,可1元领水果一份,分发到小区住户手中。在分发传单过程中,特别注意选择年龄在30~40岁的女性客户。女性消费者本身具有爱热闹的特点,因此,通过每人拉3人进群的方式,在短短1天时间内群成员增加到500多人。

3.目标人群筛选

加群的不一定都是精准的目标客户。因此,水果店对群成员进行了仔细的筛选,不做图便宜、高要求的客户的生意,用价格把非目标人群挡在门外,重点满足高端客户需求。并且只做高端水果,该水果店只做精品水果,且品类控制在20种以下,低单价的常规品类一般不做。如榴梿、芭乐、莲雾、黑提、小番茄、珠宝李、蜜瓜、黄瓜、点心和部分干货。

4.群互动

微信群是一个增加互动的入口,要想用户产生信任感还需要经营好自己的朋友圈。在朋友圈要不定期晒采购水果的过程、撰写水果营养知识的推文,使微信群目标客户相信所有的水果都是最新鲜的,慢慢与客户形成朋友关系。在微信群少打广告,可以通过做互动小游戏进一步增粉。

第二节 微博平台

微博是一种通过关注机制分享简短、实时信息的广播式的社交网络平台。用户可以通过网络组建个人社区,以简短的文字公开发布信息并实现即时分享。因此可以将微博理解为一个基于用户关系信息分享、传播的社交平台。

在2014年之前,国内微博市场份额主要由新浪、腾讯、网易和搜狐四家公司占领。2014年之后,随着腾讯、网易和搜狐等公司相继减少对微博的投入,各个微博服务商之间的竞争逐渐缓和,用户群体主要向新浪微博倾斜,这也促使了新浪微博的用户数持续提升,新浪微博基本占领了国内的微博市场。

作为移动互联网时代连接用户的重要平台,微博已经建立起独特的"内容—粉丝用户—变现"商业生态闭环。据统计,新浪微博平台除了数亿的月活跃用户,更活跃着将近3万个娱乐明星、40多万个KOL、150万家认证企业和机构,与2100家内容机构和超过500档IP节目达成合作,覆盖60个垂直兴趣领域。在为品牌提供基于用户深度互动的营销环境的基础上,微博将明星、KOL、粉丝与品牌紧密连接,带来了更精准优质、高效的投放效果。微博希望打造的绝不仅仅是一个广告营销平台,而是基于社交关系和优质内容,帮助企业构筑自己的用户群和新渠道,持续为合作伙伴的社会化营销赋能。

一、微博平台的特点与定位

1. 品牌推广型。该类型的微博定位于推广企业品牌,目的在于树立企业的品牌形象。例如宝马中国官方微博(如图2—1所示),主要发布宝马公司的重大新闻活动、新品发布等内容,通过微博传递企业品牌形象,提高企业知名度和美誉度。

2. 内容互动型。内容互动型微博的主要功能在于维系企业同粉丝、用户之间的关系,强化企业在消费者心中的形象。因而,该类型微博发布的主要内容是向用户传递关怀,突出企业的用户。

图 2-1 宝马中国官方微博

导向理念。例如,星巴克中国官方微博(如图 2-2 所示),定位的形象是一个有点小资、有亲和力、懂得生活的服务员。星巴克的微博营销目的是塑造亲和力、营造轻松融洽的氛围,让粉丝感觉自己正在一家咖啡馆里和服务员闲聊,以这种形象定位在用户心中。

图 2-2 星巴克中国官方微博

3.业务销售型。从本质上说,企业开展微博营销的目的是盈利,因而还可将企业微博直接定位于产品销售或者服务购买,通过微博直接为企业带来经济收益。例如百丽电商官方微博主要发布产品促销活动信息,将微博作为企业产品销售的平台,通过微博促进产品的销售(如图 2-3 所示)。

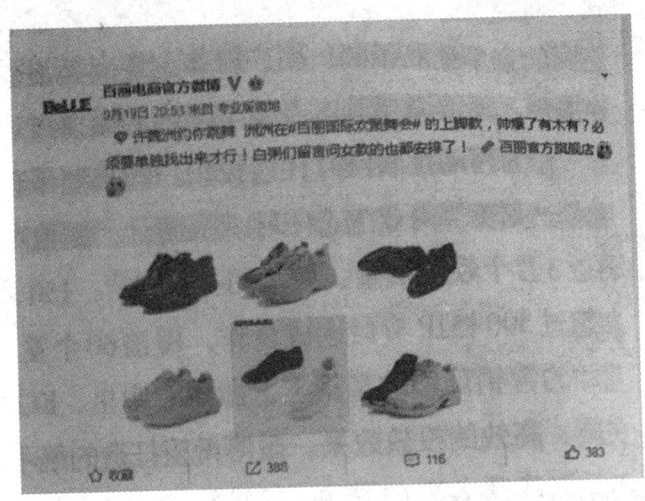

图 2—3 百丽电商官方微博

二、微博营销推广技巧

微博营销是新媒体营销的热门渠道之一,其讲究交流、分享、互动的本质使得微博营销效果显著,为众多企业创造了巨大的商业价值。与此同时,微博营销推广方法也层出不穷,营销人员只有掌握不同的营销推广策略,才能有针对性地制订微博营销方案进行营销。

1.寻找精准粉丝

粉丝经济时代,粉丝是微博的灵魂,有了粉丝才能开展微博营销,因此微博营销的第一步便是找到自己的目标人群。吸引目标客户来提高产品销量,打造个人或者企业微博的口碑形象是微博营销主流的推广策略之一,企业、商家在微博营销时,应寻找符合自己产品和服务的精准粉丝。

1)通过标签找粉丝

微博有一个比较特殊的功能就是"标签功能",通过这个功能可以将相同兴趣爱好的用户聚集到一起。微博上的用户往往都会根据自己的特点或者爱好为自己的微博贴上不同的标签,这些标签都是用户自身设定的,最能体现出个人的特点及其喜好。营销人员可以通过分析微博用户的标签,根据这些标签,对他们进行年龄、身份、职业、爱好等方面的归类。如果企业的目标用户正好和某一类人群重合,则这类微博用户就是企业的目标用户或者是潜在用户,是需要企业花大力气去引导的人群。如图 2—4 所示为通过标签寻找精准粉丝。

图 2—4 通过标签寻找精准粉丝

2)通过话题找粉丝

微博上的话题是通过♯话题名称♯来实现的,最大的优点是企业可以通过微博搜索直接找到参与某个话题讨论的人群,这些人群因共同兴趣爱好而聚集,若谈论的主题与企业产品有关联,那么他们可能就是精准顾客。比如,如果发现某些用户经常参与♯用美食温暖你♯、♯舌尖上的味道♯这样的话题进行讨论,而企业恰好又是经营美食的,企业就可以积极参与此类话题的讨论,通过这样的方法来寻找粉丝。用话题来找客户要求企业必须分析精准顾客的接触点,兼顾营销诉求、产品价值与市场需求,寻找最佳契合点,设置或加入相应话题,引发参与,从而找到自己的精准粉丝。

3)通过微群找粉丝

新浪微群,服务新浪微博现有微博用户,提供用户小圈子的聚集、沟通、交流平台,类似QQ群。微群是具有共同兴趣爱好或者有共同话题的一群人聚到一起,进行交流和互动的地方。如果微群的主要话题和企业的产品有比较紧密的结合点,那么微群里的用户就是企业的目标用户。比如某个微群主要是谈论"减肥"这个话题的,而你的企业恰好是卖减肥产品或是提供瘦身服务的,那么这些用户就是企业的目标用户。微群找粉丝只需要进入微博的消息栏后,点击左上角的"发现群",即可进入微群页面,然后搜索相关群名。(如图 2—5 所示)

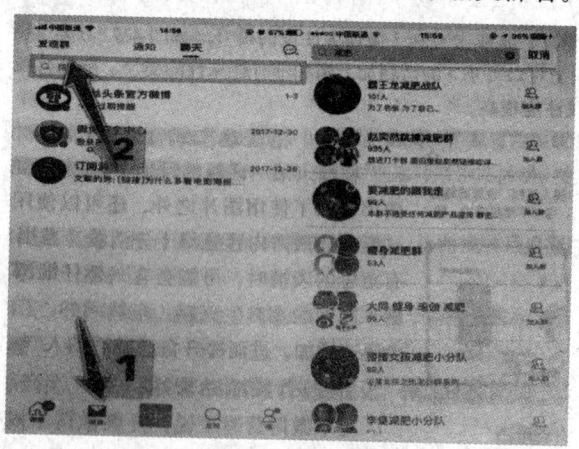

图 2—5 微群找粉丝

4)通过相关账号找粉丝

寻找精准粉丝最简便有效的方式就是从与自己营销产品、服务相关的账号提取,这种方式不仅目的性明确,而且容易转化成自己的粉丝。相关账号可以从竞品或同类产品官方微博、行业相关、意见领袖(KOL)以及其他相关账号的关注粉丝入手,关注了他们的人,基本上也是企业的目标用户。

2.发布有趣的内容

微博是一个微型博客,其核心还是内容。同传统博客一样,内容的质量决定了用户群的规模进而影响营销效果。微博上面"有趣"的内容往往容易被粉丝围观,因此营销人员要根据用户的喜好来发布微博内容,将营销内容巧妙地策划进热门的话题中,以增加转发量,引起更多人的注意,从而达到营销的目的。

1)制造话题

在微博营销时,很多企业为达到更好的营销效果,常常会制造一些话题,以引发更多人的关注,制造话题是微博营销推广中常用的一种手段。一个好话题往往能引发更多人的关注和讨论,在微博营销中关注的人越多,所发布的内容就越具有号召力,微博传播的范围就越广。在微博上发起话题的时候,都是以♯号标记开头,并以♯号标记结尾,可以是有社会价值的、有娱乐价值的或者就是纯粹的调侃性话题。

一个话题引发很多人讨论,这个话题就有可能成为热门话题,将会被更多人看见,带来巨大的讨论量。营销人员可以紧跟热点,利用社会热点事件、重大事件制造话题,融入自己原创性的营销软文,这样借当前的这些事件迅速扩散开来,扩大关注度。但是需要注意的是,话题内容要定位清晰,不能盲目追热。

2)巧妙使用图片

很多人在微博上参与讨论某个话题的时候,总会在发表言论的同时配上一些图片,有时候,他的发言往往并没有什么特色,但图片却吸引了大家的目光。

一般来说,某条博文配了图片,这条微博就更容易吸引大家读下去,长此以往,如果在参与话题或平时的微博写作上,做到每一条微博内容都能配上生动的图片,将非常有利于微博关注度的提升。如图2-6所示为可口可乐发布的一条微博,♯爱上可口可乐♯的话题加上带有亲和力和趣味性的文字,配以有视觉联想的图片,使得这条微博关注度很高。

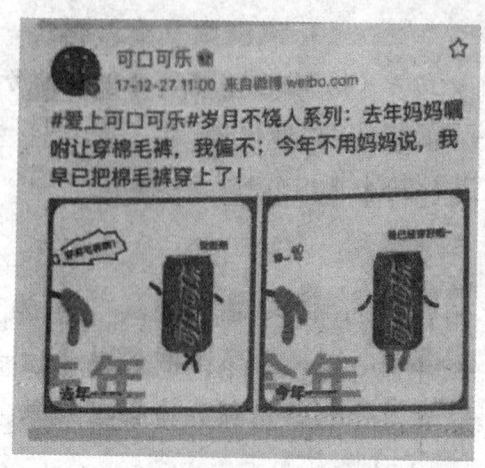

图 2-6 微博配图

3)搭配动态表情

在加入某一话题的讨论时,为了能在众人中脱颖而出,除了使用图片之外,还可以使用一些动态表情,这样会让微博内容显得十分活泼。当用户看到你的这些有意思的表情时,可能会有兴趣仔细浏览你的微博,使越来越多的人产生兴趣,自然而然,微博中的粉丝数量会迅速增加,进而提升自己微博的人气。

3.开展活动营销

对于微博营销来说,开展微博活动是最好的推广方式之一。微博活动是微博营销必不可少的,在前期为了增长粉丝需要做活动;在后期,要通过活动引爆品牌传播留住老粉丝,增强黏性。因此,在微博营销中,企业可以举办一些营销活动,来调动用户积极性,拉近企业和用户的距离。

1)微博营销活动的形式

在微博做营销活动,具有面向用户群广、传播力强并且能直接带来微博粉丝的作用。开展微博营销活动时应围绕这些优势思考,策划出有一定创意性、有助于获得好的营销效果的活动。这里主要介绍4种效果非常好的微博营销活动。

a.转发抽奖

活动策划方发出一条活动微博,要求用户按一定格式转发,通常都要求至少@3个人,并进行评论。最后从参与活动的用户中,随机抽出一部分幸运儿发奖品。如图 2-7 所示为"互联网的那点事"在圣诞期间开展的转发评论抽奖活动。

图2-7 转发抽奖

b.抢楼活动

活动策划方发出一条活动微博,要求用户按一定格式回复和转发,通常都是要求至少@3个人,并进行评论。当用户回复的楼层正好是规则中规定的获奖楼时(如99楼、200楼),即可获得相应的奖品。

c.转发送资源

活动策划方发出一条活动微博,要求用户按一定格式转发,通常要求至少@3个人,并留下邮箱。凡是转发者,邮箱中都会收到一份好资源,如各种软件、工具、优惠券等。

d.征集令

活动策划方发出一条活动微博,就某个内容发出征集令,如给淘宝店铺取名字、给某活动起标题、口号等,然后从众多参与者中选出优胜者并给予奖励。这样既宣传了产品,又得到了某个名字、口号,促使产品的曝光率提高,整体的效果也就非常好。

2)微博营销活动的准备工作

做好微博活动营销,必须做好以下准备工作:

a.活动目的

企业开展微博活动主要基于增加粉丝数量、品牌推广宣传、产品宣传促成消费三个方面的目的,所以企业要明确想要达到何种目的,从而有针对性地开展微博活动。

b.关键词

找到最能代表需求的、符合活动目的的潜在关键词,从而找到最典型的目标受众。

c.活动时间

确立推广活动起止时间和最期望的"高潮时间点",便于各方资源配置。

d.优化外链

保证点击页面到位,针对手机客户端和PC端做优化,保证链接页面时效和防止遭到封杀。

e.实时监测

建立监测基点,实时数据反馈,便于执行调整和实时监测进行数据报告。

3)微博营销活动的关键点

a.规则清晰、简单

微博活动规则过于复杂,在阅读上需要消耗用户的更多精力。要想使活动取得最好的效果,要尽可能简单描述。活动规则简单才能吸引更多的用户参与,最大限度地提高品牌曝光率。因此,活动官方规则介绍文字控制宜在100字以内,并配以活动介绍插图。

b.激发粉丝参与欲望

只有满足了用户的某项需求,激发了他们内心深处的欲望,用户才会积极踊跃地参加活动。激发欲望最好的方式就是微博活动的奖励机制,包括一次性奖励和阶段性奖励,保证奖励一要有新意,二要有吸引力,并且成本不能太高。

c.控制并拓展传播渠道

微博活动初期最关键,如果没有足够的人参与,就很难形成病毒式营销效应。可以通过内部和外部渠道两种方式解决。内部渠道可以在初期要求企业内的所有员工参加活动,并且邀请亲朋好友参加,初期积累了一定的参加人数,才会形成马太效应。外部渠道就是一定要主动去联系那些有影响力的微博账号,可以灵活掌握合作和激励的形式。

d.沉淀粉丝和后续传播

微博活动在文案策划的起始阶段就要考虑到如何沉淀优质粉丝传播的问题,同时鼓励用户去@好友,但是@好友的数量有讲究,不能太多、太多会导致普通用户遭受@骚扰。另外,通过关联话题引入新的激发点,带动用户自身的人际圈来增加品牌的曝光率,促进后续的多次传播。

4.善于与用户互动

微博强调的是双向沟通,互动是微博营销推广最重要的技能之一。高效的互动能够增加粉丝的黏性,培养忠实粉丝,依靠粉丝的转播起到连锁效果,从而推广到更多的人群中。微博上面的互动功能主要有转发、评论、@提醒、私信、点赞等,每个功能都各有不同的特点。在微博营销过程中,企业要善于与用户互动,建立良性的持续互动。

1)及时回复

在微博上用更具人情味、幽默、专业的语言认真回复留言、评论,用心感受粉丝的思想,才能换取情感的认同。如果别人的@提醒或者评论内容是你感兴趣的,那么第一时间回复就很重要。快速反应往往能让刚刚发布评论和微博的人更容易感到贴心,仿佛感觉到你在线和他实时互动,这种感觉会让粉丝对你增添好感。有时候一些人会提到你的名字,但是不会用@,可以定期搜索"自己名字或相关信息",找出相关微博,主动和这些人互动。

2)主动转发

转发微博和评论微博的互动方式其实是类似的。要尽可能转发一些热门微博,同时转发不忘点评论，能够提高关注度，效果会更加明显。如果你转发评论的内容比较有吸引力，还有机会获得发帖人的转发回复，这样的引流效果也是非常好的。

因此，如果粉丝的评论非常精彩，应该主动转发并评论，粉丝看到自己的微博被转发会非常高兴。假如你是"大V"，你的转发会给普通人带来几十次以至上百次@提醒，这对他是一种难忘的体验。

3）私信交流

巧用私信功能，能够提高互动率。营销人员可以在博文评论中或关注列表中寻找优质粉丝，向粉丝定向发送私信，和粉丝探讨双方共同关注的话题，也可以谈论对方感兴趣的领域，或者询问对方的需求，借此来拉近与粉丝之间的距离。

此外，如果粉丝在线@官方微博或"大V"的问题不方便公开回复，也可以私信沟通，这也是一种让粉丝感动的方式，而且私信会让粉丝认为更有亲密感。需要注意的是，不要轻易晒出私信，这样会失去私信的意义，很多人的私信聊天记录被晒后会很尴尬或者被攻击。

4）主动关注

主动出击，主动关注别人也是一种很直接的微博互动营销方法，主动关注可以挖掘到潜在的客户，增加营销机会。营销人员可以找那些通过互粉增加粉丝数、活跃度高的用户，主动关注他们，这样回粉率会较高。另外，遇到一些志趣相投的粉丝，主动关注在平台上获得个人认证并拥有众多粉丝和超高网络影响力的微博用户。与"大V"互动，借"大V"的人气进行微博推广营销是一个非常好的方式，尤其是在微博营销初期，自己人气不高的时候，这个方法十分有效。具体做法有以下几种：

a.持续输出有质量的博文并巧妙@"大V"得到转发。

b.定期关注"大V"的微博，为他的微博写出精彩的评论，或者转发。

c.积极参与"大V"发起的微话题、微活动、微访谈、微直播，提出一个好问题。

d.使用统一的头像和昵称在"大V"的多个地方出现，如他的博客、专栏等。

e.在可能的情况下积极参加"大V"的线下培训或者访谈活动。

f.如果"大V"出版书籍，可以去写一些有真实感悟的书评，发在各个网店还有豆瓣的书评区。

5.借力粉丝头条推广

基于微博平台的付费推广大致可分为三种形式：以社交网络为支撑的"明星+KOL"类广告，即我们常说的微博大号；基于平台规模用户的展示类广告、固定广告位，包括开屏广告等；出现在微博信息流，以"精准营销"为目标的效果类广告，也就是粉丝头条推广。

1）粉丝头条介绍

粉丝头条依托于微博的海量用户和社交关系，可以帮助用户的博文置顶在粉丝信息流让更多粉丝看到，增加微博的曝光量，轻松积累社交资产，粉丝头条已帮助600万用户成功上了头条。与一般付费推广相比，拥有微博的海量用户和社交关系的粉丝头条不仅完成当次的品牌营销活动推广，更重要的意义在于能够扩大微博平台"关系"优势，让更多用户成为广告主的粉丝，深化品牌与用户之间的关系。因此，粉丝头条是保证博文阅读量，提升企业微博曝光率，增进企业与粉丝互动的神器。

2）粉丝头条推广形式

粉丝头条是新浪微博官方推出的轻量级推广产品，当某条微博使用粉丝头条后，在24小时内，它将出现在该账号所有粉丝信息流首次刷新时的第一位，左上角位置上会有"热门"标示，可以帮助用户快速推广博文和账号。目前粉丝头条有三大推广形式。

a.博文头条

可以帮助用户的博文置顶在粉丝信息流，让用户的粉丝打开微博第一眼就能看到博文，使信息的传播无死角。同时还可以通过地域定向、兴趣定向、关系定向等精准触达更多用户。如图2-8所示。

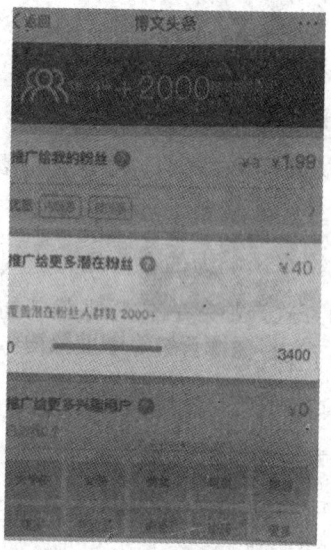

图2-8　博文头条

b.帮上头条

利用微博平台明星、"大V"的影响力进行宣传，独有的冠名功能能够极大提升品牌影响力。如图2-9所示。

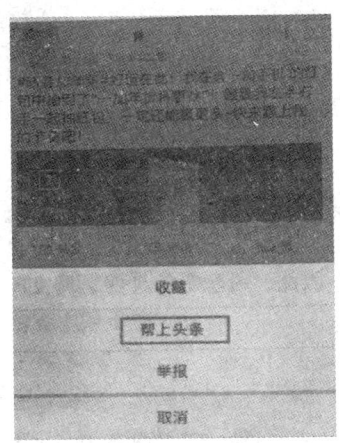

图 2-9　帮上头条

c.账号头条

通过精准算法将用户的账号推荐给最有可能关注的粉丝,能够切实有效地提升粉丝数,快速获得大量优质粉丝。如图 2-10 所示为账号头条申请资质。

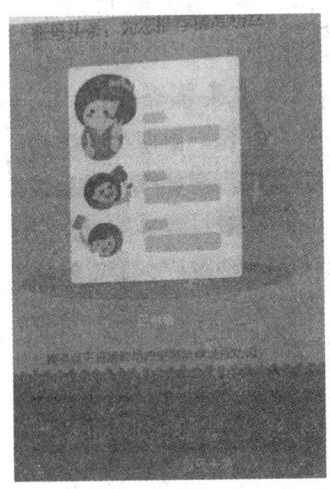

图 2-10　账号头条

3) 粉丝头条推广技巧

a.选择近期发布的阅读量和互动量较高的微博

用户可以根据微博提供的数据分析平台,找到近期阅读量和互动量(转发、评论、点赞)较高的博文,作为投放粉丝头条的微博内容。

b.选择想吸引粉丝参与的企业活动

企业的营销事件或重要通知,往往希望粉丝知晓并参与,粉丝头条可以保证用户在第一时间看到信息,不错过企业与粉丝的互动。如抽奖活动、有奖竞猜活动等。

c.会玩"帮上头条功能"

如果有某位微博大咖转发自己的博文,要及时通过"帮上头条功能"在大咖的粉丝中推广转发的微博,这样这条被转发的微博将在 24 小时内被大咖的粉丝看到。

第三节 视频平台

一、视频营销的概念

近年来,视频网站逐渐兴起,越来越多的网民选择用网络来观看电视剧、电影、娱乐节目等视听产品。由于网络视频也有着其多元化的盈利模式,所以很多企业和个人也通过网络视频的方式开展营销活动。比如:淘宝店铺卖家为了让买家更好地了解产品,运用卖家秀的方式来展示产品,从而促进店铺产品的销售;益达口香糖推出洁白笑容篇、西瓜清爽篇、便利店铺、酸甜苦辣篇等系列的视频,将产品与生活故事情节完美地结合在一起给人以一种非常亲切的感觉,在消费者心中塑造了良好的企业形象。

由此可见,视频营销是指主要基于视频网站为核心的网络平台,以内容为核心,创意为导向,利用精细策划的视频内容实现产品营销与品牌传播的目的,是"视频"和"互联网"相结合的产物。

二、视频营销的类型

1.微电影营销

微电影是近年来非常流行的新的影像形式,影响力较大的莫过于筷子兄弟主演的《老男孩》,这部没有海报,也没有票房的微电影,却引发了全民轰动、集体怀旧效应,可见微电影这种方式的威力。

对于微电影,目前各界还没有一个统一的定义,但一般认为:微电影是指与传统电影同样有高制作水准、完整故事情节的"迷你电影"。相对于传统电影,微电影最大的区别就是片长,一般微电影的片长在1小时之内;相比一般视频,微电影最大的区别在于具有完整的故事,并且有更高的制作水准。

微电影营销是完全为企业而定制的影视营销。这点与影视植入广告相同,只不过它没有采用广告那种生硬的宣传方式,而是采用一种更加柔和的、融入故事本身的叙事风格使观众在潜移默化中接受企业品牌。微电影由于受到时间限制,因此微电影以情节制胜,这与商业大片有些类似,而企业可以比较轻松而自然地将品牌信息融入故事情节中,以通过故事主人公的"事与情"达到升华、突出表现或引发关注、情感共鸣等。

2.短视频营销

CCTV 里面的电视广告、优酷视频前的贴片广告、papi 酱视频中的植入广告,这些都算短视频营销。电视广告很常见,其实每个电视广告都可以理解为一个短视频。通常,电视广告都是为了传达自己的品牌理念,除了电视广告以外,室外广告、电梯广告也都能找到短视频的影子。

短视频营销,通过短视频的内容为用户创造他想要的价值,通过渠道分发与用户建立并维持关系,来获得回报的过程。短视频营销其实就是获取流量,在各个渠道上面发视频增加曝光,让自己的用户看到自己!短视频营销的外表是短视频,核心是内容。

3.H5 营销

H5 是 Html5 的简称,是一种制作万维网页面的标准计算机语言。H5 营销是指利用 H5 技术,在页面上融入文字动效、音频、视频、图片、图表、音乐、互动调查等各种媒体表现方式,将品牌核心观点重点突出,使页面形式更加适合阅读、展示、互动。如 2017 年建军节前,《人民日报》官方出品了一款换脸军装照 H5,用户上传自己的照片,就可以生成帅气的军装照,这是《人民日报》为庆祝建军 90 周年做的一次营销活动。截至 8 月 2 日,"军装照"H5 的浏览次数累计 8.2 亿,独立访客累计 127 亿,一分钟访问人数峰值高达 41 万。接地气、圆军装梦、传递爱国热情等多重因素的叠加,造就了这支 H5 的成功。如图 2—11 所示。

图 2—11 《人民日报》"军装照"H5 营销

4.直播营销

直播营销是指在现场随着事件的发生、发展进程同时制作和播出节目的播出方式,该营销活动以直播平台为载体,达到企业获得品牌提升或是销量增长的目的。

企业直播营销主要有直播＋发布会、直播＋产品互动、直播＋互动活动、直播＋解密、直播＋广告植入、直播＋大佬访谈,以及直播＋产品售卖等几种主流形式。小米用"线下产品体验＋互动活动直播",为了展示手机强大的电池续航能力,厂商用一台 MMax 持续进行直播,直到把电池耗尽!这场别出心裁的直播持续了 19 小时。更让人咋舌的是,竟然有超过 3900 万的观众参与了这次直播。

三、视频营销的特征

1. 成本低廉

网络视频营销与传统的电视广告、冠名活动或者节目等方式相比成本较低,这是很多企业开始尝试网络视频广告的一个重要原因。相比传统广告动辄几百万元、上千万元甚至几千万元的广告费用而言,视频营销只需要几千元就可以了,甚至只需要一个好的创意、几个员工,就可以做一个好的短片,免费放到视频网站上进行传播。另外,网络视频网站较多,选择性也更多,故而可以选择投入成本更低的网络平台。

2. 目标精准

目前,国内主流的视频网站每天至少都有一亿的流量,而且视频更利于搜索引擎的优化,相同的关键词,视频往往会在搜索引擎结果中获得更好的排名。由于访客都是有需求主动搜索的,因此针对的人群更为精准。此外,视频网站中有"群设置",这是网络上有相同视频兴趣网民的集合,令人感兴趣的内容更能吸引受众,相比传统营销的广撒网,面对的顾客人群更为精准。

3. 传播速度快且难以复制

网络视频营销可借助互联网的超链接特性快速地将信息传播出去,发布信息快,网民们分享、转发网络视频,也让网络视频传播的速度更快,有效地实现营销。比如,《军师联盟》《人间至味是清欢》等电视剧在各大视频网站播出,引起网民们数以亿次地点击观看,其中悟空理财、弹个车等在中间植入的广告也为人们所熟知,这就是网络营销较为明显的特点——传播速度快。同时,由于文章、图片可以被轻易地复制,但视频却很难被复制,在视频上打开网站信息,并在操作时不间断地插入联系方式,出现你的网站等,别人就很难复制。

4. 互动性强

网络视频营销与传统的营销不同,网络视频的互动渠道更为便捷。网络视频网站都有评论、弹幕功能,可以在观看过程中或者观看后及时发布自己的感想和反馈信息。同时,互联网可以传输文字、声音、图片等多种媒体信息,这使得视频营销活动的互动性会更强。因为有了较多的互动,才能更好地达到双向沟通。及时反馈以及便捷互动在很大程度上可以提升营销的效率,组织机构可以根据受众的反应进行营销过程评估,进而及时进行调整,提升营销活动的效果。

5. 传播范围广

网络视频营销不仅可以实现即时互动,而且效率很高。与传统营销活动相比,网络视频营销表现出来的优势非常明显。由于网络的辐射空间极为广泛,其传播的范围远远大于传统视频,其辐射半径不局限于全国,可以扩展至全球任何有网络的地方,跨越了物理空间的限制。这对于一些着眼于海外市场的企业来讲极为有利,这种广泛的传播范围能极大地提高其营销效率。

四、视频营销模式

1.贴片广告

贴片广告又叫随片广告,是指在视频的片头或者片尾以及播放的过程中以各种形式插入的广告。网民在网站上观看视频之前总会弹出60秒左右的广告,或者在播放的过程中会插播30秒左右的广告,而且这些广告是必须观看的,只有播放结束后才可观看正片,或者注册开通会员后可享受取消播放广告的服务。这种视频营销中最为明显的广告,我们称为"硬广告"。这类贴片广告是广告的运营商和广告主合作的结果,尽管这种广告形式会受到广大网民的诟病,但是有调查显示,它却能给观众带来深刻的记忆度,如果人们要接着观看必须等待广告结束,而人们面对传统的电视广告则会选择调换节目,所以电视广告的达到率要低于贴片广告的达到率。

另外,贴片广告摆脱了"硬广告"的直白诉求,以更加隐蔽、积极的形态潜入人们的视野。利用视频中的人物形象、服装、道具、台词、情景等巧妙地与企业(产品)相结合,将其编排成一段独立的视频或者融入其中成为内容的一部分,一起推送给网民,这种类型的贴片广告称为"植入式广告"。由于人们对广告有天生的抵触情绪,"植入式广告"以一种隐性的、人性化的方式将广告与内容相融合,能让观众在无意识中留下深刻的印象,其效果要优于"硬广告",这种类型的贴片广告越来越受到市场的追捧。

2.病毒视频营销

病毒视频是当今网络社会病毒的一种新形态,主要借助微博、视频博客、YouTube等大型的视频网站、微信等网络平台在互联网上大面积传播。从内容上看,一般都十分诙谐幽默,除了一些精彩原创内容之外,还有为数众多的"改编"作品;从传播方式上看,有些是在某个契机偶然间获得了大量关注和转载,这类视频较为草根,还有一些是经过商业包装引起观众的情感共鸣,从而得到大量的传播,这种一般是广告主精心策划和创作后的结果。病毒视频营销是将企业传播信息用创意性的手段融入视频中,经过精心策划和包装后进行病毒式的传播,或者创造性地巧妙运用偶然性的病毒视频传播企业信息,从而激发市场,产生企业所希望的效果。

3.UGC视频营销

UGC全称为User Generated Content(用户原创内容),也就是用户创造内容,即用户将自己创造的内容上传到互联网平台进行展示或者与其他用户共享,用户既可以作为创作者,也可以是浏览者,具有演员和观众的双重身份,其核心在于给用户提供一个自由发挥的空间,从单向传播转化为双向传播,让用户带动用户,激励参与共创。国内外比较知名的UGC平台主要有YouTube、优酷网、土豆网等。这类网站以视频的上传和分享为中心,它也存在好友关系,但相对于好友网络,这种关系很弱,更多的是通过共同喜好而结合。UGC视频营销主要是网络用户自己创作或者加工制作视频上传,从而达到营销的目的。网络用户无论是原创 DV 爱好者还是网络视频观众，都可以生成为内容的用户，同时，UGC 视频营销是一种低成本的方式，比起请专业摄影团队或者演员拍摄短片的高品图费用，UGC 视频营销能节约很大一部分成本，并且风险还比较低。

4.互动视频营销

互动视频营销是企业或个人通过在同一网络视频环境下，组织多人在线以视频形式进行聊天、表演、教学等互动活动，从而达到企业或者个人的目标。这种营销模式让受众不再是被动的接受者，而是变成参与者与制造者，增强了受众与组织者之间的互动性，受众会参与拓展视频内容，甚至是内容的一部分，从而带来更为完美的用户体验。

第四节 其他平台

一、音频平台

音频平台，又名网络电台，是指通过网络向听众提供包括在线收听、下载、播客上传与RS等多样服务的一种新型广播形态。随着移动互联网技术的发展与自媒体的活跃，兼具广播和网络优势的网络电台开始逐渐得到网民的关注，并取得了快速发展。随着智能手机、平板电脑等移动终端的普及，用户碎片化活动的习惯加深，以网络电台为代表的移动音频媒介迎来了爆发式增长，喜马拉雅、蜻蜓FM、荔枝FM、企鹅FM等一批移动网络电台的应用如雨后春笋般涌现，同时，应用平台所借助的UGC和PUGC的互联网模式，大量的电台主播、自媒体、出版商纷纷入驻，音频产业链的上下游被打通，以移动网络音频为平台的营销开始兴起。

企鹅智酷的调查显示，音频类应用的用户基础不可小觑。2018年，在线音频用户规模突破4亿。通过音频平台开展营销活动，具有以下优势。

(1)营销模式多样化，避免引起用户反感。网络音频营销不同于传统广播的硬广告推送，广告更加人性化，从听众所属群体和需求出发，可以通过品牌冠名、软性植入、音频贴片等多种方式向用户推送广告，从而将广告和音频内容进行巧妙结合，有效避免用户的反感。

(2)通过大数据技术，实现精准营销。网络音频平台通过大数据技术对平台上海量用户的收听习惯和行为进行分析，根据用户的兴趣和爱好来推送信息，并结合场景对用户实现精准、定向的广告推送，提高了用户的黏性，减少了营销盲目性，有效降低了广告成本。

如图2-12所示，在网络音频内容中，新闻类、娱乐类、情感类和有声图书类占据了用户选择率的第一阵营。

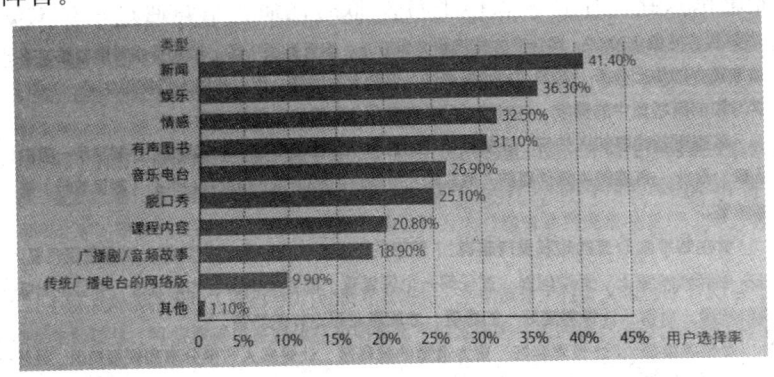

数据来源：企鹅智酷调查(2017.10)

图2-12 用户选择网络音频内容的类型

(3)用户反馈及时,广告效果易监测。与传统的广播、广告相比,网络电台的广告营销活动周期和跨度比较短,用户反馈更及时,用户在接收广告信息后会快速做出反应。同时依托先进的网络技术支持,可以有效监测广告投放效果,数据更加可靠。

二、知识问答平台

随着用户对知识的需求日益增长,知识问答型产品乘风而起,市场上竞争者众多、涉及范围广泛,从最早的大众化内容,到更加垂直深入的专业性知识,在某种程度上承担了部分科普与教育的功能。这其中,有像维基百科、百度百科等图文形态的网络百科全书,还有知乎、新浪爱问等问答形态的知识平台。从内容上看,知识问答平台呈现出精品化、专业化的特征;从商业模式上看,也在广告、用户付费之外搜索了更多的营销商业化路径。

三、自媒体平台

在这个自媒体个人品牌时代,各大自媒体平台如潮水般涌来,各自具有鲜明的特点。新媒体人需要对主流自媒体平台的不同特点和差异有清晰的认识。

除微信、微博之外的自媒体平台主要有以下几种。

1.头条号:你关心的才是头条。今日头条是一款基于数据挖掘的推荐引擎产品,头条号是今日头条旗下媒体/自媒体平台,为用户推荐有价值的、个性化的信息,即受众感兴趣的才是头条推荐的。面向社会人群进行高精准推荐,流量巨大,娱乐和新闻类的文章比知识类、文艺类内容更容易获得高阅读量。

2.简书:创作你的创作。简书是一个优质的创作社区,是一个将写作与阅读整合在一起的产品,是一款写作软件,是一个主要受众为文艺青年和大学生的阅读社区。简书中文章的原创性极高,是许多出版社和微信百万大号编辑录用文章的首要之地。简书,更利于打造个人品牌。

3.企鹅媒体平台(企鹅号):让世界看到你。企鹅媒体平台,主体用户为17~25岁的年轻群体,其背靠腾讯系媒体在企鹅媒体平台发布的优质内容,通过手机QQ浏览器、天天快报、腾讯新闻客户端、微信新闻插件和手机QQ新闻插件进行一键分发,实现内容更多、更精确的曝光。

4.百家号:从这里影响世界。百家号的主体用户为社会人群,作者在百家号发布文章后,通过手机百度、百度搜索、百度浏览器等多种渠道进行分发。

5.大鱼号:一站式创作平台。以男性青年居多的大鱼号,是阿里文娱体系为内容创作者提供的统一账号。它实现了阿里文娱体系一点接入,多点分发,多重收益。内容创作者通过接入大鱼号,上传图文、视频,可被分发到UC、优酷、土豆等渠道,获得多产品、多平台的流量支持。

6.搜狐号:再小的个体也能打造自己的媒体影响力。搜狐号依托搜狐门户,是搜狐打造的分类内容的入驻、发布和分发全平台,是集中搜狐网、手机搜狐网和搜狐新闻客户端三端资源大力推广的平台。作为百度的新闻源,搜狐在百度的搜索权重占比较高。

7.领英专栏:在这里,连接世界。领英,是职场人士的在线社交平台,是职场领域最大的社区,平台上的用户更具有真实性,或发布招聘信息,或交流行业动态,或应聘工作岗位,或连接行业人脉。领英专栏是邀请制,目前无法自主申请。

四、直播平台

网络直播从产生之日起就以平民化的个性色彩进入了网民的视界。网络直播从兴起到盛行经过了四个发展阶段。

1.直播1.0时代:网民主要通过计算机上网,直播从各平台推出的秀场开始兴起。

2.直播2.0时代:网络游戏的流行催生了游戏直播,网络直播市场进一步垂直细分。

3.直播3.0时代:随着网络技术和智能终端设备的普及,映客、花椒、一直播等新兴的移动直播平台不断涌现,移动直播开始兴起。各类网络红人、综艺节目、电商导购等直播活动层出不穷(分类如表2-1所示),直播进入泛娱乐化的3.0时代。

表2-1 网络直播平台分类

类别	平台
PC游戏	斗鱼、虎牙、全民、火猫、龙珠等
手游	触手、斗鱼、虎牙、企鹅电竞、狮吼等
PC秀场	YY、来疯、KK、网易BOBO、花椒、酷狗等
移动秀场	花椒、映客、一直播、陌陌、NOW等
购物	淘宝、唯品会、蘑菇街、苏宁易购等
体育	PP体育、K球直播、一比分等

各个网络直播平台在定位和直播内容上存在差异,企业要根据自己的产品属性和平台的流量、收入、运营能力来选择合适的平台。

4.直播平台的特点

(1)实时互动性。用户能够即时参与互动,使用文字互动或视频连线互动,还能发送礼物支持喜爱的主播,从而加深参与感和集中度。

(2)传播范围广。网络直播的事件与话题效应强,可以轻松引起传播和关注。而且直播以视频作为媒介形式,便于二次传播和营销。

(3)精准营销。在各垂直细分领域进行的营销能够精准定位用户群体。

(4)移动端视频广告。直播顺应网络广告市场移动化、视频化的发展,更加贴近广告主及用户的口味。

目前,众多直播平台的内容都日趋多样化,各种类型直播平台之间的界限变得逐渐模糊。直播内容整体向强互动、专业化方向发展,受过专业训练的主播主导的PUGC成为内容生产的中流砥柱。

本章小结

1.各类型的新媒体随着互联网的迅速发展,演变成了更加适应移动互联网下用户的阅读习惯、展示方式。

2.随着技术的不断发展,不同的新媒体类型的传播特点产生了巨大的变化,传播特点直接影响着企业投放什么类型的产品广告。

3.策划好一个商品营销的前提,是需要全面了解各新媒体的目标受众人群特点,并深入洞察。

4.新媒体的现状及其未来发展趋势,决定着企业将选择哪一类媒体作为主要传播阵地。

知识与技能训练

一、单选题

1.下列选项中属于微信营销的是( )。
  A.电视   B.朋友圈   C.广播   D.报纸
2.以下不属于微博营销推广技巧的是( )。
  A.寻找精准粉丝   B.发布有趣的内容   C.善于与用户互动   D.娱乐性强
3.新媒体对日常生活和社会的影响是( )。
  A.语言环境、人际交往   B.阅读习惯、工作习惯   C.社会安定   D.以上都是
4.视频营销的特征包括( )。
  A.以数字技术为基础   B.以网络为基础   C.进行信息传播   D.传播范围广
5.下列不属于新媒体营销平台的是( )。
  A.微信   B.微博   C.快手   D.报纸

二、多选题

1.微博营销的特点有( )。
  A.立体化   B.高速度   C.便捷性   D.广泛性   E.低成本
2.微博营销活动的关键点包括( )。
  A.品牌思维   B.激发粉丝参与欲望   C.产品思维
  D.控制并拓展传播渠道   E.联想思维
3.视频营销的类型有( )。
  A.微电影营销   B.消费者范围广泛,互动性强大   C.短视频营销
  D.营销效果评测数据化   E.不能裂变
4.视频营销模式有( )。
  A.自媒体营销   B.口碑营销   C.饥饿营销   D.情感营销   E.直播营销
5.常见的新媒体营销平台有( )。
  A.贴片广告   B.微信   C.当当读书   D.滴滴出行   E.病毒视频营销

三、简答题

1.请比较微信与微博的异同。
2.请比较微信与QQ的异同。
3.请分析微博对新闻传播的影响。
4.请分析微博的优势与不足。
5.请分析视频网站对传播行业的影响。

四、案例分析题

百度"唐伯虎":中国最早成功的视频营销

在中国,第一个利用网络视频做营销的案例似乎已经不可考,但百度的"我知道你不知道我知道你不知道我知道你不知道"的"唐伯虎"视频宣传片,则应该属于早期非常有名的视频营销案例,这个视频的完成和开始传播的时间大致是在2005年第三季度,此时YouTube也是刚刚成立一年不到,更遑论中文的视频网站。但这段视频流传得很广,当时主要的传播渠道是BBS。

"唐伯虎"是一段非常草根的视频短片,主角看上去是一个周星驰版的唐伯虎,利用中国经典断句难题"我知道你不知道我知道你不知道我知道你不知道"嘲弄了那个只晓得"我知道"的老外,最终老外吐血倒地,一行大字打出:百度,更懂中文。

稍微接触过两人搜索引擎的人都可以看出这段视频是对Google的嘲弄。这个通常无法在电视渠道播放,而且画面模糊的短片,它所产生的病毒化绝对是传统的电视广告无法想象和做到的事情:百度"唐伯虎"系列没有花费一分钱媒介费,没有发过一篇新闻稿,从一些百度员工发电子邮件给朋友和一些小网站挂出链接开始,只用了1个月,就在网络上至少超过10万个下载或观赏点。至2005年12月,已经有近2000万人观看并传播了此片(还不包插件及QQ、MSN的传播),而且这种沟通不像传统的电视广告投放那样是夹杂在众多的广告片中的,所有的观看者都是在不受任何其他广告的干扰下观看的,观看次数不受限制,其深度传播程度亦远非传统电视广告可比。

试分析:视频传播为什么能在如此短的时间内发展壮大?

五、实训实战题

(一)实训背景

组建新媒体营销团队,以微信为平台,选取一家周边企业,利用本项目所学微信营销知识,设计微信营销方案并开展微信营销项目的训练。

(二)实训任务

根据该企业目标人群的需求,对每个团队成员的个人微信,进行重新定位和装修,并至少添加30位新粉丝,然后通过朋友圈、微信群、公众号与粉丝开展营销互动与交流,将结果在班级进行展示和汇报。具体要求如下:

(1)目标人群定位准确。

(2)个人微信装修得体,符合目标人群偏好。

(3)微信营销策划方案真实可行,思路清晰,文字表达准确。

(4)微信营销活动效果良好。

(5)制作微信营销PPT,并运用于小组的新媒体营销运营项目。

(三)考核要求

(1)微信营销方案要点齐全。(10分)

(2)微信号定位准确,添加粉丝的方法合理,少一个粉丝扣1分。(30分)

(3)语言表达逻辑性强,表述清晰、准确,方案真实可行。(30分)

(4)要求有真实的营销效果。(30分)

第三章　新媒体营销策划

【知识目标】

掌握用户定位的方法、掌握内容定位的方法、熟悉新媒体平台的定位与选用、掌握新媒体营销策划的模式和方法、掌握营销策划方案的撰写与展示。

【能力目标】

能够根据调查数据，精准定位目标用户群、能够进行合理的营销内容定位、能够基于不同的新媒体平台进行营销策划、能够撰写并展示新媒体营销策划方案。

【案例导入】

小米主战场——新媒体营销

小米科技有限责任公司（简称"小米"），成立于2010年3月，是一家致力于高端智能手机与智能硬件研发的创新型移动互联网公司。2018年10月，小米手机宣布年出货量已提前突破一亿台；2019年1月31日，国际数据公司IDC发布2018年全球智能手机销量报告，小米手机出货量位居全球第四，市场份额占8.7%，年同比增长33.2%。在全球智能手机市场整体处于低迷态势的情况下，小米依旧表现亮眼。

小米依托于互联网迅速崛起，回顾小米9年的成长史，不难发现新媒体平台是其开拓市场、吸引消费者的主战场。综观小米花样百出的营销模式，其探索的"饥饿营销""社群营销""粉丝营销""口碑营销""事件营销""精准营销""情感营销""互动营销"等都离不开新媒体各大平台与社区的协同运作。小米运营团队深谙互联网思维，通过创新一系列的新媒体营销活动，快速抢占市场份额，成功地将小米塑造为家喻户晓的品牌企业。独到的新媒体营销战略不仅使小米在激烈的市场竞争中异军突起，而且引发了业界和学术界对小米模式的效仿与研究。

多年来，小米不断探索新媒体营销的新意义和新方法，了解消费者的心理需求与"痛点"，针对不同的消费人群与新媒体平台，定制适合的营销方案，将品牌形象根植于用户内心深处。正是因为小米不采用传统营销模式，而是顺应新媒体时代信息传播技术与环境的变革，凭借高性价比的产品优势、精准的用户定位与不断创新的新媒体营销方式，巧妙地将新

··新媒体营销··

媒体传播手段与营销相结合,才能收获人气与口碑,制造出互联网品牌营销的轰动效应。

【案例启示】

小米为什么会选择新媒体平台进行产品的营销与推广?新媒体营销为小米品牌带来了怎样的显著效果?未来,小米还可以从哪些方面保持品牌优势与营销模式创新?

新媒体时代,企业的营销环境与消费者接触信息的模式均已发生巨大变化。传统媒体与广告的宣传式营销效果日渐式微,强调"以用户为中心"的新媒体营销反而能够快速吸引目标消费者的注意力,有效扩大产品认知度与销量。另外,新媒体营销不仅能够压缩营销成本,而且有利于品牌形象的树立。传统的营销思维模式难以适应当前的市场环境,新媒体营销是现代企业营销的一把利器,运营好新媒体营销将为企业品牌传播带来巨大效益。

总而言之,小米的成功在于其对自身所处市场环境与媒介生态的清楚认识与准确把握,更在于小米对目标消费者的透彻了解与分析,使产品更优质、更靠近消费者的心理需求。

近年来,小米已不再满足于手机市场,正在不断扩展它的智能产品生态链条和目标消费者范围,从"发烧友"到每一个人,从线上到线下,从国内市场到进军海外,小米正雄心壮志地打造品牌帝国版图。

第一节 用户定位

新媒体营销策划的第一步是定位,只有明确了定位才能全方位开展营销策划活动。定位主要解决三个 W 的问题:给谁做(who)、做什么(what)、在哪里做(where)。这三个问题分别对应的是用户定位、内容定位和平台定位。只有先将以上三个问题分析透彻,才能够有的放矢地进行营销策划。

非利普·科特勒在其代表著作《营销管理》中提到:定位是设计公司产品的核心,是在目标市场消费者心目中占据独特位置的一种行为,其目标是将品牌留在消费者心中,以实现公司的潜在利益最大化。精准的用户定位是细分产品市场、了解目标市场群体、匹配产品与市场需求、设计新媒体营销内容与策略的前提和基础。企业只有先了解用户,洞察用户的需求,才能借助新媒体拉近与用户的距离。

一、确定目标用户群体和用户群体特征分析

在营销活动中,用户定位是指企业或产品将向什么样的人提供什么样的服务。用户定位的目标是深入了解产品目标用户的核心需求与消费偏好,投其所好地开展营销策划,从而在用户心中占据有利位置。

1.确定目标用户群

如今,消费者个性化加速了消费者群体的日益分化,唯有洞察消费者,关注他们的需求与感受,才能知己知彼,百战不殆。清晰的用户定位能够为企业设计产品提供思路与方向,根据用户的核心需求挖掘产品的卖点或"爆点",从而展开后续营销策划与推广。

根据马斯洛需求层次理论,人类的需求层次从低到高划分为五大需求:生理需求、安全需求、社交需求、尊重需求和自我实现需求。参考马斯洛需求层次理论,可以通过分类假设法与归纳总结法来简要定位与分析目标用户群体的特征,从而初步了解用户的心理需求和偏好。

在进行用户定位之前,请先思考以下问题:

(1)产品的目标用户群体是谁?

(2)目标用户群体的核心需求是什么?

(3)如何定位与分析用户群体?

(4)如何让目标用户对产品产生心理认同?

2.用户群体特征分析

用户群体特征指的是根据产品用户的共同特性对其进行标签化归类，通常根据地域分布、人群属性、接触与传播信息的媒介与方式、活跃程度等多个维度来分析用户群体特征（如图3-1所示）。

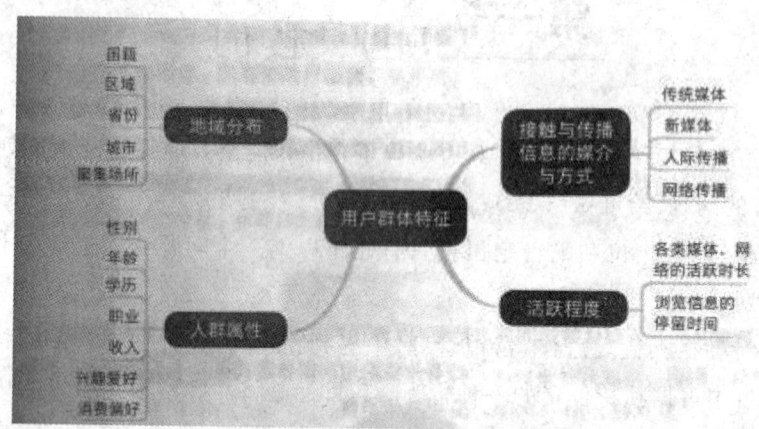

图3-1 用户群体特征分析

总之，针对不同消费者群体的心理需求，找寻目标用户的消费活动规律，基本上遵循以下三步策略。

（1）使用分类假设法在脑海中构建起目标用户群体的大致认识。

（2）通过归纳总结法进一步提炼出核心用户群体的特征。

（3）借助百度指数、阿里指数、腾讯浏览指数、新浪微博指数等数据分析平台来验证我们对产品用户定位的判断。

二、构建精准的用户画像

大数据时代，新媒体营销的重点是深入了解用户的欲望与需求，激发有价值的用户积极参与、购买、反馈并分享产品。而有价值的用户群体需具备五个关键要素：①海量，②持久，③活跃，④可画像，⑤可持续消费。

网络信息爆发性增长的同时，用户在网络中留下的行为数据更是飞速增长。数据库通过挖掘用户遗留的网络行为，结构化的数据分析用户特征与用户活动规律，生成的"用户画像"。精准构建的用户画像具有预计与统计的作用，能够洞悉消费者需准确定位消费者群体与消费场景，为企业实施精准营销提供科学的决策依据。

在用户画像的实际操作过程中，通常会选择最易理解与最贴近生活的话语将用户属性、行为与期待联结起来。作为实际用户的虚拟代表，用户画像构建起来的用户角色形象不能脱离产品与市场，所形成的用户角色必须有代表性。具有代表性的用户画像包含"PERSONA"七要素，包括：

（1）P代表基本性（Primary），即用户角色是否基于对真实用户的情景访谈。

(2) E 代表同理性(Empathy),即用户角色是否能够引发同理心。

(3) R 代表真实性(Realistic),即用户角色是否看起来像真实人物。

(4) S 代表独特性(Singular),即用户个体是否独特且彼此很少有相似性。

(5) O 代表目标性(Objectives),即用户角色是否包含与产品相关的高层次目标,是否包含描述该目标的关键词。

(6) N 代表数量性(Number),即用户角色的数量是否满足样本数据的需求。

(7) A 代表应用性(Applicable),即设计团队是否能使用户角色作为一种实用工具,对后续的业务拓展与营销策略进行设计决策。

第二节 内容定位

营销的竞争是一场关于心智的竞争，营销竞争的终极战场不是工厂，也不是市场而是心智。内容定位，即根据目标人群的心智，明确活动策划的内容、方向和目标。

好的内容一定是给用户带来价值，满足用户需求，帮助用户解决问题，以至帮助用户成长，消除焦虑感。也就是围绕一个定位——帮"哪些用户"，在"什么场景"，解决"什么问题"。这样的内容更容易生存，也更持久。大量的调研和数据分析发现，以下三种选题内容是所有人都需要的。

(1)实用干货类，能提供技能指导。

(2)情感心态类，能帮助慰藉心灵。

(3)新闻热点类，能缓解资讯焦虑

为了做好这三种选题，防止跑题，我们还需要做到以下三点：

(1)确定品牌类型——解决这三种内容的占比问题。

(2)坚持垂直细化——解决这三种内容的范围问题。

(3)符合自身人格化定位——解决这三种内容的风格、价值观、调性问题。

按照以上内容定位的指导标准，我们可以通过列出"用户成长所需知识"，进一步细分用户所需内容，从而达到不断提供用户所需的有价值内容的目的。

一、数据思维指导内容定位

好的内容选题不是拍脑袋得来的，爆款文章也不是单方面冥思苦想所能完成的，通常需要经过大量的数据调研、分析、总结得出。运用数据思维来分析自己和读懂用户，可以帮助新媒体营销人员挖掘有价值的内容。

1.分析自己

这是一个了解自己的过程。通过分析团队的特点，或者对已有账号的过往表现深度挖掘，来量化地审视分析自己，用数据思维实现对内容定位的把握。

(1)对营销团队的分析。通过以下五个问题，了解自己的团队能做什么

①我能提供什么产品或内容——写下自己会的东西，可以做成如图3-2所示的内容图谱。

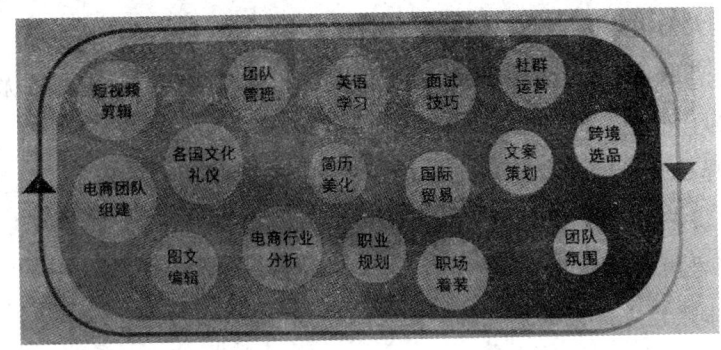

图 3-2 内容图谱

② 归类——将可以归到一起的分为一类(见表 3-1)。

表 3-1 内容归类

分支主题 1	分支主题 2	分支主题 3	分支主题 4
团队氛围	面试技巧	国际贸易	文案策划
团队管理	职业规划	英语学习	短视频剪辑
电商行业分析	简历美化	各国文化礼仪	图文编辑
电商团队组建	职场着装	跨境选品	社群运营

③ 我的产品和内容是为什么人服务的——对应内容面向的人群(见表 3-2)。

表 3-2 内容对应人群

电商行业管理	求职者	出口制造商	新媒体人
团队氛围	面试技巧	国际贸易	文案策划
团队管理	职业规划	英语学习	短视频剪辑
电商行业分析	简历美化	各国文化礼仪	图文编辑
电商团队组建	职场着装	跨境选品	社群运营

④ 我是谁——命名自己的角色(见表 3-3)。

表 3-3 内容命名

电商行业管理	求职者	出口制造商	新媒体人
团队氛围	面试技巧	国际贸易	文案策划
团队管理	职业规划	英语学习	短视频剪辑
电商行业分析	简历美化	各国文化礼仪	图文编辑
电商团队组建	职场着装	跨境选品	社群运营
电商高层	面试专家	跨境电商运营	新媒体运营

例如,物物尔(我是谁):面向自媒体创业者(为了谁),专注于自媒体领域(什么领域),输出高质量实用干货(提供什么)助力自媒体人能力的全面进阶(目标是什么)。

罗辑思维:每天一段 60 秒录音、一篇新角度看世界的文章(提供什么),关注罗胖(我是谁)让你每天比别人知道得多一些(目标是什么)。

友盟+:开发者服务平台(为了谁),以互联网为基地(什么领域),提供优质数据、运营干货(提供什么),为你的创业征途加把力(目标是什么)!

⑤复核+选择。自己的角色清晰后,个人擅长的部分就非常清晰了。选择一个自己最擅长的重点,比如"新媒体运营"或"面试专家",作为目标。

(2)对已有账号历史数据的分析

对已有新媒体账号进行数据统计和分析,能够实现更加精准的定位。这个分析的过程通常包含两个方面。

①分析账号的历史发文数据。通过统计账号过往的全部历史文章和视频数据,分析得出哪些内容类型在哪些方面取得了比较好的效果。把这些结果做成详细表格,便于以后的测试和优化。例如不同内容方向的点赞量、评论量、分享量、收藏量、打开率、分享率、完播率、推送时间等数据,如表3—4所示。

表3—4 历史发文数据分析

类型	新媒体选题方向			
打开率高	选题方向1		选题方向3	……
转发率高		选题方向2		……
点赞量大	选题方向1	选题方向2	选题方向3	……
完播率高			选题方向3	……
……				

②挖掘用户的真正需求。仅仅依靠历史数据是远远不够的,同时还要发动用户获得更多新数据。可以通过各种方式去了解用户喜欢什么,比如可以在后台让粉丝投票选择感兴趣的选题类型,可以让用户留言讨论,可以通过在线问卷平台进行调查,可以在粉丝群里询问了解,可以一对一深入沟通等。总而言之,面对新的选题,可以通过和用户互动的方式挖掘出他们真正的需求,同时将用户感兴趣的选题方向做成详细表格,如表3—5所示。

表3—5 用户感兴趣的选题方向调查表

类型	新媒体选题方向			
投票/问卷	选题方向1	选题方向2	选题方向3	……
粉丝群了解	选题方向1	选题方向2	选题方向3	……
核心粉丝私聊	选题方向1	选题方向2	选题方向3	……
后台/评论消息	选题方向1	选题方向2	选题方向3	……
……				

2.读懂别人

简而言之就是寻找与自己有相同目标的用户群和品牌调性的账号,通过分析这些账号,进一步确定被用户认可、传播力强的新媒体选题方向。这个过程包含两个方面。

（1）选取目标账号。借助新榜、微指数等第三方平台，找到相关行业的爆文，然后找到对应账号，或者直接锁定榜单，如图3-3所示。

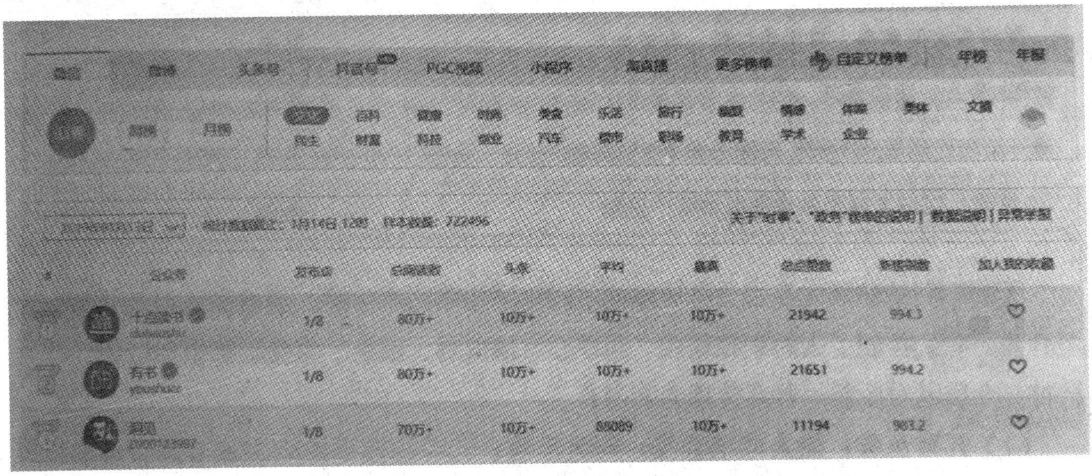

图3-3 第三方平台榜单搜索

（2）分析选题方向。确定目标账号后，要对这些账号进行内容选题分析。通过长期的跟踪、观察和统计分析，将传播效果好的选题以可视化的方式呈现，如表3-6所示

表3-6 目标账号选题分析

类型	新媒体选题方向			
账号1	选题方向1	选题方向2	选题方向3	……
账号2		选题方向2	选题方向3	……
账号3	选题方向1		选题方向3	……
账号4	选题方向1	选题方向2		……
……				

二、心理学原理定位高传播力内容

如何判断内容的传播力呢？从认知神经科学和心理学的角度看，高传播力的内容应该是能够唤起用户情绪的内容。令人感到新奇、困惑、恐惧、激动的内容往往更容易获得传播。这是从人类的大脑对接受信息的优先排序来判断的。表3-7列举了若干能够唤起这四种情绪的标题。

人的不同情绪其实是由人体分泌的不同化学物质而产生的，最重要的有以下四种神经介质，它们控制了人的积极乐观、同理心、愉悦感、愤怒、紧张、恐惧等情绪。一种神经介质就对应着一种高传播力的内容。

表 3—7 唤起情绪的标题分类

标题	类别
黑洞今天显真身,谁为它拍第一张照片?	新奇
比上海土,比广州苦,为什么我还是爱北京?	困惑
海洋垃圾已成第八大洲,未来人类将失去海洋	恐惧
重磅!这些大城市将全面取消落户限制	激动

(1)五羟色胺:使人情绪高涨,积极乐观;五羟色胺型的内容如成功企业家们演讲、创业者的励志故事,通常都会让人情绪高涨,正能量满满,精神振奋。

(2)催产素:使人产生情感共鸣;催产素型的内容包括抚慰人心的感人故事、匠人精神、亲情、友情、爱情类的内容,等等。

(3)多巴胺:使人产生愉悦感、满足感;多巴胺型的内容包括美好的爱情、动听的音乐,一些知识型文章也属于多巴胺型的内容,因为知识的获取和分享能够给人带来满足感。

(4)肾上腺素:使人因为愤怒、恐惧、紧张而使得呼吸和心跳加快。肾上腺素型的内容往往能迅速调动大众情绪,比如批判类文章或能引起广泛共鸣的内容。值得注意的是,这类文章的价值取向和语言措辞一定要正确严谨,否则有可能沦为操纵大众情绪的精神传销内容。

第三节 营销策划模式

一、事件营销策划

事件营销(Internet Event Marketing),是指企业通过策划、组织和利用具有新闻价值、社会影响以及名人效应的人物或事件,以网络为传播载体,吸引媒体、社会团体和消费者的兴趣与关注,以求建立、提高企业或产品的知名度、美誉度,树立良好的品牌形象,并最终促成产品或服务的销售手段和方式。

1.事件营销的优势

(1)快速引导目标用户群体关注和讨论,引爆市场。特步用一个非"马甲号",在杭州知名社区论坛萧内网上发帖,将准备好的聊天截图发布上去,引发论坛网友参与讨论,此条帖子为本次事件的导火索。同时,安排杭州权威媒体"都市快报"在官方公众号发布相关报道;在微信平台安排了杭州本地自媒体"杭州微博城事"和"都市快报"报道了此次事件。

至此,该事件在微信、微博上快速发酵,各微博"大V"、新闻资源媒体、用户都自发参与了此次事件的传播,并且事件快速扩散至知乎、今日头条以及其他新闻媒体平台上。

(2)目标明确,能快速达到期望值。对于企业来说,营销的目标是迅速吸引消费者的注意力,扩大企业知名度,宣传企业形象。特步作为国内品牌,一直没受到年轻人的重视。特步这次设定了"27岁阿里程序员"这个人物,吻合其年轻人的目标受众。

(3)成本相对较低,能取得较大市场规模。特步这次的事件营销,几乎没花什么成本。在各大平台发酵后,特步官方微博在1月8日晚上发起话题"我穿特步,你会拒绝我吗",正式对此事件进行官方回应(如图3—4所示)。随后,一大波官微也加入回应的阵营,纷纷带上事件话题"穿特步相亲被拒"。用"使用××××产品你会拒绝我吗"的统一格式发微博询问粉丝,并@特步的官方微博"特步中国"进行声援,据略统计,至少有20个品牌参与了这一活动。雷军也曾在微博上搞了一个活动——"秀一下你的手机编年史。算一算你用过什么手机?多少钱买的?什么时候买的?把图片发到微博"。据统计,共有约56万人参加了这个活动,大部分人最后都成了小米的粉丝——米粉。小米手机首次预售时,34小时内收到了30万份订单。

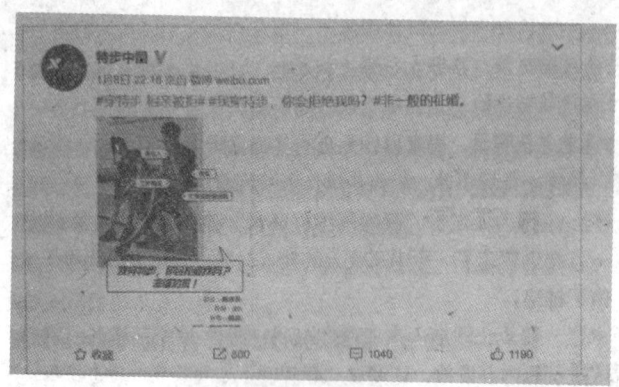

图 3-4 特步中国"穿特步相亲"微博

2.事件营销的策划步骤

(1)建立营销目标。任何事件营销都有相同的营销目标,那就是:①实现尽可能多的曝光;②引起指定群体的注意;③改变指定群体的想法。其中,前两点都是为第三点服务的,第三点是最核心的目标。对于特步而言,核心目标是:①改变或削弱消费者对特步的刻板负面认知——穿特步得不到大众认同;②建立或加强消费者对特步的稳定正面认知——穿特步能赢得大众认同。

特步的这个核心目标是一体两面的,因为固有认知只能被新的认知取代或补充,不可能凭空消除。当营销目标建立以后,所有的计划和执行都将围绕这个目标展开。

(2)预期实现效果。考虑到特步产品的中低档定价,面对直接竞争对手(如阿迪达斯、匡威等)时的品牌定位短板、面对间接竞争对手(非运动类鞋靴)时的应用场景短板,以及特步在事件中的后续跟进,可以看出特步在执行上的期望效果是:①先以一个被无辜波及的被动弱势形象在广泛的第三方口中示人,积攒曝光度与张力;②再以一个自尊自爱的形象主动为产品使用者贴上正面标签,以此争取更多的积极回应,从而修正潜在消费者对品牌的认知;③最后可能要颁布一系列活动或新产品,实现盈利需求并对本次活动的直接效果进行测量。

第一个期望效果,需要通过内容制作、传播渠道打造、网友评论控制来实现,此时企业表面上是与事件完全无关联的。第二个期望效果,需要通过官方媒体主动发声、广大用户积极回应来实现,此时企业实质上与消费者发生互动关系,但没有发生利益关系。第三个期望效果,需要通过官方活动主动推广促销和广大消费者的订单来实现,此时企业与消费者发生直接的利益关系。

(3)进行内容制作。内容是传播的主体。在内容制作上,围绕事件营销的核心目标,企业根据自己的消费者分析结果和预期效果,完成以下要求:

①涉事人符合目标用户的群体画像。

②事件公开动机符合涉事人心理。

③事件本身具有价值,让目标受众喜闻乐见。

④人物诉求主张明显,引起目标受众的共鸣思辨。

⑤产品/品牌不主导事件,但作为事件影响因素出现。

关于要求一,特步设定了"27岁阿里程序员"这个人物,一方面吻合年轻人的目标受众,另一方面也塑造了一个中高收入的特步鞋使用者形象,为接下来给特步消费者贴正面标签做了铺垫。

关于要求二,特步让涉事人在"百度AC米兰吧"这个门槛低、用户多、运动鞋消费者广的社区进行内容发放,还通过"我想问下,穿特步鞋也有罪吗?"这样的反问句标题来开展内容,一方面可以很好地隐藏涉事人背景(以避免网友怀疑是企业暗中作梗),另一方面,顺理成章地解释了事件公开的合理性(涉事人感到不公和不解,所以寻求支持)。

关于要求三,特步通过涉事人发布的长聊天截图,讲述一个和目标受众年龄相仿的年轻人,在进行一项目标受众都可能会遇到的事情(相亲被拒)作为着眼点,具有很大的话题讨论性和娱乐性,非常有利于转发传播和讨论。

关于要求四,聊天截图里两个人的对话内容直接反映了涉事人的主张,并成为冲头的原因。作为标题非常利于读者思考。

关于要求五,特步通过涉事人以受害者的立场来叙述自己的遭遇,最后才展现出作为一种介质对事件结尾的影响,处理得非常平滑,特步鞋作为一种影响因子并未让人产生软文的印象。

(4)规划传播渠道。通过消费者分析,企业很容易推测出目标受众获取相关信息平台和渠道。通过对渠道归类和有目的地利用其主要特性,企业可以很好地传播想要推广的内容。

事件营销推广一般遵循以下三个步骤:

第一步:通过社区论坛发起内容,引起讨论。

第二步:通过新闻报道制造话题,形成事件。

第三步:引起自媒体注意,在消费者间传播。

第一个步骤是整个营销传播的起点,是其余步骤的第一推动力,因此必须制造一种初始讨论氛围,让之后的舆论往有利的方向走;营造一种网友热议现象,有足够的理由让各类媒体传播;构造一种点评网友画像,以精准地融合进目标消费群体。

特步在实践中,设置了三种评论方向:支持男方的;认同女方的;看热闹可怜特步的。通过引入大量符合用户画像的评论用户,特步营造了热议的现象。通过评论用户的这些内容,特步很好地控制住了舆论主题,让真实用户在预设的讨论环境下进行交流。

第二个步骤是将八卦转换为新闻、并升级为现象级事件。为了完成这一步,特步一方面需要在上一个步骤制造很多用户去讨论,并设法争取到相应社区的热门版面来做背书;另一方面也需要联系大量门户网站编辑来撰写新闻稿,制造新闻媒体争相播报的现象。通过以上两个努力方向,可以吸引更多重要新闻网站、自媒体的关注。

第三个步骤往往和第二个步骤并行展开。和新闻稿不同,自媒体在扩散内容时更多是以看热闹的口吻来转述事件的。有时为了保证传播面,可能需要联系意见领袖、"大V"来进行事件的传播。

(5) 部署项目执行。事件营销的项目执行有如下步骤：

①制作内容并投放至指定社区；

②发布评论任务形成讨论环境；

③联系社区版主登入热门板块；

④联系网站编辑撰写新闻稿件；

⑤联系新闻记者进行新闻报道；

⑥联系自媒体人进行事件传播；

⑦官方表态直接回应参与互动；

⑧持续控制讨论环境互动氛围；

⑨进行事件升级或颁布新活动。

在项目执行的过程中，为了吸引更多流量，有时需要投入成本在自媒体人、门户网站编辑、新闻媒体记者、社区评论用户上。

3. 一个事件营销成功的要素

(1) 显著性。新闻中的人物、地点和事件的知名度越高，价值就越大。

(2) 接近性。与用户的心理、兴趣和方位的接近性和关联度越高，价值就越大。互联网的迅速发展给事件营销带来了巨大的机遇。通过互联网，一个事件或一个话题可以更高效地传播和引起注意。

(3) 反差性。人类天生就具有好奇心。大多数用户对新奇、反常和异常的事物更感兴趣。事件营销要求整个事件曲折有意思。

(4) 正面性。互联网是一个不可预知的世界。一方面，瞬间就可以引起高度的反应，引起高度的关注和频繁的评论，使你立马成为公众偶像；另一方面，也可以立即使你成为负面人物。所以，事件营销必须要有正面性，使事件可以得到媒体和公众的关注，提高品牌知名度，同时保持良好的品牌声誉。

二、互动活动策划

所谓的互动，就是双方交互地行动起来。在互动营销中，互动的双方一方是消费者，另一方是企业。只有抓住共同利益点，找到巧妙的沟通时机和方法，才能将双方紧密地结合起来。互动营销尤其强调双方都采取一种共同互动的营销行为，达到互助推广、营销的效果。

互动活动一般有以下几种形式。

1. 全民参与

这个活动一般是根据最新的节日或者热门话题，策划一个活动主题，让用户在限制时间内发布与主题相关的图文或留言回复，按照点赞数量或者其他固定规则来筛选中奖用户。或者是将指定图片发送到朋友圈、微信群、微博等平台，截图后发至组织者处，筛选抽取获奖用户。这种互动形式需要准确把握用户关注点，提升用户参与感。但是需要在极短的时间内收集统计全部的参与信息，建议将活动主题与运动目的相结合。

2019年春节期间，支付宝再次上线了"集五福、过过年"的活动，激起了一波全民参与的热潮。规则是通过AR扫描福字集福卡等方式，只要集齐爱国福、富强福、和谐福、友善福与敬业福，就可以在除夕夜拼手气分5亿红包（如图3—5所示）。这种深度结合节日特色、夺人眼球，别具一格。全民参加活动，自然引发了人们的讨论和参与。同时，加好友互送福卡、沾好友福卡花花卡等创意玩法，进一步扩大了其社交影响力。可以说，支付宝"集五福"活动在营销活动的内容、广告创意和传播上都做得深入人心。

图3—5　支付宝春节集五福活动页面

2.留言有礼

这是一种已经很普遍的新媒体平台互动形式，组织者发布活动方案或产品宣传信息，要求用户在留言区留言，根据点赞数选择中奖用户；或者直接要求用户发送指定留言，从参与用户中随机抽取获奖用户。这种营销互动方案已经成了新媒体营销策划的首选方案之一，因此对于用户来说，缺乏新颖的吸引力，但作为最简单、易操作的营销方式，它也同样具备用户参与度高的特点。因此在设计活动方案时，要充分把握用户的兴趣点，需要有较强的话题互动感，以增加参与用户的数量。

例如，美特斯·邦威微信公众号发布了一篇《红色单品快入手，过年得有仪式感！（文末有福）》的文章，在文末公布互动时刻的活动方案，请订阅者以"年味变了，只有……没变"的句式留言，官方抽取五个最动人的感慨，送上精心准备的礼物（如图3—6所示）。该活动切中用户的兴趣点，又颇具人文情怀，吸引了大量参与者在留言区互动。

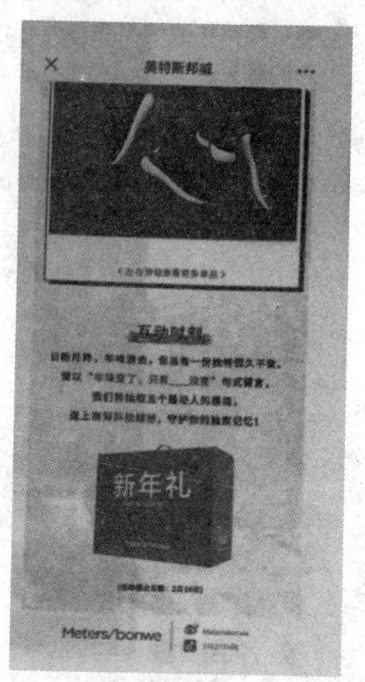

图3-6 美特斯·邦威微信公众号文章

3.红包吸粉

对于用户来说，活动红包是一种特别的互动营销形式。很多手机应用在做营销活动策划的时候，往往会选择引导用户在完成支付订单后分享链接至微信，邀请其他微信好友领取活动红包。一般红包金额会放入相应的账号，可供下次直接使用。企业需要注意，红包应限制数量和金额并设置合理的使用条件，以控制成本，虽然能够通过红包活动快速吸粉，但是要防止被其他团队恶意集中领取，造成预算浪费。

外卖类平台基本都在使用此种互动方式，以达到吸引用户为使用红包而购买的目的。美团外卖红包分享页面如图3-7所示，其链接标题多为"第×个领取的人红包最大！"，以此吸引用户的眼球并号召更多好友领取以获得最大金额的红包。

4.抽奖活动

抽奖作为常见的互动形式，一般可以有大转盘、刮刮乐、砸金蛋、翻牌等（如图3-8所示）。这种互动方式能够极大地调动用户的参与性，但是要考虑到奖品分配的均衡性，偶尔举行一次抽奖活动可以提升账户的粉丝活跃度。

5.投票活动

作为营销活动中的常青树，投票活动出现至今一直是营销中最有效的活动形式之一。投票活动主要有两种，一是通过比赛等方式设置比赛主题及奖项，吸引用户参与报名，然后在活动页面拉票，票数高者获得胜利及奖品；二是调查客户的满意度，听取客户的意见。

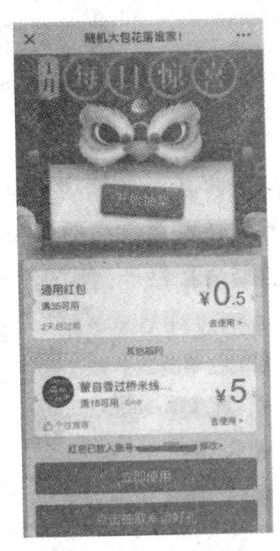 

图 3-7　美团外卖红包分享　　　图 3-8　幸运大翻牌活动页面

通过这种形式进行营销策划，可以大幅提升粉丝数量，增加用户的参与感。但在活动策划中有几点需要注意，首先投票流程设置不要过于复杂，对参与用户进行关注限制，需要关注后才可参与投票。另外要防止用户买票刷票等作弊行为，以保证投票活动有效。

例如，今日头条发起的年度盛典投票，投票总排名第一的男女明星将分别获得"年度最受关注男明星"以及"年度最受关注女明星"奖项，并在头条盛典现场接受颁奖。该投票活动的影响力从明星的票数上可见一斑，粉丝们也热衷于为喜爱的明星投票和拉票。

6.互动游戏

游戏带有一定的竞技性，在给用户带来趣味性的同时，能更好地吸引新用户，捆绑老用户。很多平台都开放了互动游戏端口，开通了连连看、消消乐、贪吃蛇、扑克等免费互动小游戏，或者是在多媒体平台直播当下流行的大型游戏。

例如，为继承和发扬优秀的中华传统文化，引导广大市民深入了解春联文化的博大精深，春节期间，西安城墙隆重推出"小武士对联 PK"互动游戏，获得了大量微博用户的参与（如图 3-9 所示）。

图 3-9　"小武士对联 PK"互动游戏

7.有奖猜谜

每逢佳节,都有很多运营者在平台上开展猜谜游戏或问答,运营者将问题以图片、文字或视频等形式推送给用户,用户在后台将答案发送给运营者,答对者可获得相应奖励。

这种活动方案很适合企业在宣传某项大型活动或者新品上线时使用,将关键线索放置在宣传文案中,可以引导用户认真地多次阅读,加深用户对活动或产品的印象。不过这项活动需要运营认真策划,如果参与难度太高,会降低用户的参与积极性,甚至导致没有用户参与的尴尬窘境;如果参与难度太低,用户没有成就感,还会造成过量的奖励支出,导致活动提前下线,达不到预期的宣传目的。

例如,某空调微博账号通过15秒的短视频来演绎一个成语,邀请关注者在评论中猜出答案,以新颖、逗乐的方式博得粉丝的关注与互动。

8.趣味问答

企业可以在平台上发布问答活动,通过这种方式引发用户对品牌及产品的深度思考,让用户能够更深入地了解品牌特性。这种活动方案需要针对用户认真而有目的性地设计问题,尽量方便用户解答。

例如,小米手机开展"智勇大冲关"的活动。活动原理是:用户随机从小米公司准备的题库中抽出10道选择题进行回答,答完之后会有得分,分数高的"米粉"会有对应的奖励。而这些问题都是和小米手机相关的,比如小米手机用的是什么处理器,尺寸是多大,像素有多高,等等。到活动结束的时候,这个活动总的参与次数为2100万,有超过200万个用户进行游戏。"智勇大冲关"以论坛游戏的方式加深了广大参与者对小米手机的了解(如图3-10所示)。

图3-10 小米手机趣味问答

9.征文投稿/摄影大赛

许多大品牌都热衷于开展征文活动,一般会在设定征稿主题和时间期限后收集用户的投稿文章,主题有节日、与品牌的故事、梦想,等等,企业对用户投稿内容进行评比筛选后选出优质稿件推广发布并给予用户奖励。

营销策划人员在组织征文或摄影比赛的时候,一定要先积累一定的粉丝基础,这样才能在活动初期快速推广扩散，获得更多关注及参与者。设置活动奖励时需要分档，只有让更多的参与用户获得活动奖励，才能充分调动用户参与的积极性。

10. 推荐有奖

互动活动的首要目的是吸粉，企业希望通过活动吸引更多的新用户。例如，公众号可以让用户生成一个推广二维码，当老会员分享二维码推广给新用户关注或购买后，会获得奖励或者提成。这种营销方式可以在平台宣传新品时使用，通过老会员拉取新会员等模式，形成裂变式增长。

例如，小米就通过二维码将新用户和老用户连接起来，产生互动。而这个互动其实就是一次口碑的传播，让用户自发地给用户打广告。因为互动的产生，用户的活跃度也会得到提升。

以上互动活动营销适用于微信、微博、论坛等各大新媒体平台。针对微信，还有独特的互动活动营销方式，比如 H5 互动营销等。

企业运营人员如果能熟练掌握这十种营销技巧，将它们与自身品牌完美融合，做到有个性、有调性，让粉丝喜爱并愿意自发传播活动信息，营销就会越做越好，活动参与率与粉丝互动量也会逐步提升。

三、社群营销策划

社群，指互联网上的虚拟社群，最早关于虚拟社群（Virtual Community）的定义是由社会学家瑞格尔德提出的：一群通过计算机网络连接起来的突破地域限制的人们，通过网络彼此交流、沟通、分享信息与知识，形成具有相近爱好的特殊关系网络，最终形成了具有社区意识和社群情感的团体。

社群可以简单地认为就是一个群，但是这样的群需要具有以下特征：社交关系链的存在是社群的基本条件；有稳定的群体结构和较一致的群体意识；成员有一致的行为规范、持续的互动关系；成员间分工协作，具有一致行动的能力。

网络社群的概念是随着 WEB2.0 的发展以及社交网络的应用逐步流行起来的。广义上，网络社群指以互联网为主要沟通渠道，拥有线上线下多种互动与运营方式，有较固定的平台或渠道，便于成员进行交流分享的社群。狭义上，网络社群指具有商业化潜力，能够形成内容价值的网络社群。社群经济主要基于社群的商业生态，将社群和交易相结合，满足消费者不同层次的价值需求。

社群营销，就是基于相同或相似的需求，通过某种载体聚集群成员，通过产品或服务满足群体需求而产生的商业形态。将有共同兴趣爱好的人聚集在一起，将一个兴趣圈打造成为消费家园，是社群营销的主要商业逻辑。社群营销的载体不局限于微信群及微信公众号，各种新媒体平台都可以做社群营销，如微博、QQ 群、论坛、今日头条、贴吧、直播平台等，甚至线下的社区都可以进行社群营销。

一个社群由同好、结构、输出、运营、复制五个方面构成，想要搭建一个社群就要以五个构成因素为基础。

1.同好

所谓"同好"，就是对某种事物的共同认可和共有行为，是社群构成的第一要素，也是社群成立的前提条件。同好所构建的社群可以基于某个产品，比如某一特定手机的用户社区；可以基于某种行为，比如每周组织徒步旅行的"驴友会"；可以基于某种标签，比如爱好健身的粉丝团体；可以基于某种空间，比如某生活小区的业主群等。

2.结构

合理的社群结构是保持社群活跃度和存活时长的重要基础，在创建社群之初，就应该对社群结构进行有效的规划。

做粉丝社群推荐金字塔结构（如图3—11所示），因为金字塔结构会将社群里的人群细分成几个不同层次，而所有人都需要认可群主，有利于粉丝文化的打造。

以小米为例，其社群营销最出色的是对于粉丝聚集平台的精准认识。比如，初期粉丝的主要聚集地是论坛，在论坛上米粉参与到调研、产品开发、测试、传播、营销、公关等多个环节之中，同时因为这些活动也使得米粉的荣誉感和成就感得以彰显，使他们被牢牢地"黏"在论坛上。但论坛的缺点是太封闭，人群扩展起来非常困难，因此小米又逐步通过"微博拉新、论坛沉淀、微信客服等营销活动组合扩散知名度。微博的强传播性适合在大范围人群中快速传播和获取新用户；论坛适合沉淀、持续维护式内容运营，保持已有用户的活跃度；而微信可视作一个超级客服平台，从领导到员工都是客服，可以持续与粉丝对话。小米在推出红米手机的时候，又选择了QQ空间作为合作平台进行产品发布，因为QQ空间在三四线城市有着广大的用户人群，跟红米的用户重合度很高。

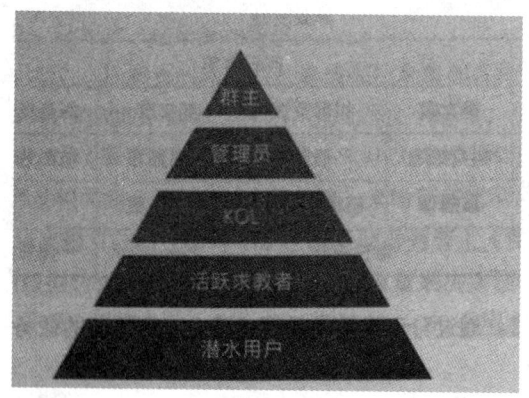

图3—11 粉丝社群金字塔结构

3.输出

社群的输出能力与持续性决定了社群的价值。持续的优质内容的输出能够保持社群的活跃度。但是若不能持续提供有价值的内容，社群的凝聚力就会慢慢减弱，没有足够价值的社群迟早会成为"鸡肋"，群成员就会选择退群或者被群主解散，也会有一些人再去加入或创建新群;还有一种情况,群成员会做出违反群规的行为(比如频频发布广告信息、转发投票链接等)。这会给社群带来负面的影响。

因此,学习类和知识类社群尤其需要关注和引导价值输出,确保高质量信息、知识、资源的稳定输出,提升社群成员的获得感和参与感。例如,英语流利说是一款轻松有趣的英语学习APP,也是一个精彩纷呈的学习社区,它通过语音评分技术、英语学习素材、口语训练课程和闯关游戏机制来帮助用户学习英语。在选取合适的付费课程后用户会被邀请加入微信学习群,该群核心的输出是每日总结、每日小课程和学员问答等活动,例如英文歌、语法讲解、电影分享、纠音课堂。除此之外,还有各个小组每日学习情况的打卡汇报(如表3-8所示)。

表3-8 英语流利说微信群每日安排

时间	VIP班级课程表						
	周一	周二	周三	周四	周五	周六	周日
9:30	早安问候					配音秀	Topic
11:00	周计划	昨日榜单					
12:00	英文歌	英文歌	纠音反馈	英文歌	纠音反馈		
14:00	周榜单	纠音练习	语法	纠音练习	电影分享		
16:00		直播课	班班小课堂	热点干货			
19:00	每日总结				一周总结		

4.运营

社群的生命周期长短很大程度上依赖于社群的运营管理水平。运营者需要实现社群的"四大价值"来保证社群的可持续发展。

(1)社交价值。通过有组织的交流、分享、互动,丰富社群的社交属性,增强社群成员之间的相互连接。

(2)参与价值。通过分工协作使社群成员参与到具体的任务和活动中,增强社群黏性。

(3)信息价值。通过定期给社群成员提供有价值的信息,让社群成为优质内容和渠道的分享来源。

(4)归属价值。社群的最高价值是情感的归属和身份的认同,因此,要不断地营造社群的归属感,拉近社群成员之间的关系。

就运营"四大价值"来分析,小米最出色的,第一是"参与价值"。①MIUI的开发参与:米粉提出要求,由工程师改进MIUI系统并每周发布新版本。②产品的改进:第一批工程机的用户在使用过程中,会把意见反馈给小米的客服,客服再把意见反馈给设计部门,用户的意见可以直接影响产品的设计和性能,使其快速完善。③把整个缺陷管理系统开放到网上,让用户一起来参与维护。

第二则是"归属价值"。①粉丝活动。通过邀请米粉来参加各种交流、公益活动,每场规模在300~500人,有抽奖、游戏、才艺、互动等多个环节,小米联合创始人也会到现场与米粉们互动。②《爆米花》杂志。这是小米社区针对小米手机用户而制作的内部刊物,内容涉及相关的企业文化、米粉访谈、米粉创意展示,以及最新手机玩法等。小米手机用户与米粉可以通过参与小米社区活动得到登上《爆米花》杂志的机会。③同城会。定期根据后台分析的每个城市用户的数量来决定同城会举办的顺序在论坛上登出宣传帖后用户报名参加,每次活动邀请30~50个用户到现场与工程师当面交流。

5.复制

社群的可复制性决定了社群的规模。一个社群如果要复制多个平行社群以形成巨大的规模,在真正行动前,请先思考三个问题。第一,是否已经构建好组织;第二,是否已经组建核心群;第三,是否已经形成亚文化?

要想做好社群营销,应考虑以下建议:

(1)需要具备满足某个主题的优质价值输出

可以进行新媒体运营、品牌营销策划方向的专场分享;也可以拜访不同领域的行家,内部分享独家访谈手稿;还可以进行群内互推合作,杜绝广告,打造高质量朋友圈。

(2)具有一个活跃的灵魂人物,也就是社群领袖

社群的角色可以分为内容创造者、评论者、搜集者、参与者、围观者、不活跃分子。他们各自的诉求不一,可以相互影响和转换。

社群运营必须对症下药。如为搜集者提供有价值的实用干货知识,为评论者提供话题,为围观者创造看热闹的场面,为创造者提供思考的资源和灵感。

但这些成员中,最核心的莫过于社群的意见领袖,即活跃的灵魂人物。他可能会兼有思考者、组织者多重身份。如果一个群有两三个这样的意见领袖,就能激活其他成员,碰撞出很多有深度的内容火花。

这也是社交媒体具有天然渠道的魅力,它集合了一群有温度、有情怀的人,它连接的是"人性",输出的是"价值观"。

(3)设立一套行之有效的管理规则

任何群体,无规矩不成方圆。要制定科学完备、可执行性强的管理规则,在此基础上进行社群营销。

(4)有高质量的线上线下活动策划

活动,能迅速催化社群的"温度",能让成员有参与感。活动的策划需要结合社群的主题和成员的诉求。

线下的交流活动,更是维持社群关系链持续发展的重要环节。面对面的沟通体验能迅速拉近群成员之间的关系,通过真实场景强化社群的存在感,丰富成员的体验,加深关系链的沉淀。

(5)要打造独特又好玩的社群文化

社群的核心在于情感归宿和价值认同。社群一定要好玩,"不好玩,不传播",寓教于乐,

寓商于乐的社群文化每个人都能接受。

(6)社群营销的核心魅力在于"裂变"

开放的互联网带来无限的信息量,未来的互联网是垂直社群的时代,每一个社群都是一场化学实验。一个企业品牌与消费者之间的弱关系能通过社群营销变成强关系,也许大家不再相信明星代言的广告,但往往会相信某个关注领域的意见领袖的推荐和某个朋友的分享。

此外,社群成员人数也要合理控制。牛津大学著名人类学家罗宾·邓巴(Robin Dunbar)提出了"150定律",即人类智力允许人类拥有稳定社交网络的人数约是150人,精确深入交往的人数是20人左右,这些是由大脑新皮层的应对能力所决定的。这就是著名的"邓巴数字"。过量的人和信息是低效的传播,会提高获取信息的成本。

第四节 营销策划方案的撰写与展示

营销策划方案是整个营销策划内容的书面载体,它不仅是营销策划活动的主要成果,而且是企业进行营销活动的书面行动计划。营销策划方案凝聚了整个策划活动的智慧,其写作水平的高低直接影响着营销策划方案的有效表达,也会成为衡量营销效果好坏的标准之一。一般而言,在新媒体环境下,营销策划方案要遵循一定的基本格式。

一、营销策划方案撰写框架

1.设定新媒体营销目标

目标就是想完成什么,目标的设定应概括 SMART 原则,即具体(specific)、可衡量(measurable)、可达成(attainable)、现实性(realistic)、时限性(tmed)。用明确的、可测量的、可执行的、现实性的和有时限的方法努力实现目标。

对于新媒体营销策划而言,第一步应该是设定想要达到的营销目标。拥有目标,可以在新媒体营销竞争中处于有利态势;没有目标,则容易迷失营销方向。

对于新媒体营销策划而言,第一步应该是设定想要达到的营销目标。拥有新媒体营销目标应该与营销策略保持一致,这样在新媒体平台上所做的努力就会促使企业达成目标。新媒体营销目标应不仅仅是关于"转发""点赞"之类的指数指标,而更应该是销售额、人气度、影响力、网站流量这类高级指标的综合体现。

2.评估及选择新媒体平台

根据公司所处的市场环境、战略选择、产品定位、产品质量、价格体系、促销方式、渠道选择、组织管理及执行控制方面的特征,在新媒体平台阵营中,重点选择适合自身发展的平台。

3.公司及相关竞品平台运营分析

知己知彼,百战不殆。首先,要对公司及相关竞品的新媒体平台运营数据进行分析与对比。其次,要对竞品的运营方案进行全面分析,重点关注竞争对手的切入点。最后,要总结竞品优势,取长补短,为下一个环节的营销策划方案提供参考指南。

4.内容规划和具体行动方案

要想在新媒体营销上取得成功,优质的内容至关重要。新媒体营销方案应包含一份由内容规划和具体行动方案共同组成的文案。某企业的今日头条号的内容规划如表3—9所示。

表3-9 某企业今日头条号内容规划

内容规划	发布量10~15条/天	企业相关信息50%	企业动态、领导新闻、新品上市、活动促销、产品相关知识
		受众相关信息50%	女性话题,如美容、养生等; 男性话题,如汽车、足球等; 热点转发,如新闻、图片等

新媒体营销策划方案应该涵盖所选择平台发布内容的具体时间以及在新媒体营销活动执行中打算推送的内容,做出具体行动计划,提前规划消息推送(如表3-10所示),要重点关注消息推送的语言和编辑的格式,同时不要忽略在营销活动过程中客户服务的重要性。

如果不确定应该如何分配资源,最好参考自媒体内容运营三分法。也就是选择三分之一的内容用来推广企业、吸引客户,并获得利益,选择三分之一的内容用来呈现和分享行业内思想领袖或是志同道合的企业的创意和故事,其余三分之一的内容用来与粉丝互动和建立营销品牌。

表3-10 某企业微博平台的具体行动计划

内容主题	内容说明	栏目设置	数量及时间安排	定位要求	阶段目标
语录励志类	以职场、人生哲理、管理名言或营销语录为主	♯天天向上 ♯每日经典语录、传递正能量	数量:5~8条/天 8:30—9:00 10:00—10:30	内容呈现出一个对营销、品牌有自己见解的培训专家、顾问、职场导师形象	第一阶段(1~2个月)要求:主体方向确定,框架构建起来,定位清晰,内容有规律、有计划、有互动
培训管理类	以培训管理行业相关的知识分享、观点摘录为主,比如@人力资源研究	♯天天悦读 ♯分享推荐行业相关文章	11:30—12:00 13:30—14:00 15:30—16:00 18:00—19:00 20:30—21:00 备注:每个栏目暂不固定发布时间,运营人员自行安排。除了晚间、周末避免使用定时器		第二阶段(3个月)要求:目标清晰、定位准确、粉丝活跃度高
职场知识类	以分享经理相关的知识技能为主	♯天天百科 ♯分享职场人的一些问题解答、行业流行术语解读等			

5.测试、评估和调整新媒体营销方案

新媒体营销策划方案不是一成不变的,而应该跟随实际情况做出及时调整。通过新媒体营销数据分析,记录并分析具体营销策划活动的成功与失败,重新调整新媒体营销方案。

二、营销策划方案的展示技巧

要想在汇报展示新媒体营销策划方案的过程中取得满意的结果,提案人员应该注意以下几个方面。

1.讲求提案策略

(1)事前协调,虚心请教。在正式汇报展示之前,为取得有关人员的理解、认同及协助,提案人员可以先找到评审委员进行面谈,说明策划方案的内容,并请他们给出修改意见。经事先指点改进后的策划方案,在展示过程中一般很少会受到相关方的刻意刁难。

(2)分段汇报,效果更好。当策划的内容相当多或者过程较为复杂时,可以就策划的过程或者组成部分进行分段概述与汇报,这样不仅能方便与会者了解策划的逻辑思路,也能引起评审委员对策划内容的进一步关注。

2.巧妙使用工具

为了向评审者和决策者有效介绍策划方案的内容,提案人员除了要提供必要的资料、图表并进行口头陈述之外,多种表现工具和辅助设备的配合使用也是必不可少的。

新媒体营销策划方案的展示,一定要通过音频、视频素材,从视听角度进行演示,使枯燥的报告内容变得生动形象,让展示形式变得丰富多彩。灵活运用投影仪、演示白板、简报、原型素材等工具,能使展示的内容更具表现力和说服力,使策划方案更容易被决策者认同和接受。

3.注意现场表现

(1)充满自信。在进行内容陈述时,汇报人要信心满满,尽可能多地使用肯定性措辞,以表现出对营销策划的信心。

(2)灵活应对。在回答现场提问时,汇报人如果遇到较难回答或者拿不准的问题,要尽量避免慌张,多动脑筋,灵活应对,切忌含糊其词或胡乱作答。

(3)冷静处理。在汇报展示过程中,出现批评和指责的情况不可避免,汇报人应保持冷静,不可与对方发生争执;对于棘手的问题,尽量安排在汇报后再私下沟通,协调处理。

本章小结

1.用户定位应确定目标用户群体,进行用户群体特征分析,构建精准的用户画像。

2.内容定位需要经过大量的数据调研、分析、总结得出,运用数据思维指导内容定位,运用心理学原理定位高传播率内容。

3.常用的营销策划模式有事件营销策划、互动活动策划、社群营销策划等。

4.在新媒体环境,营销策划方案既应遵循一般营销方案的基本格式,也有其特点。

知识与技能训练

一、单选题

1.以下选项中,(　　)不属于目前中国的三大社交平台。
　A.微信　　　　　B.QQ　　　　　C.微博　　　　　D.知乎

2.精准定制类手机新闻客户端会根据个人的阅读习惯定向推荐内容,属于这一类的客户端为(　　)。
　A.腾讯新闻　　　B.网易新闻　　　C.新浪新闻　　　D.今日头条

3.构成社群的所有要素是(　　)。
　A.同好、结构、输出、盈利和复制　　　B.同好、结构、输入、运营和复制
　C.同好、结构、输出、运营和复制　　　D.以上说法都对

4.相较于传统媒体新闻阅读,不属于新闻客户端优势的是(　　)。
　A.深度阅读,鼓励进行社交媒体转发　　　B.突出头条新闻,主推原创
　C.强化个性化推送,强化交流属性的卖点和痛点
　D.订阅简单,安装方便

5.罗宾·邓巴提出的"150定律"指:人类智力允许人类拥有稳定社交网络的人数约是(　　)人,精确深入交往的人数是(　　)人左右,这些是由大脑新皮层的应对能力所决定的。这就是著名的"邓巴数字"。
　A.150,20　　　B.120,30　　　C.150,30　　　D.120,20

二、多选题

1.知识问答平台"知乎"兴起的原因包括(　　)。
　A.真实性　　B.运营策略与社交网络服务　　C.开放式互动性　　D.话题管理模式

2.以下属于社群的有(　　)。
　A.班级微信群　　　B.社团QQ群　　　C.篮球运动群　　　D.十点读书阅读分享群

3.直播营销受大众青睐的原因有(　　)。
　A.极强的实时互动性　　B.获取的精准用户　　C.实时产生转化　　D.网络运营成本低

4.下列属于秒拍优点的是(　　)。
　A.随手拍随手传,简单方便　　　B.使用专业设备或手机拍摄
　C.网站自己导流　　　　　　　　D.视频即拍即处理
　E.微信朋友圈、微博可快速分享

5.小米手机互动活动的形式有(　　)。
　A.留言有礼　　B.红包吸粉　　C.投票活动　　D.互动游戏　　E.征文投稿

三、判断题

1.在互动营销中,互动的双方一方是消费者,另一方是企业。(　　)

2.企鹅电竞属于体育直播平台。（　　）

3.内容创作者通过接入大鱼号，上传图文、视频可被分发到 UC、优酷、土豆等终端，获得多产品、多平台的流量支持。（　　）

4.策划一场既能满足年轻人的喜好又能满足老年人的需求，既能讨好白领又能迎合学生的活动，是非常容易的。（　　）

5.以 18～25 岁女性青年居多的大鱼号，是阿里文娱体系为内容创作者提供的统一账号。它实现了阿里文娱体系一点接入，多点分发，多重收益。（　　）

四、案例分析题

2018 年 3 月 29 日，爱奇艺正式在美国纳斯达克挂牌上市，发行股票代码 Q，并于当天首次公开发行 125000000 股美国存托股票（"ADS"），每股定价为 18.00 美元。敲钟仪式当天，爱奇艺创始人 CEO 龚宇博士偕同众多爱奇艺高管以及百度董事长兼 CEO 李彦宏等股东共同出席。龚宇在敲钟仪式前发表致辞："爱奇艺是中国最大的在线视频平台，它为数亿中国人提供了丰富的娱乐体验，丰富了他们的精神生活。为此我们感到自豪。"当天，爱奇艺上市广告牌在美国时代广场打出，百度大厦总部也为爱奇艺亮灯祝福。根据以上案例材料回答以下问题：

(1)试分析爱奇艺属于哪种网络视频平台，并说出网络视频平台的主要分类及代表应用或软件。

(2)查阅相关资料，讨论为什么爱奇艺能够做大做强？原因有哪些？

五、实训实战题

(一)实训背景

学生已经对新媒体营销策划方案的写作框架有一定的理解，通过本次实训活动，可以掌握新媒体营销策划方案的写作框架，提升其实践应用能力。

(二)实训任务

以赣南脐橙品牌"东江藏"上市活动为对象，撰写一份新媒体营销策划案。

(三)实训步骤

第一阶段：产品背景了解

查阅该产品的背景材料，对产品形成一定的认知。

第二阶段：营销策划创意微发

(1)以产品背景为依据，小组内确定该产品新媒体推广的目标和对象。

(2)小组成员集思广益，讨论该产品的推广主题、渠道、具体形式、具体时间。

(3)各小组组内整合信息，完成一份新媒体营销策划书。

第三阶段：课堂路演

(1)各小组制作方案展示 PPT。

(2)以小组为单位各小组逐一汇报。

(3)教师对汇报结果进行点评。

第四章　新媒体营销广告投放

【知识目标】
了解新媒体广告投放的载体类型、主要特征以及新媒体广告投放的主要形式、投放策略。

【能力目标】
能够根据不同广告投放载体的特点，运用合适的投放策略进行广告设计与策划。

【案例导入】

优衣库的线下线上多渠道布局

早在几年前，优衣库就实现了"门店＋官网＋天猫旗舰店＋手机APP"的多渠道布局。优衣库的AD支持在线购物、二维码扫描、优惠券发放及线下店铺查询。其中在线购物功能是通过跳转到手机端的天猫旗舰店来实现的；优惠券的发放和线下店铺查询功能主要是为了向线下门店引流，增加用户到店消费频次和客单价。优衣库一直坚信实体店渠道对于消费者有着巨大的价值，O2O的主要作用是为线下门店提供服务，帮助线下门店提高销量并使推广效果可查、每笔交易可追踪。

在多渠道布局上，优衣库各个渠道的结构功能明确。首先，APP上所展示的优惠券二维码是专门为门店设计的，只能在实体店内才能扫描使用，实现从APP直接引流到门店，而最近几年优衣库在中国的开店速度远远高于同类品牌，因为它们相信只有门店覆盖的地方，才能提供更加优质的购物体验，才能带来并留住更多的消费者。其次，优衣库将国内的电商官网以及APP的所有流量全部导向天猫旗舰店，所有的线上销售只在天猫旗舰店完成，目前优衣库线上销售约占优衣库中国整体销售的6%。最后，优衣库也推出了自己的APP，但是目前只做商品的展示和引流，优衣库店内商品和优惠券的二维码也是专门为APP设计的，优衣库推出其官方手机应用UNIQLOAPP，用户可以通过这个应用中的位置服务，查找距离自己最近的店铺、联络方式、营业时间以及销售的商品等信息，用户还可以通过导航工具查找到达店铺的路线；这项应用能及时将促销信息推送给消费者。购物环节与天猫打通，消费者可直接在手机端完成一站式购物。

[资料来源：陈航波.百胜研究院李方翔、优衣库的多渠道布局，(2016－08－15)2017－1

—18.http://news.efucomcn/newsview—1165648—i.html]

【案例启示】

移动互联网时代已经到来,传统的营销模式已经被完全颠覆,谁掌握了连接用户的第一触点,就意味着可能通过高黏度的内容和服务将产品优势转化为用户规模优势和流量优势,移动市场早已成为各企业的必争之地。优衣库线上线下的联动多渠道布局,充分抓住了移动端消费者的特性,利用二维码、APP、小程序等营销工具,给用户创造良好购物体验的同时,也为自己打开移动市场奠定了基础。

移动互联网时代,营销方式发生了很大的变化。如果说传统互联网主要靠流量变现,那么移动互联网则讲究用户变现。越来越多的企业开始探索抢占移动市场的营销策略和方法。

第一节 新媒体广告综述

在科学技术不断发展的情况下,数字化的信息技术不断更新,使手机与互联网技术开始成为社会生活与工作中必不可少的信息传播工具。广告产业作为主要以媒体为依托的一种产业形式,其发展是与媒体传播息息相关的。在新媒体时代背景下,广告传播的载体发生了巨大的变化。

本章就是要让大家对新媒体广告载体有一个全景式认知,为今后进入新媒体运营工作打好基础。传统媒体时代,广告传播主要依赖报纸、期刊、广播、电视、出版和电影。频道、频率、版面等媒体资源价值就是广告的定价依据,媒体覆盖的广度就是广告资源质量和广告传播效果的评价标准。广告主每年都可以提前预算年度投放的广告支出,广告效果在一定程度上也是有预期、可量化的。

但到了新媒体时代,广告的玩法发生了变化。新媒体的不断涌现为广告主提供了直接向受众和消费者传播信息的新的传播渠道,社交化传播效应又可以让新媒体广告效应得以倍增。数字化的新媒体技术为广告内容的表现提供了更为丰富的方式,互联网网站平台、移动互联网平台、社交媒体新平台、户外广告平台等媒介平台形式层出不穷。

一、新媒体广告的一般流程

第一步:确认投放新媒体广告的目的。

第二步:结合企业的定位以及调性,分析企业受众人群,选择与之匹配的广告载体。

第三步:确定创意及新媒体广告的展现形式。

第四步:获取广告投放入口,联系洽谈并投放。

第五步:每天分析广告收入数据,实时进行广告策略优化调整。

在大数据的支持下,新媒体广告主可通过分析用户属性、手机机型、所在地域、地理位置、关注领域、兴趣爱好等,并在此基础上进行分众化、精准化的广告投放,这将大大提升广告的精准度。

二、新媒体广告投放的主要付费模式有三种

1.CPM

千人曝光(Cost Per Mille,CPM),指广告投放过程中听到或者看到某广告的每千人平均

分担的广告成本。传统媒介多采用这种计价方式。在网上广告,CPM通常理解为一个人的眼睛(耳朵)在一段固定的时间内注视一个广告的次数。

2.CPC

点击量(CostPerClick,CPC),指网络广告发生点击才产生费用,如搜索引擎关键词广告,展示是不收费的,点击才收费。网络广告媒体很多采用这种定价模式。

3.CPA

转化效果(Cost Per Action,CPA),指按照行为作为指标来计费,这个行为可以是注册、咨询、放入购物车等。广告公司和媒体公司常用CPA、CPC、CPM一起来衡量广告价格。

从PC到移动互联网,新媒体广告一直在追求精准营销的价值,如何帮助广告主将每一分钱投入吸引最应该到达的人群上,降低无效传播的损失,这对媒体平台来说既充满挑战,又蕴藏着巨大的机会。

第二节 新媒体广告投放策略

随着企业投放新媒体类型选择的空间越来越大、投放自由度越来越高,确定合理的投放策略也成为企业投放新媒体广告的重要运营内容。企业在选择投放的新媒体之前,需要对新媒体广告型和目标消费者的关联性进行多指标分析,在综合考虑新媒体的定位、受众结构、知名度、权威性、美誉度等指标后,再选择合适的投放媒体。

为了实现更好的广告效果,企业还要考虑是否先对现有的产品、业务进行相应的扩展和调整,以适应新媒体的传播和购买特点;同时也要梳理公司的广告投放策略、营销方式,从而在海量信息中精准抓住受众阅读偏好,达到传播目的。

一、新媒体时代广告的新特点

为了适应新媒体时代的变化,企业需要了解新媒体时代广告的新特点。

1.互动性

传统广告传播方式的特点是由广告信息传播者向广告受众的单向传播,如报纸广告。报纸作为印刷媒体,从开始向人们传播信息之日起就是这种传播方式,这主要是由广告传播的载体所决定的。而广播广告和电视广告的受众在接受广告信息之后也很少有机会参与到信息的处理当中。传统广告的受众听到和看到的信息都是传播者精心安排好的内容,在这种状态下,广告受众很难与广告传播者形成互动。

而新媒体打破了传统媒体的单向传播模式。在新媒体时代,手机媒体与互联网媒体成了媒体传播的主要模式。广告受众可以通过点赞、评论与广告发布者深入互动,也可以通过分享观点、截屏页面、弹幕"吐槽"等行为和微信、微博等社交传播媒体进行朋友圈或社交圈传播,带动更多人与新媒体广告发布者进行良性互动。

2.多样化

新媒体广告的表现方式越来越多样化,可以将文字、声音、动画、超链接等结合起来,以丰富的表现带给受众多感官的刺激。

新媒体广告的受众层次也越来越多样化。广告企业在对广告进行设计与制作时也不再只以大众群体的喜好为依据,还会兼顾小众群体的品位、特点,使广告信息的传播更加有效和精准。

新媒体广告的传播渠道也呈现多样化特点。新媒体本身就是多种媒体形式的总称。仅视频类型,就有网络视频、网络电视、公交移动电视、楼宇电视、视频直播等多种多样的传播渠道,广告主要考虑整合适合的广告媒体来定位受众。

3.海量化

受传统传播媒介的限制,传统广告信息传播的内容、版面、时间和时段都是有限的,但数字媒体上的广告突破了时间和空间的限制,也突破了具体形式的限制,不同的新媒体广告类型之间的差异不再明确可辨。

二、新媒体时代广告传播的新特点

企业还需要了解新媒体时代广告传播的新特点。

1.精准定位

1971年,大卫·奥格威在《纽约时报》(*New York Times*)刊登广告,列出了创造"有销售力广告"的38种方法。排在首位的是他所说的"最为重要的决定"——"广告运动的效果更多地取决于对产品的定位,而不是怎样去写广告。"这个道理同样适用于新媒体时代的广告传播:无论媒体环境怎样改变,技术发展怎样快速,对广告受众的细分和准确定位依然是广告传播的精髓。

针对受众的移动性、多层级、个性化的新生活形态,广告传播要能结合新媒体高传输速度、互动性、个性化、定制化服务等优势,将受众的特性与产品、品牌更好地匹配起来,针对不同特征的人群和其不同的生活轨迹,让广告主精确地找到想要的目标受众,充分降低传播成本。

户外广告的发布要覆盖消费者的全生活场景,形成完整覆盖链条。例如,走出家门时的电梯平面广告,上班路上的公交车、候车亭和户外LED广告,办公室电梯口的液晶电视广告,办公室内的互联网广告,晚上光顾的休闲娱乐场所的液晶电视广告,卖场、超市的液晶电视广告,出差途中的机场广告等(见图4-1、图4-2),都应该纳入投放的考虑范围。

图4-1 今日头条户外公交广告

图4－2 今日头条户外地铁广告

2.内容为主

广告内容化趋势是新媒体新生态环境的一个重要特点。在新媒体平台上，广告企业对广告信息传播的控制力不断变弱，基本上依广告自身的趣味性来进行传播。因此，广告传播者必须改变传统的广告创意策略，通过创意将广告融入媒体，使广告看起来就像是媒体资讯或娱乐内容的一部分，让受众在愉快的体验中自发传播，带动品牌的传播和产品的销售。当广告融入媒体、成为媒体内容的有机构成部分后，广告就不再是不受欢迎的植入，而是观众需要和感兴趣的资讯和娱乐，这时的观众将不是在观看广告，而是在亲身体验广告。

3.整合传播

广告主在投放广告时，通常会采用多样化的传播渠道，拓宽与消费者双向沟通的路径，传递统一的产品信息，树立稳定的品牌形象，最大化地提升消费者体验，实现广告信息的有效传递。

所以从广告投放的角度来看，应注重多种传播方式的整合。例如，新媒体广告和传统广告各有千秋，优点与缺点并存。对它们加以组合运用，可以扬长避短，优势互补，从而达到更好的广告效果。

未来整合营销、大数据营销将成为主要的广告投放方式。如何抓住社交网站、微博、视频网站、微信、APP等近年来兴起的数字接触点，通过新的营销方式将其整合进广告投放的全媒体战略之中，是营销推广策划的重点内容之一。

第三节 新媒体广告投放载体

一、网站平台

网站平台包括门户网站、各品类行业网站、地方性本地网站、与品牌相关联的网站等。但由于企业之间的品牌、产品和服务会有所不同,因此企业投放新媒体广告时,会根据自己的品牌所在的行业进行有针对性的投放,以达到新媒体广告投放的最大效应。

例如,一个房地产公司需要在网站平台上投放新媒体广告,则其选择对象就包括门户网站的房产频道、房地产专业网络平台、本城市的网站平台、旅游汽车理财等与之相关联的网站平台。

网站平台新媒体广告的主要形式有横幅 Banner 广告、焦点图广告、对联广告、飘浮广告、文字链接广告、弹窗广告、拉链广告、导航广告、视频广告等,如图4-3、图4-4所示。

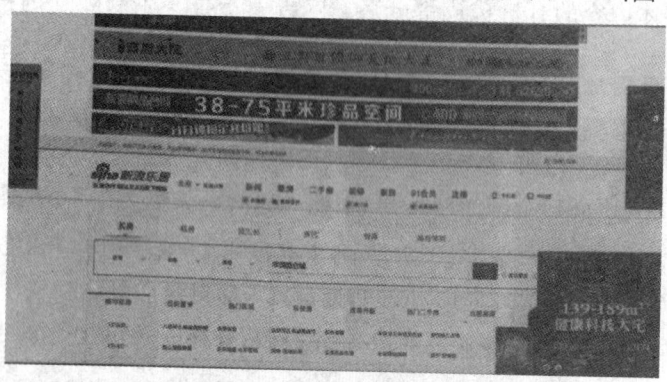

图4-3 门户网站房产频道——新浪乐居首页新媒体广告

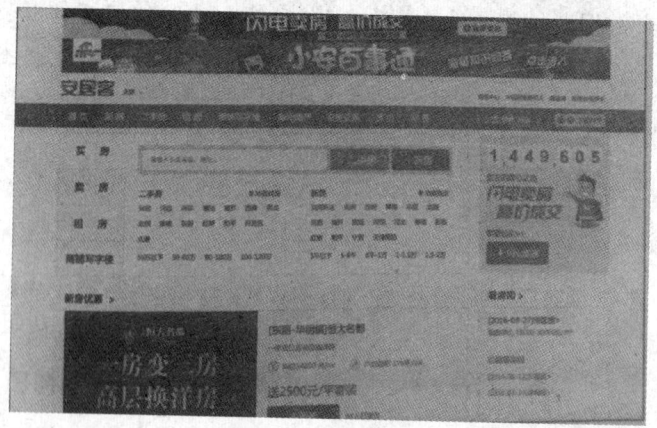

图4-4 房地产专业网络平台——安居客

网站平台投放新媒体广告的特点可以概括为:受众人群范围广,包含各个层次的人群;有利于提升品牌在全国或本地的知名度;有利于拓展全国或本地市场并吸引大量的零售客户;首页推广费用高。

在选择网站投放广告的时候,首先考虑的是网站人气。对很多网站,可以通过百度等搜索引擎去搜索相关的热门关键词,如果找到该网站的关键词越多且信息排名越靠前,那就证明该门户网站的人气越旺。其次需要考虑的就是该网站的定位是否与企业定位一致、该网站入驻的品牌企业是否够多等。网站平台人气主要集中在首页及各主流频道上,因此在进行广告投放时,一定要理性分析其广告位置的人气与性价比,确定最适合的广告位置和广告展示形式及内容。最后可通过网站平台的网站导航、商务合作等方式找到投放广告的入口,并了解各网站各广告位置的价位及展现形式。

二、移动新闻客户端

40年前,人们通过报纸了解天下事;30年前,人们通过电视了解天下事;20年前,人们开始用计算机了解天下事;今天,随着智能终端的普及,人们习惯通过手机新闻推送了解天下事。手机新闻客户端满足了大众利用碎片化时间的需求,而且可以随时随地实时到达,很快就培养了人们新的阅读习惯。艾媒咨询的数据显示:2017年,中国手机新闻客户端用户规模达6.6亿,腾讯新闻、今日头条分别以41.0%、34.8%的占比领跑新闻客户端活跃用户数量。新闻客户端的大用户量和活跃度吸引了越来越多企业主的关注,成为移动广告的重要投放阵地。

目前,市场上比较主流、用户量又比较大的手机新闻客户端分为两种类别。

(1)精准定制类

根据每个人的阅读习惯定向推荐内容,包括今日头条、一点资讯、天天快报。

(2)常规新闻类

按照频道划分内容,包括腾讯新闻、网易新闻、搜狐新闻、新浪新闻、凤凰新闻、澎湃新闻。图4-5所示为四大主流新闻客户端。

图4-5 四大主流新闻客户端

PC端由于屏幕较大,网站上方、左右等各处都可以成为新闻平台广告的发布地,而在移动端,这种广告投放方式显然行不通。手机屏幕没有计算机那么大,广告位不像PC端那样想开就开,而且移动端需要兼顾用户体验,既不能让用户扒开广告找新闻,也不能用户一点开广告就让页面跳出后很难返回。所以,新闻客户端根据用户的阅读习惯设定了不同的广告展现形式。新闻客户端一般采取以下广告展现形式:开屏广告、信息流广告图、内容详情页广告(包括广告图、文字链、下载广告)。这三大形式一般均按点击量或千人展示计费,定向精准,且可区分iOS与安卓系统。

（1）开屏广告

开屏广告即用户打开新闻客户端时会出现的几秒钟广告,这种广告的优势在于品牌效应强,缺点在于广告费用高。

（2）信息流广告

信息流广告即用户在阅读新闻时在新闻页中看到的广告,这种广告主要以图文、图片形式展现,看起来就好像是一篇推送的文章。

（3）内容详情页广告

内容详情页广告出现在文章末尾,主要以文字链、图片、下载广告形式展示。

新闻客户端以大数据挖掘为基础,广告投放朝着"精准"方向推进。除了传统的可以按照地域、时间、手机类型进行投放外,还可以依据用户阅读偏好进行更精准的广告推送。如今日头条就致力于以定制、精准为导向的新闻客户端,每个人上今日头条看到的新闻都不会完全一样,系统根据用户的阅读兴趣定向推送,以近似内容资讯的方式,友好精准地传递品牌信息。

以今日头条为例,介绍移动新闻客户端的广告投放展现形式,如图4-6至图4-8所示。

图4-6 今日头条开屏广告

图 4-7 今日头条信息流广告

图 4-8 今日头条详情页广告图、详情页文字链

通过移动新闻客户端的载体投放新媒体广告的特点主要有：客户端用户量大、广告曝光度大；融入阅读、无缝植入；智能推送、高效到达。

三、社交媒体平台

目前，带社交属性的媒体平台有微信、微博、QQ、Facebook、Twitter、Instagram等。而我们所说的社交媒体广告是指以企业、媒体或个人为发布者，以产品、文字、图片、语音或视频的形式，通过社交媒体发布的传播信息。

近年来，随着移动社交网络逐渐成熟，消费者在社交媒体平台上花费的时间越来越多，企业主纷纷将目光投向了社交媒体平台，社交媒体广告产业呈现爆发式增长。

官方数据显示，2018年Facebook的月活跃用户数量达到23.2亿，第四季度财报显示Facebook广告收入总额达169.14亿美元；Twitter的月平均活跃用户达到3.21亿，第四季度财报显示，Twitter广告收入总额达9.09亿美元，可见广告给社交媒体带来了前所未有的商机。在国内，以微博、微信为代表的社交媒体也已经成为网民的标配应用。

如何利用社交媒体进行社会化营销和广告投放已经成了每一个品牌所需要关注和思考的问题。在社交时代，品牌已经不再是品牌主单方面向消费者"输液"的概念，而是由消费者的深度参与互动而与品牌主"共创"出来的。消费者在从需求产生、信息收集、购买、使用、评价等各个消费环节上，表现出对社交互动越来越强的依赖性，消费者在互动过程中既可以是品牌消费者，也可以是品牌文化或口碑传递者。

例如，人们会因为在微博或朋友圈刷屏的某款产品而产生购买需求，会浏览搜集其他陌生人的购买评论、论坛的专业测评等，会边说着"剁手"边按下支付按钮，更会在买到心仪的商品时晒各种图片。消费过程中的所有行为，都可以变成一种社交行为，消费者不知不觉就参与到品牌的传播中。这也就意味着越是擅长借力整个购买链条中社交传播行为的企业，越能借助自己消费者的能量制造传播。

社交媒体的兴起为广告主品牌提供了新的解决方案，如微信、微博等社交媒体已成为数以亿计的网民每天登录的平台。与此相适应，这些社交媒体发布产品广告时也越来越重视避免广告过度投放影响用户的社交体验，如图4-9所示。

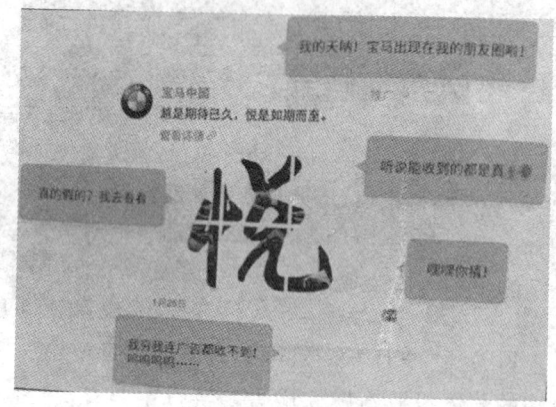

图4-9 微信朋友圈广告

社交媒体平台往往拥有庞大的用户群和海量数据库，用户参与度很高，广告主可以利用活跃用户的圈层进行广泛扩散，而且借助大数据算法，可实现更精准的目标人群投放。

社交媒体广告的表现形式大体可分为开屏广告、图文广告、视频广告、植入广告等，但由于社交媒体的产品属性各有不同，其广告展现形式也有所不同。

目前，中国的三大社交平台分别为微信、QQ和微博，微博的广告投放形式和其他社交平台有不同的地方。

微博的广告投放形式有粉丝通、粉丝头条、微博"大V"广告投放等。

(1)粉丝通可以自定义投放用户库，是新浪微博主推的产品，针对所有新浪微博用户，根据地域、用户、年龄、关键词、兴趣爱好等精准定位投放信息。广告投放后会以微博图文名义出现在微博信息流中。

(2)粉丝头条，微博主对自己发布的微博使用粉丝头条功能后，可以让自己的粉丝登录时看到该条微博处于其微博的第一条。粉丝头条最早只能覆盖自己微博在24小时内登录的用户，现在增加了"路人转粉"功能，只要广告主愿意投入，微博主还可以让自己的微博出现在不是自己粉丝的人的微博第一条的位置。

(3)有影响力的微博"大V"粉丝数量大，互动活跃度高，往往能引爆话题、带动热点，因此很多企业经常通过微博"大V"投放品牌广告，在微博平台进行曝光。

QQ 和微信的广告形式都属于腾讯广点通的产品形态。广点通是由腾讯公司推出的效果广告系统。它依托于腾讯海量优质流量资源，给广告主提供跨平台、跨终端的网络广告平台，如图 4-10 至图 4-14 所示。

 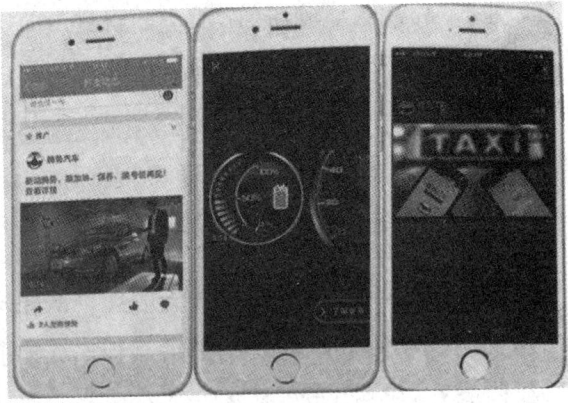

图 4-10　QQ 空间信息流——图文广告　　　图 4-11　QQ 空间视频广告一

图 4-12　QQ 空间视频广告二

 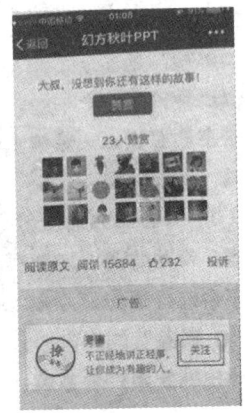

图 4-13　QQ 空间信息流——品牌页卡广告　　图 4-14　QQ 微信公众号内广点通广告

在社交媒体上投放广告需要注意的是，一定要注重用户体验。企业在社交媒体平台投放广告需要考虑使用该款社交应用的用户体验，因为人们往往是讨厌广告的，如果把投放的广告与社交产品的浏览特性相结合，就像微信朋友圈广告那样，其形式和平时发布的状态形式类似,不过度打扰用户,用户在看到广告时便会欣然接受。当然,如果你的广告拥有独特的创意,用户也会爱上你的广告。

社交媒体广告发展至今,用户的心态已经在社交媒体的带领下越来越开放和主动,乐于接受和了解一些广告信息、体验新的产品,并将自己的感受分享和传播出去。再加上社交媒体对用户的大数据精准分析,对用户的年龄和性别等有很好的把握,广告的投放也更加精准,可以制定出更加适合这个群体的营销策略;对于用户而言,大部分看到的都是自己需要的信息,也更加乐于去分享和传播,从而使产品广告最大化地被接受、体验并有效地传播开来。

四、视频平台

早在2008年,网络视频就已经正式宣告了其在互联网格局中的重要地位。据统计,当时网络视频的使用率为1‰,用户量已经达到了18亿,超过搜索引擎成为中国互联网的第四大应用。网络视频广告还凭借当年北京奥运会这块试金石,逐渐被行业及广大广告主所接受并认可。

网络视频广告的最大优势在年轻受众逐步远离电视媒体,越来越习惯通过网络视频"追剧",而且在"追剧"过程中,新近发展起来的弹幕模式也吸引了更多年轻人参与互动。随着网络视频逐渐成为大众网络生活不可缺少新媒体的重要组成部分,如何利用网络视频这个新媒体平台进行一系列的营销活动也成为广大广告主需要考虑的重要问题。

目前,网络视频平台分为以网络电视、视频直播、用户原剧内容(User Generated Content,UGC)为主的视频分享平台三大类。网络电视视频广告主要以家庭中点播视频时的开屏广告为主,以及在线网络电视视频,如Pplive,以缓冲视频广告和专区整合冠名广告为主要形式,如图4-15所示。

图4-15 Pplive首页

视频直播是自2015年以来网上最热的新媒体网络视频模式。目前比较主流的视频直播APP有映客、斗鱼、一直播等,视频直播的广告形态还没有完全成熟。目前比较常见的广告形式有直播推荐广告位、开屏广告Banner图、主播植入、现场直播、合作直播等方式,如图4—16、图4—17所示。

图4—16　直播平台Banner广告

图4—17　品牌主携手明星直播发布会

现今市场上比较受欢迎的视频分享平台有优酷、土豆、爱奇艺、腾讯视频、乐视视频、搜狐视频、暴风影音、芒果TV等。视频分享平台有着丰富的媒体资源和广告形式，广告形式主要有贴片广告、冠名、内容植入口播、暂停广告（见图4—18）、角标、移动端开机图、页面广告位。贴片广告可以按照地区、频道等进行投放，部分平台还可以按照人群兴趣等进行投放。目前，常见的移动广告形式大致分为五大类：图片类广告（Banner、插屏、全屏）、富媒体广告（缩小、擦除、摇一摇等）、视频广告（角标、贴片、暂停广告）、原生广告（信息流、激励类等）、积分墙广告，如图4—19所示。

图4—18　视频暂停广告

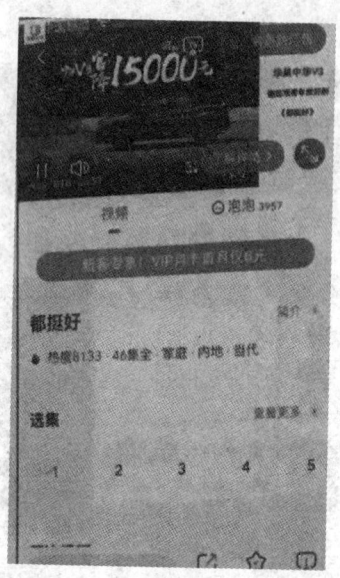

图4-19 移动端贴片广告

网络视频广告之所以受企业主喜欢，一是因为视频平台的用户量大，二是用户停留在平台上的时间较长，三是广告的投入产出比较高。

相对于电视广告可以切换台等因素，现在国内视频平台几乎都插播广告，用户只能等待广告播放完才能观看视频，这种投放形式往往可以获得观众几乎全部的注意力，广告到达率比较高。

作为新的广告形式，视频广告能针对群体特征非常具体地投放广告。例如，你在看一段美食视频时，视频播放前往往都是一些食品类的广告，此时如果你对此款商品感兴趣，就会点击来了解商品的详细信息。传统的电视广告往往要请明星代言，要放到黄金时段播出，要放到收视率高的节目中播出，其成本是非常大的，花费十几万元甚至上千万元都是有可能的，而且需要大量的工作人员。但是，网络视频广告只需要较少的人员加上一个好的创意，其成本比电视广告小得多，而且可以尝试免费传到网络上进行传播。如果企业发现某些广告创意受人喜欢，再花一定的成本进行推广，则效果会更有保障。

值得一提的是，就在2016年，视频分享平台和社交媒体平台共同演化出了一种新的视频形态社交原创短视频。一时间，网络上以papi酱、艾克丽丽等为主的个人社交媒体原创视频深受网友喜爱，如图4-20所示。目前，微信朋友圈视频广告、微博信息流视频广告也在不断发力，社交媒体平台信息流式的广告被各大企业主一片看好。

早在2013年12月，Facebook就与广告主合作推出了社交媒体平台的第一条视频广告，如图4-21所示。

第四章 新媒体营销广告投放

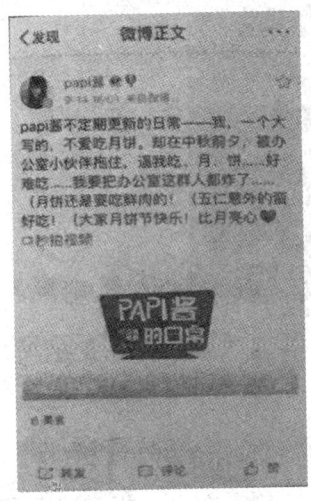 

图 4—20 papi 酱社交原创短视频　　图 4—21 Facebook 第一条视频信息流社交广告

当时这条广告长度为 15 秒，广告被直接嵌入 Facebook 的信息流页面，声音默认静音并自动播放。为了同时保证广告主的需求与用户体验，用户如果对广告感兴趣，可直接点选最大化或播放声音；如果不感兴趣，可直接下滑页面忽略广告。

五、BAT 大平台

BAT 是中国三大互联网巨头，百度公司（Baidu）、阿里巴巴集团（Alibaba）、腾讯公司（Tencent）的首字母缩写，它们占据着中国大半的互联网江湖，如图 4—22 所示。

图 4—22　BAT 中国互联网公司三巨头

从大数据上来讲，BAT 分别掌握着一般型数据、交易型数据和关系型数据领域的话语权，如何利用好 BAT 的广告资源、借助其优质数据做好营销，是企业主们关注的焦点。接下来，我们就从 BAT 三个平台分别介绍各品牌下的产品与产品广告形态。

1. 百度平台

搜索是网友最经常使用的功能之一。百度产品广告投放体系包括搜索推广、网盟推广、产品推广、社区营销（百度问答、百度文库、百度贴吧）等，如图 4—23 所示。

图 4－23　百度推广首页

（1）搜索推广是基于百度搜索引，在百度搜索结果的显著位置展示企业推广信息，并帮助企业把网民有效转化为客户的一种营销方式。企业可以让推广信息在自己指定时间段、指定地域，根据网民搜索的关键词出现，当网民点击信息、打开企业网站，百度推广再扣取广告费用。例如，在百度的搜索框中搜索相应关键词，第一条至第四条的位置均可以投放相应的广告，投放广告的信息下方会出现"商业推广"四个字，如图 4－24 所示。

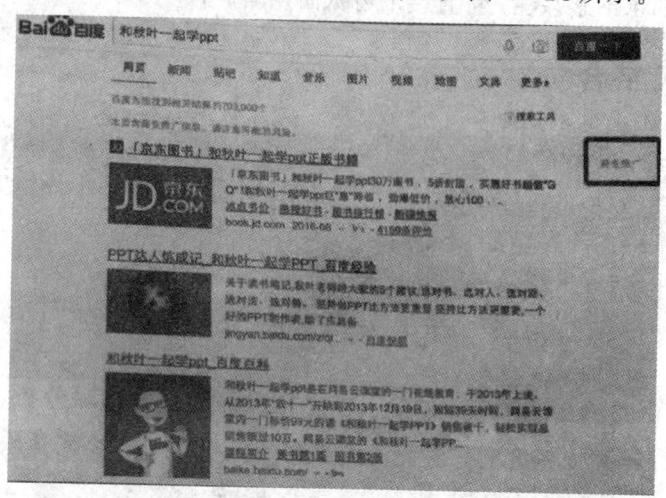

图 4－24　百度搜索"和秋叶一起学 PPT"出现的推广广告

（2）网盟推广是百度 MDSP（类似百度联盟的 DSP）。百度联合 5 万个以上合作 APP，针对客户在网上的行为轨迹，圈定目标用户进行广告的精准投放，按照曝光付费，人群选择可根据四个维度来进行。

①人口属性：年龄和性别。

②地理位置定向：哪个省的哪个城市。

③生活形态定向：兴趣爱好、品牌爱好等。

④LBs 区域定向：访问某个精品楼盘的客户，竞品周围五公里的客户。

（3）产品推广是围绕百度产品进行推广的，例如在百度地图品牌专区，当网友在百度地图搜索了指定关键词后，弹出来的占据第二个位置的信息就是一条广告信息，如图 4－25 所示,其支持省市级别定向,按照关键词付费,即采用一组关键词按多少钱收费的形式。其好处是可以让相应的人群在使用百度地图搜索相应关键词的时候第一时间看到企业投放的广告消息。

图4-25 百度地图搜索关键词"KTV"后出现的广告

百度广告平台主要利用用户主动搜索的关键词挖掘用户需求,以此实现广告的精准投放。可以说,百度的搜索引擎营销(Search Engine Marketing,SEM)也是相当精准的,但毕竟用户的搜索内容丰富多样,绝大多数搜索内容并不是用户的消费欲望所驱使的,百度大数据目前还难以分析出用户的真实搜索意图;再加上百度的广告竞价体系缺乏透明度,在多家竞价的情况下投放成本也越来越高。

2.阿里系

阿里系所有的广告资源都由阿里妈妈进行管理与投放。阿里妈妈拥有淘宝自身资源以及合作平台资源(高德地图、UC浏览器等),拥有包括用户详细地址、消费习惯等在内的优势数据。阿里妈妈最好的广告资源就是淘宝自身的广告位。

企业通过阿里妈妈进行广告投放,利用曾经已有用户的数据,阿里妈妈可通过底层数据进行匹配,运用大数据帮助企业进行绘制用户画像;根据用户画像,淘宝资源可进行精准投放,圈定用户地域、消费偏好、性别等,让目标用户精准看到项目的广告。

阿里妈妈投放广告的主要形式有淘宝天猫直通车、钻石展位、麻吉宝淘宝客、淘宝联盟。除了在站内进行广告投放外,广告主还可以选择投放联盟平台,类似阿里联盟的需求方,可以投放到阿里妈妈以及其他合作网站和APP上。

阿里妈妈平台主要帮助广告主根据用户的网购及浏览商品的数据进行广告的精准投放。当用户浏览网页时,经常会看到阿里妈妈的推广广告,通常是在右下方,会轮番显示用户最近在淘宝的一些商品浏览行为，进而诱发用户点击相关产品。

3. 腾讯平台

腾讯的广告投放产品分为广点通、智汇推、朋友圈广告，如图4-26所示。

图4-26 腾讯社交广告首页

广点通可以根据人群特征，在腾讯的社交产品上投放广告。广点通投放的广告资源主要在QQ客户端、手机QQ、QQ空间、手机QQ空间、微信公众号、朋友圈、QQ音乐客户端等位置，如图4-27所示。广点通的人群定向可根据多个维度进行选择，如性别、年龄、兴趣标签、历史行为等，按照点击量付费。

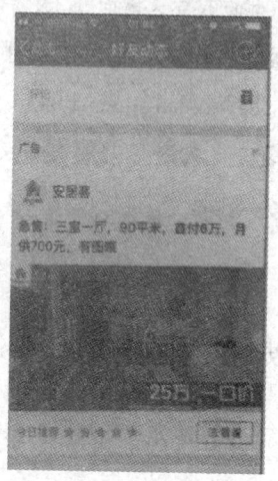

图4-27 手机QQ空间广告

智汇推的投放资源主要集中在腾讯新闻客户端和腾讯视频客户端。其广告投放可按照用户性别、年龄、地域和人群类别进行筛选。智汇推的人群筛选是按照行业进行分类的，自动给用户打标签，按照点击量收费。

朋友圈广告是在朋友圈中投放的原生广告，包括图文、视频、原生推广页等方式，按照曝光次数进行收费，可按照用户地域、年龄、性别、兴趣等进行人群选择，价格5万元起。

目前，朋友圈广告已开放自主投放，企业只需5个流程（开户、创建广告、方案审核、广告上线、效果跟踪）即可投放广告。企业可以在广告投放端选择目标人群标签，包括地域年龄、性别、兴趣等，此后朋友圈广告系统将根据企业的设置定向分发广告。一条朋友圈广告投放一般需3~15个工作日才能上线；上线后，企业可在广告投放后的3个工作日内在线查看结案报告。

腾讯的广告体系更适合按人群属性、兴趣、爱好进行广告投放，其更关注社交化考量因素。

在中国互联网现实竞争格局下，百度、阿里巴巴、腾讯的账户系统并不互联互通，网站访问跳转也受到诸多限制。对于企业而言，要么不得不在三家平台上都购买流量，要么只能先依附某个具体的平台生存发展。

六、需求方平台

2011年年底，中国网络广告市场上出现了一个新鲜词——需求方平台（Demand Side Platform，DSP）。这一概念起源于网络广告发达的欧美地区，它与AdExchange（互联网广告交易平台）和实时竞价（Real Time Bidding，RTB）一起迅速崛起于美国，并在全球快速发展，2011年已经覆盖到了欧美亚太及大洋洲，并在2011年年底进入中国。

尽管今天的网络广告市场规模已超过报纸，成为仅次于电视的第二大广告媒体，而且各广告平台都宣称自己采用的是精准广告投放模式，但很多企业发现互联网广告并没有真正做到精准营销。

例如，最典型的视频贴片广告，其主流方式还是沿用传统媒体的思路来投放，如图4-28所示。它不是以千人为单位来投放，就是以时间为单位来投放，从中很难感受到互联网广告精准投放的优势，更谈不上依据大数据指导营销投放。

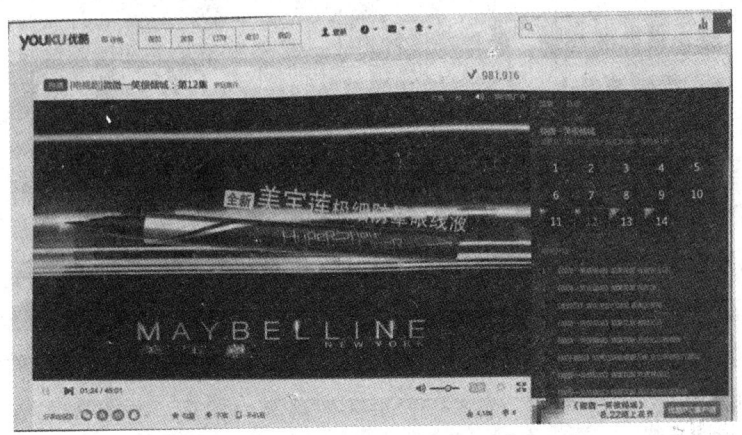

图4-28 大数据下精准投放视频贴片广告

其实，DSP的前身就是在线网络广告联盟（AdNetwork）。我们在浏览一些网站的非首页页面时，经常看到网页的一个角落有各种小广告框，这些广告就是通过在线网络广告联盟投放的。在线网络广告联盟典型媒体如Google的Adsense。Adsense是个合成词，其中ad是"广告"之意，sense是"感知"之意，综合起来的意思就是"相关广告"。Google通过程序来分析网站的内容,并投放与网站内容相关的广告。

大部分在线广告联盟的原理和 Google 的 Adsense 投放原理是一致的。

(1)在网页中加入一小段 Google 提供的 Javascript 脚本。

(2)用户浏览该网页时,Javascript 脚本监测到后,对 Google 广告服务器发出广告资源请求。

(3)Google 广告服务器发现这是一个新网页,于是安排机器人开始抓取这个网页的内容,以判断应该推送何种广告才与网页浏览的内容关联度更高。在没有返回关联广告之前,用户可能会看到一个 Google 公益广告页面。

(4)Google 服务器分析网页的内容,如发现"载人飞船"这个单词出现了 10 次,"神舟十一号"出现了 20 次,于是服务器认为这个网页在讨论"神舟十一号发射成功事件"。

(5)在线脚本发现又有用户浏览该网页,再次向服务器发出投放精准广告的申请,这一次 Google 广告服务器回答说:"好!这是个关于神舟十一号发射成功事件的页面,给你投放神舟十一号发射成功的现场回放吧!"

(6)看到神舟十一号发射成功的现场回放的用户想:"嗯,正打算支持一下神舟十一号。"于是点击广告。

(7)广告平台会收到相应收益,由 Google 在线广告平台和加入 Google 在线广告平台的网站分配。

这就是在线网络广告联盟的工作模式,也是我们谈到的 DSP 的主要工作模式。DSP 往往是独立第三方,它们独立整合不同的网络资源,为企业提供广告投放资源。

为了保证广告的覆盖面,越来越多的互联网广告都集中投放在大流量的页面,如门户网站首页等,这造成"少数页面投放就消耗了绝大部分广告投入"的困境。

如果一家广告主找多家媒体进行广告投放,就需要消耗大量的时间和精力来和各个媒体沟通,并确定每一个广告位的投放时间、效果和形式,这使得广告主只能投入精力和优质主流媒体的优质广告位谈判。但网络上还有大量小的网络媒体,它们有些是垂直领域的网站,通过搜索、口碑介绍来传播,单个流量并不大,网站也不可能有专门的业务人员对接广告主。DSP 的出现可以把所有的广告资源聚合起来,让广告主可以进行一站式购买。

对广告主来说,有了这样的平台,就解决了对这种长尾流量的一站式投放问题,只需要投钱就行了;对网站媒体来说,原来有一些网站流量是无法变现的,现在所有的流量都可以变现;对企业主而言,这种长尾流量价格可能非常低廉,但采取合理投放策略可能也会找到更低成本的精准流量。但加入广告联盟的网站媒体越来越多,也会导致优质广告联盟网页资源被稀释,广告投放效益下降。为了解决这个问题,DSP 就应运而生了,其就是为应对这种挑战而产生的新广告投放模式。DSP 是为广告主、代理公司提供的一个综合性管理平台,通过同一个界面管理多个数字广告和数据交换的账户。利用 DSP,广告主可以在广告交易平台(AdExchange)对在线广告进行实时竞价,更高效地管理广告定价和调整竞价策略。

一个好的 DSP 系统至少要具备以下要素。

(1)一个统一的、综合的操作平台:DSP 为广告主提供一个综合性的操作平台,广告主可以通过一个平台管理多个渠道的流量来源,避免投放广告时要对接不同的网络媒体,增加交易成本。

(2)能够整合、优化、管理不同渠道的流量:DSP 能够简化企业购买媒体广告的流程,要做到这一点,就必须有整合、优化和管理不同渠道流量来源的能力。

(3)支持实时竞价:利用实时竞价协议(允许购买者对单一广告展现进行实时竞价购买的广告交易协议),DSP 可以从广告交易平台中实时地按需购买广告。

与传统的广告网络(AdNetwork)相比,DSP 不是从网络媒体那里买广告位,也不是采用按下载量收费的方式获得广告位,而是通过实时竞价的方式从广告交易平台获得对广告进行曝光的机会。DSP 通过广告交易平台对每个曝光进行单独购买,即采用每千人成本收费的方式获得广告位。DSP 的广告投放会使用优化算法来提高广告主的广告投放效果,通过优化算法,DSP 可以让广告主在 100 毫秒的时间内确定目标受众、优化竞价策略并投放广告。DSP 移动端的精准定向可以按照不同的维度细分为以下方式:人群定向、行为定向、LBS 定向、运营商定向、WiFi 定向、设备型号、操作系统、使用时间等。这些定向方式可以进行组合,多重叠加之后在精准性上就有更大的保证。

DSP 可以为广告主提供及时的、全面的数据报表,其中包括广告花费投放频次、投放效果、订单状况等。

DSP 对其数据运算技术和速度要求非常之高。从普通用户在浏览器的地址中输入网站的网址,到用户看到页面上的内容和广告这短短几百毫秒之内,就需要发生好几个网络往返的信息交换。

AdExchange 首先要向 DSP 发出竞价(bidding)请求,告知 DSP 这次曝光的属性,如物料的尺寸、广告位出现的 URL 和类别,以及用户的 CookieID 等;DSP 接到竞价请求后,也必须在几十毫秒之内决定是否竞价这次曝光,以及如果决定竞价将出什么样的价格,然后把竞价的响应发回到 AdExchange。

如果 AdExchange 判定该 DSP 赢得了该次竞价,要在极短的时间内把 DSP 所代表的广告主的广告迅速送到用户的浏览器上。整个过程如果速度稍慢,AdExchange 就会认为 DSP 超时而不接受 DSP 的竞价响应,广告主的广告投放就无法实现。

基于数据的用户定向(AudienceTargeting)技术是 DSP 另一个重要的核心特征。从网络广告的实质上来说,广告主最终不是为了购买媒体,而是希望通过媒体向他们的潜在客户(即目标人群)进行广告沟通和投放。

服务于广告主或者广告主代理的 DSP,则需要对 AdExchange 每一次传过来的曝光机会进行相关数据分析,以决定竞价策略。这些数据包括本次曝光所在网站、页面的信息,以及更为关键的本次曝光的受众人群属性,人群定向的分析直接决定 DSP 的竞价策略。DSP 在整个过程中,通过运用自己的人群定向技术来分析,所得出的分析结果将直接影响广告主的广告投放效果。所以,从 DSP 技术的发展方向来看,DSP 是中小企业借助大数据分析投放互联网广告的一个重要途径。

七、众筹平台

2011 年 7 月,我国第一家众筹平台"点名时间"上线,这标志着我国众筹行业的开端。在互联网金融快速发展的浪潮下,众筹模式得到了越来越多人的认可。众筹来自英文"crowdfunding"一词,即大众筹资或群众筹资,指发起人将需要筹集资金的项目通过众筹平台进行公开展示,感兴趣的投资者可对这些项目提供资金支持。现今市场上比较主流的众筹平台有京东众筹、淘宝众筹、众筹网等,如图 4-29、图 4-30 所示。

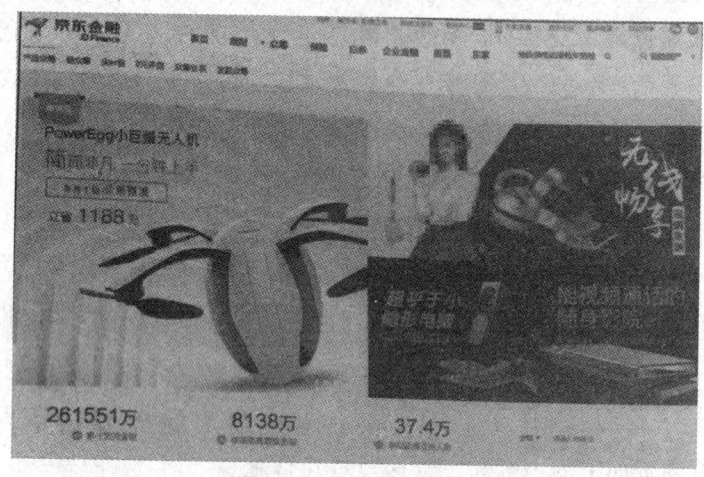

图 4-29　京东众筹页面

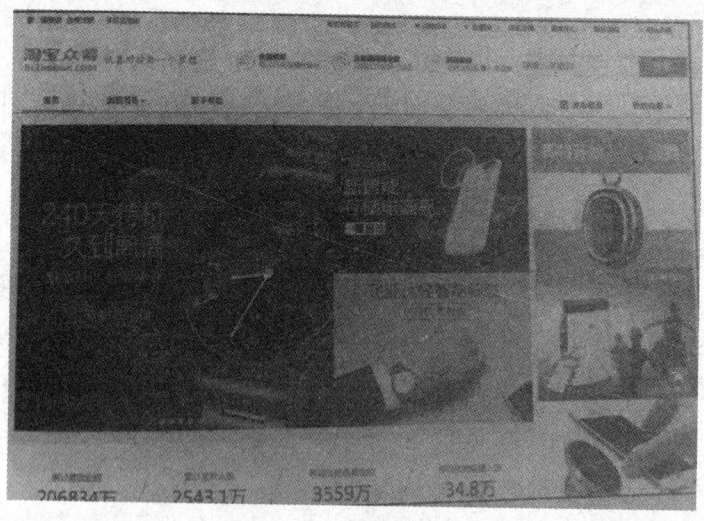

图 4-30　淘宝众筹页面

众筹融资平台是随着众筹融资模式的出现而逐步兴起的一类互联网融资平台。融资者借助互联网上的众筹融资平台宣传自己的项目,吸引大众投资,每位投资者通过少量的投资金额就可以从融资者那里获取实物或股权回报。

在相当一部分众筹活动中,投资者不仅为项目投资,还积极参与项目、实施传播推广,这就使众筹项目有了社交口碑传播效应。因此,越来越多的企业通过众筹平台不仅进行项目融资,还进行品牌和产品的传播推广。其中比较常见的形式就是企业研发生产了一款新产品,通过众筹平台筹集资金并为其产品传播加以曝光。

目前国内众筹模式主要有三种:债权众筹、股权众筹、回报众筹。

(1)债权众筹:投资者对项目或公司进行投资,获得其一定比例的债权,未来获取利息收益并收回本金。

(2)股权众筹:投资者对项目或公司进行投资,获得其一定比例的股权。

(3)回报众筹:投资者对项目或公司进行投资,获得产品或服务。下面以最典型的回报众筹为例做简单介绍。这类众筹主要包括三个参与方:筹资人、平台运营方和投资人。这种众筹模式的特点是以众筹资金换取众筹物品,筹资方禁止用股权、债券、分红、利息、资金等形式回报投资者。

回报众筹的基本运营流程如下。

(1)筹资人(就是项目发起人)在众筹平台上注册账号,发布自己的众筹项目,介绍自己的产品、创意或需求,设定筹资期限、筹资模式、筹资金额和预期回报等;平台运营方(就是众筹网站)负责审核、展示筹资人创建的项目,并为其提供服务支持;投资人则通过浏览平台上的各种项目,选择适合的投资目标进行投资。

(2)在融资期结束后,如果项目收到的投资总额达到预设的融资金额,那么众筹项目融资成功,众筹平台会将所有投资划拨到融资方的账户;如果没有达到目标金额,那么众筹项目融资失败,众筹平台会将所有投资退回到投资者的账户。

(3)融资成功的众筹项目在收到投资后开始按照项目计划实施项目;众筹项目完成后,融资方需按照承诺给予投资者回报。

相对于传统的融资模式,融入更多互联网元素的众筹模式无疑更具创新性:企业通过众筹平台可以极低的融资成本吸收众多散户的资金,投资者可以通过众筹平台发现潜在的受消费者欢迎、认可的高收益投资项目,消费者可以通过众筹模式提前尝试最新的产品和服务。可以说众筹平台为多方提供了更广泛的选择可能性,为整个社会注入了创新活力。

对于企业来说,众筹平台有以下特点及优势。

(1)无门槛,为中小微企业拓宽融资渠道。中小微企业融资难的现状一直是大问题,通过在众筹平台上申请融资,中小微企业可以充分地展现自己产品的魅力、项目前景,以获得投资者的信任来实现融资需求。

(2)人人都可以是筹资人和投资人。众筹平台的出现使任何年满18周岁的自然人均可以通过众筹平台发布其创意,以此吸引投资和投资项目。

(3)其为公众提供了投资的新途径。在众筹平台上,投资者可以根据自身状况和个人兴趣选择最适合自己的投资项目，有效利用闲散资金，以增加投资收益。

众筹的潮流对产品的优化、用户体验提升、创业风险控制有着很大的帮助。现在的众筹平台还处在蓬勃发展的阶段，只需要时间沉淀，未来的众筹将更加完善、更加多彩。

八、其他媒体投放平台

前面已经介绍了目前市场上比较成熟的新媒体广告投放渠道。除了这些广告投放渠道以外，我们在日常生活中也会见到一些户外广告投放载体，如楼宇、门店、公交车、电梯、公交站牌、地铁、高铁、动车、高速公路牌等。但人们认为这一类载体属于传统广告的投放载体，不属于新媒体广告的投放载体。

关于传统投放载体在本书中不做详细介绍。本节主要介绍一些新兴的新媒体广告投放渠道，即无人机和虚拟现实（Virtual Reality，VR）。

1.无人机广告载体

2015年，全球无人机市场被广泛关注，大疆创新产品走向前台，国内极飞科技、零度智控以及国外3DRobotics等无人机公司产品研发和融资动作不断……2015年可以说是消费级无人机元年。

无人机是无人驾驶飞机的简称，是利用无线电遥控设备和自备的程序控制装置的不载人飞机，包括无人直升机、固定翼机、多旋翼飞行器、无人飞艇、无人伞翼机，如图4－31所示。

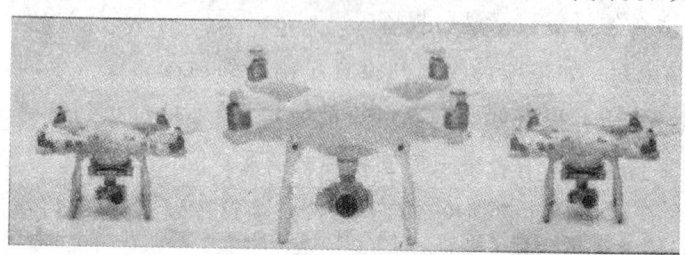

图4－31　大疆无人机

目前，无人机主要应用于航拍等领域，包括边防、农业等。另外，其在搜救、防盗等安全监控方面的应用也在起步。无人机有时还会被用来进行包裹投递、运动赛事摄影等。聪明的商家甚至已经将无人机当作飞行广告位，吸引了消费者的眼球，如图4－32、图4－33所示。

图4－32　淘宝无人机送货

图 4—33　京东无人机送货

目前，无人机的广告形式主要以挂广告条幅或横幅为主，如图 4—34 所示。

图 4—34　"美的"无人机广告

无人机广告的特点在于无人机体积轻巧又可灵活移动，具备传统飞行广告形式飞艇所没有的优势。无人机可以低飞至地面，也能飞到传统广告平台到不了的地方。当人们看到无人机时，会对广告的内容更感兴趣。而且无人机和直播平台相结合，也可能创造出新的新媒体广告形式。

2.VR 广告载体

伴随着扎克伯格在世界移动通信大会上通过 VR 与记者互动的图片广为流传，越来越多的人开始关注 VR，国内外的各类公司也开始尝试 VR 创业。有数据表明，仅 2015 年一年，与 VR 技术相关的专利申请就已经达到了 841 件，VR 瞬间火爆。一时间，VR 市场的商业广告价值也备受企业主关注。

目前已经有不少企业开始采用 VR 广告的形式。Facebook 在 2015 年 9 月就推出过 VR 风格的 360°视频广告；汽车领域如奥迪和沃尔沃，时尚领域如 Dior，快消品领域如可口可乐，都早早地与 VR 技术完成了"第一次亲密接触"，玩起了 VR 营销。

VR 技术发展至今，目前其广告形式主要是通过 VR 技术展现一个全新产品的广告片。就在 2016 年 3 月，一个用 VR 技术制作的广告片在网络上热传：在 90 秒的时间里，猎豹移动用 VR 技术展现了它们的全新产品——猎豹 3D 桌面，如图 4—35 所示。这是一款安装在 Android 手机上的桌面优化产品，由于这款产品本身具有 3D 特性，所以在 VR 技术的辅助下,其效果的震撼程度直接翻倍。

图4—35 猎豹3D桌面VR技术呈现图

VR的广告载体是一个全新的形态,这种形态的主要特点有:感官冲击力强,视觉效果震撼;全新的技术展现形式,内容更加形象、立体。未来的VR广告除了由震撼的视觉效果所带来的强烈感官冲击力以外,将会有更加深度的VR体验,不局限在视觉冲击的范畴内,而将由视觉带动全身体验,实现一种浸入式的广告效果。

在VR技术之下,未来每一个人看到的广告片或许都是截然不同的。消费者可以作为个体进入广告片的剧情,有些人或许只在里面待几十秒,但有些人可能在同一支广告片中待十几分钟,个人体验的时长完全取决于消费者在广告片中的角色和选择。而且在这一过程里,广告主对媒介的依赖性减弱了,因为消费者不再是接受者,他们被内容连接,向品牌方更近了一步。显而易见,VR广告离人们越来越近了。

本章小结

1.无论投放方式如何改变,广告投放的目标都不会变,无非是实现传播或带来转化。

2.对于一则企业投放的广告来说,广告创意至关重要,它直接决定着广告转化率的高低。

3.选择哪一个投放渠道进行广告投放,取决于该渠道的特征与即将投放产品特点或品牌的调性关系。

4.一个创意广告往往需要多个投放载体的综合配合,才能有效地实现广告的效益。

知识与技能训练

一、单选题

1.下列选项属于新媒体营销广告载体的是(　　)。
A.电视　　　　　　B.BAT大平台　　　　　C.广播　　　　　　D.报纸

2.以下属于新媒体广告特点的是(　　)。
A.寻找精准粉丝　　B.发布有趣的内容　　C.互动性　　　　　D.娱乐性强

3.新媒体时代广告传播的新特点有(　　)。
A.语言环境、人际交往　　B.阅读习惯、工作习惯　　C.精准定位　　D.以上都是

二、多选题

1.新媒体广告投放的主要方式有(　　)。
A.立体化　　　B.CPM　　　C.CPC　　　D.CPA　　　E.低成本

2.网站平台广告的主要形式有(　　)。
A.品牌思维　　B.焦点图广告　　C.产品思维　　D.弹窗广告　　E.联想思维

3.新闻客户端一般采用的广告形式有(　　)。
A.微电影营销　　　　　B.开屏广告　　　　　C.信息流广告图
D.营销效果评测数据化　　E.内容详情页广告

4.视频广告形式主要有(　　)。
A.贴片广告　　B.冠名　　C.当当读书　　D.滴滴出行　　E.内容植入

5.BAT大平台是指(　　)。
A.自媒体营销　　B.百度　　C.饥饿营销　　D.阿里巴巴　　E.腾讯

三、简答题

1.你认为一次性茶包是适合新媒体投放广告的产品对象吗？说说理由。

2.你会点击网页哪个位置的广告？你为什么会点击它？你是主动点击、误操作点击，还是被强制性甚至是欺骗性诱导点击的？说说你认为网站哪个位置的广告最值钱，并说出你的理由。

3.分享一个你觉得非常有冲击力的网站广告案例，给大家介绍一下它好在哪里。

4.对比一下腾讯新闻和今日头条新闻客户端，分析一下两者的送管模式的区别在哪里、广告设置的区别在哪里。

5.通过百度了解微博粉丝头条和微信朋友圈广告投放的具体形式，对比分析一下二者广告投放的优缺点。

四、案例分析题

微信群营销

10万+阅读文章分享群,是一个只转发最新的火爆的10万+文章给群友阅读的微信群。该群有严格的加入和分享规则,使该群成员更加精准,所有群成员只在群里分享自己阅读的优质文章,同时群主还会定期开展线下阅读分享、图书销售等活动,形成了积极向上的良好群文化氛围。

试分析:如何开展微信群营销?如何利用微信群投放广告?

五、实训实战题

(一)训练内容

针对运营的企业新媒体营销项目,利用所学的视频营销知识,设计视频营销方案并具体实施。

(二)项目训练的要求

小组自行选定所运营的企业项目中的一款产品,为此产品策划并实施视频营销活动(短视频营销、直播营销均可),并将实施的结果及思考在班级进行展示和汇报。

(1)选定产品的目标人群定位准确。

(2)视频营销策划方案真实可行,思路清晰,文字表达准确。

(3)创作一个短视频(1分钟左右),并且要符合目标人群偏好。

(4)将拍摄的短视频上传到网络平台,并对其进行优化。

(5)制作视频营销PPT进行汇报,并运用于小组的新媒体营销运营项目。

(三)项目考核要求

(1)视频营销方案要点齐全。(10分)

(2)营销活动定位准确,视频内容适合相应的人群。(30分)

(3)语言表达逻辑性强,表述清晰、准确,方案真实可行。(30分)

(4)要求有真实的营销效果。(30分)

第五章　新媒体营销文案创作

【知识目标】

了解新媒体营销文案的特点与类型，了解新媒体营销文案创作思维，掌握产品文案创作方法，掌握品牌文案创作方法，掌握推广文案创作方法，掌握导购文案创作方法。

【能力目标】

能够建立新媒体营销文案创作思维，强化创新意识，能够撰写产品描述、新媒体推文等形式的产品营销文案，能够撰写以品牌广告语、品牌故事为核心的品牌营销文案，能够撰写新媒体营销活动推广文案，能够为淘宝站内导购、资讯导购、自建平台导购等平台撰写导购文案。

【案例导入】

3年455篇软文！"买神"黎贝卡为何能在公众号上卖包、卖车、卖房？

从时政记者到电影记者再到微信公众号运营者，通过和读者分享"购物、穿着打扮经验黎贝卡"已经成为各大品牌争先合作的对象。她的微信公众账号"黎贝卡的异想世界"被评为"2015年中国最有影响力微信公众号"，微信粉丝数80万。

公众号上到底能卖什么？

时尚类公众号"黎贝卡的异想世界"似乎在一次次刷新大家对于这件事的认知。2016年8月初，黎贝卡与故宫文化珠宝合作推出联名款，400件珠宝，20分钟内售罄；2017年7月底，黎贝卡联手MMNI发售定制车，100辆车，4分钟内售罄。

一年时间不到，从卖珠宝到卖汽车，黎贝卡的"买神"之位越坐越稳。始终不变的是，在"黎贝卡的异想世界"上，品牌方的投放软文始终位于次条位置，并且会直接在标题写明"推广"字样。

通过分析黎贝卡3年455篇软文，我们可以得出以下总结：

1.尊重用户，从不藏着掖着打广告

新媒体人王左中右曾谈道，用户并不反感自媒体人打广告，反感的是藏着掖着打广告。"黎贝卡的异想世界"对于软文的处理非常坦诚，会直接注明"推广"，并且始终固定在标题最开始处。

另外,每篇软文结尾也会特别注明:这是来自黎贝卡的定制广告。

2.亲自上阵推荐产品,不会给人距离感

对于粉丝来说,他们追随的不仅仅是这个公众号,更是黎贝卡本人,她选择亲自上阵推荐产品,或讲述自己的故事,或分享自己的使用心得,或拍摄广告视频,都会让用户产生亲切感,信任她的同时也会信任她所推广的产品。

3.文章干货性强,可减轻对粉丝的干扰

黎贝卡的软文不仅仅是简单的品牌曝光,而是选择更为实用性的文字表述,例如介绍品牌历史、服饰鞋包搭配指南、如何正确使用护肤品等。

"干货性"文章就是通俗易懂,没有华丽包装的经验分享,黎贝卡的广告推广用这种方式,可以最大限度地减轻对粉丝的干扰,反过来还让读者觉得非常受用。

【案例启示】

通过黎贝卡的案例可以看出,新媒体时代的营销活动越来越聚焦于优质而持续的内容生产,移动互联网时代,文案的特征发生了显著变化,经典的传统文案对于人性、心理学等领域的研究非常深入,需要我们潜心学习。但在新媒体的大潮下,文案创作发生了哪些变化,我们又需要如何跟随用户思想行为的改变而做出应对呢?

第一节 新媒体营销文案的特点与类型

新媒体传播基于互联网络，网络极强的传播速度、海量的信息内容、自由的表达空间使得新媒体语言具有新颖前卫、信息丰富且自由的特点。新媒体传播内容也正在突破传统文字的单一局限，包括文字、数字、图表、音频、视频，等等。

一、新媒体营销文案的特点

1.新媒体时代的营销重构

新媒体时代究竟是一个什么样的时代？在旧的媒介平台被替代，新的媒体生态正在或即将被建立的大背景下，广告与营销的生态自然也需要重新构建。

显然，在媒介平台和传播环境全部已经发生翻天覆地的变化下，如果还沿用传统的广告投放和品牌营销手段，效果必然大打折扣。在新媒体时代，企业必须调整自己的营销思维，重新审视当前的媒介平台环境，并试着重新构建自己的营销认知。那么，究竟该如何重构自己的营销认知呢？主要有以下四点：

（1）从"效果"到"精准"。首先，这是一个大数据的时代，媒体已经不再是简单的信息传递平台，而更多的会成为能够沉淀大量用户访问行为的数据仓库。特别是随着移动智能设备和移动应用的普及，人们在媒体平台上浏览信息时便沉淀下大量的行为数据。

（2）从"硬"到"软"。如今，互联网媒体平台的属性也发生着实实在在的变化，就拿现在的视频网站来说，已经不再仅仅是一个播放平台，比如爱奇艺、腾讯视频等早已有了自制节目的能力，甚至这些视频网站还涉足电视剧、电影等传统文化产业的生产。

这就使得作为互联网媒体平台的视频网站自主性更强，广告不再一味地以强硬的展示方式植入节目，而是在软性营销层面具有更多的操作空间。

（3）从"覆盖"到"互动"。尽管目前企业认识到移动端的广告价值，但是大多数企业在进行营销时仍然在电视、计算机、移动终端和平面媒体等多个媒介平台上单纯地进行海量广告的投放，相互之间割裂没有联系。然而随着手机等移动设备和微信、支付宝等移动应用的快速崛起，现在已经是一个多屏互动的时代。很多人应该还记得春晚上的摇一摇领红包活动，人们边看春晚边摇一摇领红包，成了春晚独特的风景线，这也使得参与其中给用户发红包和优惠券的企业们赚足了眼球，提高了曝光率，这便是一个典型的多屏互动营销案例。

（4）从"轰炸"到"影响"。这是一个人人皆是自媒体的时代，根据腾讯官方的数据，仅在

2017年，微信公众号的注册数量就已突破2000万。微信用户每天在微信平台上平均要阅读五六篇的文章，而且80%的阅读量来自朋友圈。而今日头条、一点资讯等新的媒体平台的崛起也表明，这已经是一个碎片化阅读的时代，媒体正在快速去中心化。在媒体去中心化之后，新媒体广告正在成为品牌和用户的连接器，通过信息、渠道、服务、体验等各个方面影响着用户，并与之产生互动，广告不再只是简单的品牌曝光，而是需要有足以带来用户心智变化的深度影响力量。

2.新媒体营销文案的特点与趋势

随着移动互联网的快速发展，用户习惯发生颠覆性改变，营销行为也在发生重构，新媒体营销文案呈现以下特点与趋势

(1)从单一发声到人人自媒体。互联网向来就不是一个唱独角戏的地方。尽管主流发声的仍是BGC(Brand Generated Content，品牌生产内容)或PGC(Professionally Generated Content，专业生产内容)，但如今用户对网络的需求不仅是简单的获取信息，而且是渴望从旁观者转变为参与者，发声的意愿也越来越强烈，UGC(User Generated Content，用户原创内容)模式由此应运而生。随着互联网从中心化走向去中心化，传统的"高门槛"文案也发生变化，现在人人都可以是写手。移动互联网时代，只要你有才、有品、有料，在某一领域足够专业或有一技之长，能够熟悉使用微博、微信等社交媒体工具，坚持文案创作，便都有可能成为意见领袖。

(2)从传统渠道投放到新媒体传播。从纸媒到新媒体，从电视到网络视频，从计算机到手机，文案送达用户的渠道发生了巨大变化，整体而言体现出以下几点不同：

①受众阅读习惯不同。新媒体与传统纸媒的受众大部分均为受教育者，较高的文化素质使得他们对新闻信息的摄入有强烈需求，但偏爱新媒体阅读的多为城市中的年轻居民，他们生活节奏快、阅读时间有限，具有追求时尚、新鲜的心理倾向，所以多习惯快速的、碎片化的阅读。纸媒受众多为老一辈知识分子或者各行业精英，比如党政机关干部、老教师、商界领袖等，他们幼时便养成了阅读印刷刊物的习惯，对信息的介入较为主动，往往有合适的时间及地点进行长时间的慢速阅读。

②传播媒介特质不同。新媒体传播媒介的受众不仅是接受者，还是参与者。作为一种交互式媒体，互联网凭借其技术上的优势，改变了传播者与受众之间"点对面"的传播，两者之间可以极其方便地随时交流想法，不受地域和场所限制。这种一点对多点、横向与纵向交织的多元化互动交流关系使每个人都可以发布信息。所以新媒体所使用的文案不可避免地具有网民的心理倾向和叙述习惯，自由随性、具有口语化倾向。

(3)从语言规范到时尚多元。随着新媒体发展的日益成熟，新媒体文案逐渐突破传统的语言规范，在语法、句型、词汇等多个层面形成了不同于传统纸媒的特征。

①新颖前卫。新媒体文案具有新颖前卫的特点，经常使用网络新词、流行语、缩略词、方言谐音等，生动活泼、新鲜有趣。

②多元立体。新媒体不仅使用文字，还使用数字、表情、图片、声音、视频等多种形式传递

信息，打破传统媒介之间的界限，传播方式多样，效果立体多维。

③语言风格轻松。相较于传统纸媒，新媒体语言风格更轻松、更自由、更开放。

新媒体的报道往往感情强烈，口语化特点显著。纸质媒体比如报刊用语极其规范严谨、高度专业化。

纸媒标题一般都有主副之分，标题句式工整、用词用韵考究。而新媒体标题则对工整押韵不太重视，多使用口语词和语气感强的标点符号。

二、新媒体营销文案的类型

新媒体最大的革新就是传播方式由集团对受众的广播变成了受众的自发点击和内容定制。在这个基础之上，传统而粗暴的营销文案已经不可能再赢得优质受众们的点击和青睐。

总体而言，新媒体时代营销文案写作的主流特征就是重视标题的吸引力，或娓娓道来的故事，或互动参与性强的活动推广，以充分满足受众的好奇心和获取信息的便捷性作为其宗旨。目前以新媒体平台类型作为文案分类标准的做法并不合适。按照新媒体文案营销的不同目的，可以将其分为产品营销型文案、品牌营销型文案、活动营销型文案与导购销售型文案四大类。此外，也可以用不同维度来对文案进行分类：

1.按营销目的分类：销售文案和传播文案

企业的所有营销文案都是为销售服务的，但为了更好地区分文案类型，可根据企业营销的主要目的分为销售文案和传播文案。

(1)销售文案，即能够立刻带来销售的文案，如商品销售时介绍商品信息的文案，为提升销售而制作的引流广告图等。

(2)传播文案，即为了扩大品牌影响力的文案，如企业品牌故事，企业节假日情怀营销文案等，不同的文案类型，写作创意方法也各有不同，销售文案需要能够立即打动人，并促使产生立即行动，而品牌传播文案则侧重于是否能够引起人的共鸣，引发受众自主自发传播。

2.按篇幅长短分类：长文案和短文案

按照文案篇幅长短，可分为长文案和短方案，长文案一般为长微博、微信公众号文章、头条文章等，短文案通常指仅为140字的微博文案或短小的微信朋友圈文案等类型。通常来讲，长文案需要构建强大的情感情景，而短文案则在于快速触动，表现核心信息。

3.按广告植入方式分类：软广告和硬广告

软广告即不直接介绍商品或服务而是通过其他方式代入的广告形式，如在案例分析或故事情节中植入品牌广告。受众不容易直接觉察到软广告的存在，它具有隐藏性。

硬广告则相反，是以直白的内容发布到对应的渠道媒体上，广而告之。

4.按渠道及表现方式不同分类

传播渠道不同，文案的表现形式也有所不同，按渠道可分为微信推文、微博文案、头条号文案、百家号文案等。如微信公众号支持多种形式的文案表现，包括文字、图片、语音、图文、视频等。

第二节 新媒体营销文案创作思维

互联网时代，获取注意力越来越困难，要想让文案"吸睛"，就必须同注意力的"区隔"和"稀缺"进行博弈。文案必须达到足够的兴趣强度和情感强度，才能让人产生分享和传播的欲望。但是，无论时代如何改变，都不要忘记回到文案的起点：用最精准的文字，最精准的策略和渠道，抵达最精准的受众。那么，文案该如何找到最适合自身的进化方式呢？下面我们从七个维度解析如何写出具有互联网思维的营销文案。

一、用户视角

每个人在考虑问题时都是以自我为中心的，这是生物的本能。当眼前的信息与本人无关时，大脑便会自动地进入"节能模式"以保存能量。只有与自己有关的信息才能引起注意，比如"你的快递到了，麻烦下楼取一下"。

新媒体营销文案人员在思考创作的时候会想着要做到从"用户视角"出发，但是在面对电脑屏幕时便进入了"自我视角"，这样只会写出一些自认为很走心的文案，这样只能感动自己。

那么，如何进入"用户视角"中呢？

如果想影响用户的感受，就要站在用户的角度思考什么样的文案能够影响消费者的感知，而不是影响自己。文案是用户感受的设计，而不是产生这些感受的文字的设计。

二、制造对比

消费者往往需要在不同的产品之间做出选择，但是市场上众多的产品同质化非常严重，导致用户很难快速做出决定。解决问题最好的办法就是制造对比，塑造差异，帮助消费者减少思考需要消耗的脑力和时间，人的大脑非常容易对身边的事物产生熟悉的感悦，通过对比可以使得不同的产品之差异体现出来，从而形成清晰的记忆和印象。

三、去抽象化

虽然文案不可能改变产品，但它能改变消费者对产品的观感。现代广告教皇——大卫·奥格威说，广告是词语的生涯。失败的广告往往是由于缺乏一种最基本的技能——找到准确的语言。但是语言的本质是抽象的，文案的目的是为了销售，重点在于让人记住，以现传播，说服消费者购买。所以文案使用语言的重点在于：去抽象化。当然也不是说一篇文案全都使用具体的词汇。类似"易操作""自动化"这种词汇，对于提炼浓缩产品特征很有帮助，否则只能使用更多的具体化的词语来说明"自动化"是怎么一回事。

四、可视化表达

具体的信息描述再加上视觉化表达，往往可以让信息传递如虎添翼。人很难理解抽象的事物，比如古人无法解释下雨这种现象，便描绘出雷公和电母的形象，使得每一个人都可以快速接受并且能向他人解释。

文案的目标是为了影响消费者的行为和认知。因此，需要寻找具体的信息将其视觉化表达出来。寻找关键产品的特点进行类比往往能够快速地影响用户的感受。

五、调动用户情绪

消费者并不是时刻都保持理性的，如果文案能够影响人们的情绪，很多时候往往会产生意想不到的效果。例如，人往往会对重要的纪念日、重要的亲人离世、毕业这样的情绪记忆比对事实记忆更加深刻。

文案应该先挑起用户的需求，这样用户才会决定付款购买一种产品或服务。没有人仅仅因为文案写得好而达成购买行动。文案要和用户建立感情，交朋友；品牌也是一样，超越"商家和顾客"的关系，对用户要真诚用心，互相欣赏、"三观"统一、灵魂契合，才能让用户爱上你！

六、引发关注

在信息泛滥的时代，一则文案吸引读者注意力的时间只有短短几秒，而在这几秒内，文案首先要起一个好的标题，瞬间击中消费者的"好奇心缺口"。一旦文案标题吸引了消费者的好奇心，他/她就会顺势阅读下去。

就文案而言，最有效的是那些向读者承诺了利益的标题。比如"每升油让车跑得更快""免受粉刺之苦"，类似的表达很容易吸引消费者继续阅读。这样的标题可以参考公式来写：怎么做＋可以得到什么好处。

要打开读者的好奇心缺口，不妨试着像写新闻那样写标题。"新闻"式写法不仅是新，还在于出人意料，令人惊讶。要善于利用"让创意更有黏性"的"六大原则"，即简约、意外、具体、可信、情感、故事。

七、讲个好故事

从文案的角度来讲，最容易传播的内容毫无疑问是故事。爱听故事是人的天性。人们不会探究故事的真假，你只需要植入"题材"给人留下印象就够了。

人们在读一个故事时，会做这样几件事：思维复述→角色代入→投入感情。这是一个心理模拟的过程。故事的吸引力和说服力就在于此：它很容易激发人的大脑中与之相关的区域，让人产生"代入感"，实现"角色转换"。例如，武侠小说就是让读者产生了把自己代入那个武侠世界的身临其境的感受。

实现"角色转换"还有一个条件：尽量在故事里描述美好的场景。

美国著名的商业演说家斯科特·麦克凯恩在其代表作《商业秀》里提到：用户最希望从企业身上得到的七种"东西"，其中第一种是企业的"可沟通性"。品牌也是一样，如果能让品牌像人一样说话，可沟通，简洁、逗趣、活泼，品牌就会像一个好玩有趣的人。

当然，开口说话，也不能随便说。不同的人，性格不同，说话的风格和内容也会不同，文案作为品牌的"发声器"，必须找准"品牌人格"再说话。品牌人格，是就品牌进行拟人化、拟物化、情感化，彰显品牌拥有的价值观、格调、情怀等。品牌人格化，是时代的一大趋势。

第三节 新媒体营销文案创作方法

对于企业开展新媒体营销而言,无论选择哪一种新媒体平台,也无论是哪一种文案风格,归根到底都是为了达成营销目的。回归传统营销本质,企业开展营销活动的目的包括:将产品(服务)推广出去让大家所熟知并促成销售;扩大品牌知名度并形成品牌影响力。因此,对于新媒体营销而言,文案的创作也应围绕营销目标出发,其创作方法主要有以下几点。

一、产品文案创作

无论是从流水线生产下来的工业产品,还是从枝头采摘下来的农产品,很多都被装进箱子,藏在深山,无人知晓。要想被大众发现并接纳,就要靠充满温度的文案激活冷冰冰的产品。那么,如何让写出来的文案直抵人心?如何不仅让客户"心动",还要让客户付诸最后的购买"行动"?

1.产品卖点提炼方法

通常我们所说的产品卖点是指产品本身的价值。产品被生产出来是为了兑现其价值承诺,没有卖点的产品也就没有价值。然而,每一个产品本身的卖点是不一样的。

面对不同的产品,要提炼其自身的卖点。提炼产品卖点,就是要告诉消费者为什么要选择购买我们的产品,要给消费者一个购买的理由——产品核心卖点。精准提炼的产品核心卖点,犹如一发从枪口里射出的子弹,会狠狠地击中消费者的痛点,激起其购买的欲望和冲动。

产品的特征、产品带给消费者的好处以及产品的服务都是卖点的来源。产品每个有形的结构,无形的好处与服务,都是卖点的有机构成,在提炼产品卖点前,要把产品所有的特点全部挖掘、展现出来。挖掘卖点要从以下三个角度考虑:

(1)围绕产品特征提炼核心卖点。对于几乎所有的非标准化产品来讲,来自产品本身的卖点都是提炼核心卖点的第一选择。这个产品本身的要素包括很多,比如产品的大小、材质、颜色、形状、包装、味道、面料,等等。

(2)围绕产品利益提炼核心卖点。产品的核心卖点指的是产品能给消费者带来的利益和消费者对该产品需求之间的最佳连接点。每个品类的产品都需要提炼出一个核心卖点以及一系列的支持点,而这个核心的卖点便是该产品传播口号的基点。

例如,消费者对食品的需求主要集中在时尚、天然、营养、健康等几个方面。提炼产品的核心卖点的过程就是要把产品自身的特点、优势与消费者对休闲食品的需求有机结合,提炼出该产品对时尚、天然、营养、健康等基本需求的理解,并以形象的方式表现出来。

(3)围绕产品前后端提炼核心卖点。并不是所有的产品都能够从产品层面寻找到差异化卖点,有很多产品,尤其是标准化的产品,很难通过产品本身寻找卖点,这时就需要从产品的前后端寻找差异化卖点。例如:服务、销量、荣誉、专利、研发力量、品牌定位,等等。

消费者购买标准化产品的时候,关注的焦点无非有以下几个方面:是不是正品、售后服务、产品质量、包装、配送速度等。那么,对于标准化产品,从服务这个层面上切入就是找到差异化卖点的最佳方法之一。

比如化妆品销售,如果能够根据不同的用户建立不同的社群,然后有针对性地提供化妆技巧方面的免费培训,配备专业的老师,那么就会比别的品牌多一个很独特的卖点。

2.产品详情页文案写作

产品详情页是唯一一个向顾客详细展示产品细节与优势的地方,顾客喜不喜欢这个产品、是否愿意购买,都取决于产品的详情页。绝大多数的订单也都是在看过产品的详情页后产生的,可见产品详情页的重要性。产品详情页是提高转化率的入口,可以激发顾客的消费欲望,强化顾客对店铺的信任感,打消顾客的消费疑虑,促使顾客下单。

(1)产品详情页文案的写作原则。产品详情页文案不是纯粹的文案,它是介于产品说明书和广告文案之间的一种表达。它比产品说明书更生动,比广告文案更客观。好的详情页文案,最重要的是什么?不是华丽用词,也不是读起来有趣,很多详情页文案在这两点上动了太多心思,写出来的东西却连文字通顺都做不到。

因此,好的产品详情页文案关注的并不是文案本身,而是对用户感受进行的设计,它的目标不是卖弄文采,不是彰显个人的文学素养以及创意能力,而是有效地设计并影响用户的感受。

①紧贴品牌定位。如今网购不仅是一种渠道,也是一种人们的生活方式。一篇好的产品详情页文案能让人从文中知晓品牌调性、产品属性和受众类型,比如可口可乐的品牌调性就是青春、健康、有活力,可口可乐每年推出的广告片和广告文案都是围绕这三个调性展开的,而它的受众也以正值青春年华的、有活力的年轻群体为主。因此文案调性是基于品牌调性而言的,但是文案调性也有自己的特性,如果精练提取文案调性的关键词,那么就是:清晰、鲜活、有性格。

②用语平白朴实,避免"自嗨"。有人说:让文案说人话,其实就是把华丽复杂的文案变得平白朴实。什么是好文案?也许大家第一反应就是一个好的创意,一句蕴含深刻的言语,一篇辞藻唯美的文章。

以"今年过节不收礼,收礼只收脑白金"这句话为例,只看文字真是俗不可耐,但说出口却会感到非常顺嘴,节奏感强且容易复述。要是这句广告文案改成"脑白金,调整人体生物节律,改善睡眠,调整肠道,还减少有害物质的吸收",也许人们能记住的就只是那两个跳舞的老人了。

有这么一句话:你所认为的他认为的你,并不是真实的他认为的你。意思就是,你认为你所表达的并不是受众所感知的。你认为你都表达清楚了,其实有可能什么都不清楚。所以,不要站在自己的角度去写文案,一定要代入用户视角。

③明确对象,从痛点入手。产品文案的精髓就是要结合自身的产品卖点与竞争对手的产品和详情页,明确对象。所谓痛点不是说买了这个怎么好,而是不买这个会怎么样。痛点的寻找可以使用同理心的方法,设身处地为客户思考,找到为什么必须要买这款产品的理由。以消费者的痛点带出店铺产品的卖点,这就加深了消费者的认同感,也提升了他们的购买欲。除此之外,还要深度挖掘购买这款产品的人所关心的事物是什么。因此,只要找到目标人群的痛点与兴趣,在详情页文案里放大,逐个击破,层层递进,就能写出转化率好的文案。

(2)产品详情页文案写作逻辑框架。

产品详情页文案写作逻辑框架如图5-1所示。

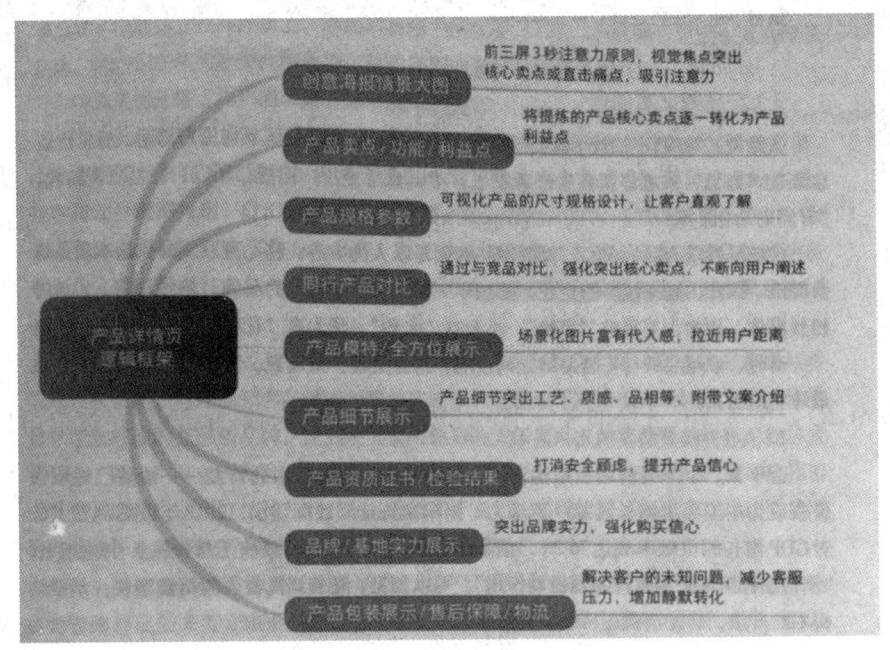

图5-1 产品详情页文案写作逻辑框架

①普通型产品详情页文案。普通型产品文案通常从产品核心卖点出发,站在客户角度,将产品卖点转化为利益点,循序渐进,不断增强客户的购买信心。

②解决痛点型产品详情页文案。好的详情页非常注重逻辑性,根据客户的实际顾虑,解决痛点,用逻辑严密的详情页文案引出客户选择产品的理由。重点抓住这个产品的客户心理以及产品的特性展开,层层递进地击破客户的心理顾虑,在每一个产品卖点里再进行细分,围绕卖点从不同角度切入,直到最终促成购买。

③故事型产品详情页文案。"讲故事卖产品"这个模式在产品详情页设计上越来越常见,无论什么类别,如果能讲好故事,为产品本身附加价值,顾客会更加受用。一个优秀的故事

必定能调动浏览者的情结,在观看过程中潜移默化,让他/她认同商品的价值,最后促成购买。

二、品牌文案创作

人们常说:"酒香不怕巷子深。"可如果"好酒"没有好文案来与用户沟通,各种优质创新的"好酒"只能停留在生产者手里,难以真正被用户接受。所以,在互联网时代,"好酒更怕巷子深"!传统品牌以商品为中心,互联网品牌则是以人为中心。移动互联网时代的本质是粉丝经济。因此,越来越多的企业,都想尽一切办法打造自己的品牌,培养真实、忠诚的粉丝群体。例如,苹果有"果粉",小米有"米粉",华为有"花粉",等等。

有时,卓越品牌与平庸品牌之间仅隔一篇好文案,可以说,文案是品牌与用户沟通最锋利的工具。

1.消费升级背景下的用户需求

近年来,中国经济增长结构正在不知不觉中发生着根本性转变——消费已经取代投资成为中国经济增长的第一驱动力。国家统计局数据显示,2018年最终消费支出对GDP增长的贡献率高达76.2%,创下历史新高。总理在《政府工作报告》中也指出,"消费在经济增长中发挥主要拉动作用"。可以预见,随着居民收入的持续增长,消费结构不断升级,居民消费还将继续发挥中国经济增长稳定器的作用。

随着消费升级的不断深化,消费者选择商品的决策心理在这十几年中发生了巨大的转变,从最早的功能消费到后来的品牌式消费,再到近年流行起来的体验式消费和参与式消费(如图5-2所示)。在新消费升级的浪潮下,打造好消费主题,是抢占市场、打造用户忠诚度的方法。

图5-2 消费者决策心理变化

同时,消费升级也应运而生。当物质基本需求和衣食住行层面的消费得到满足时,新一代消费者的消费方式和消费观念也开始变得和上一代不一样,开始寻求品质标准。不同生活形态之下,生活水准有了分层,消费变得更重视品质、体验、情感设计等整体上的"消费升级"。

消费者开始注重更高品质的生活,衣食住行方面由价格敏感转变为开始追求时尚健康、舒适和便捷。另外,还更注重精神层面的消费,比如娱乐、教育。这一阶段的消费品牌一定要建立在高品质上,当品质被用户接受,产生口碑传播,进而也就认同了品牌。消费正在从实物型向服务型、从生存型向发展型和享受型升级。

随着消费升级,用户需求具有如下发展趋势:

(1)价格敏感变为时间敏感。在WEB20时代的淘宝类电商主打的就是价格敏感,电商之间的竞争在于谁能把价格降到最低,淘宝模式也孕育了今天阿里巴巴的体量。现在移动互联网兴起,O2O的热潮很大程度上建立在用户对时间的追求上。例如,京东依靠快速的物流打响了自身的品牌;打车软件的消费者大多不会为了省几块钱而多等十几分钟,所以打车软件获取市场竞争优势的关键在于汽车的数量和调度算法的快速合理。

(2)在意高品质和品牌价值。"80后""90后"开始成为消费主体,更多地追求高品质的商品和生活,对外国知名品牌的消费越来越多,也造成了跨境电商的快速发展。依靠设计理念打造的高品质品牌,比如为大家所熟知的无印良品,依靠简单的设计,把日式美学的"侘寂"理念表现得淋漓尽致,这种品牌的流行与追求快消费时尚的繁华喧嚣形成对比,这种有"工匠精神"的产品品牌带来了良好的口碑传播,而这类产品的销售增长也得益于这种专注于品牌和注重设计、体验的理念。

(3)更注重精神层面的泛娱乐消费。用户开始愿意为好的内容付费,如果这个内容能够给自己带来知识层面的提升或者给自己带来愉悦,那么就有人愿意消费。当前泛娱乐领域创业蓬勃发展,以"IP"(Intellectual Property)为核心的知识财产呈现横向和纵深的延展。同时,泛娱乐行业呈现年轻化态势。用户对于内容领域的付费欲望越来越强,爱奇艺、优酷等大公司在IP方面的投入让更多高品质内容的IP占据消费主体,以"90后""00后"为主的年轻用户接触到多元信息且追求个性,他们对于内容更为挑剔,对自己认同的内容会有更深的情感且忠诚度极高,更愿意围绕优质内容进行电影、电视剧、游戏、周边等领域的多维度消费。泛娱乐层面消费的垂直领域机会也会有很多,可以预计的是,若能对付费用户精准定位,泛娱乐行业还可以造就产业巨头。

(4)追求多元文化。泛娱乐也好,自媒体的流行也好,如果只是依靠单一的内容形式则很难吸引用户。内容生产者需要输出的是一种价值观,一种可以广泛被接受的文化和生活方式。文化是多维度的,二次元文化、科技文化、泛娱乐文化等亚文化虽然与主流文化存在着一定的距离,但是在某个特定群体中依然很受推崇。追求多元文化下人们会关注自我,并寻找社区有类似价值观的人,一起建立或者参与到某种亚文化中,这些文化就需要有消费品来承载和代言,消费的文化也就成了一个标签。文化作为产品的一种价值观延伸输出,可以把目标受众留住并更好地拓宽自身产品线。

(5)人和物的更深层次连接。消费不仅是满足物质和精神上的需求,更多的还是建立一种人与物之间的联系或者情感,它传达了消费者的品位、个性,以及是一个什么样的人。购买的产品为购买他的人打了标签,划分了属性,消费者与产品也就建立了一种联系。在消费升级的趋势下,可以帮助消费者找到感兴趣的商品,以更好的方式来筛选出"什么是值得买"的东西。

主打消费升级的产品,需要考虑用户消费观念转变,专注于打造高品质、优体验、连接用户情感的消费行为,在内容领域具备更强的"专业度""场景感"和"引导力才能左右用户""不同于以往"的消费决策。

2.品牌口号的创作方法

一个好的品牌口号是品牌的一种超级符号,能够帮助解读品牌内涵,赋予品牌新的生命。企业品牌口号的本质需求,能够有效地降低传播成本和认知成本,令用户看一眼或听一次就能记住,而且乐于介绍给别人。例如,"有钱有势不如有范"的"有范 APP"在奇葩说第二季播出后,品牌认知度提升了6倍多。除此之外,品牌口号还能直接向用户传递品牌的精神和理念。

品牌和商品之间的区别在于品牌最重要的是抢占消费者的认知,而商品是一个物质客观存在。例如,最好喝的凉茶未必是加多宝和王老吉,但是它们却抢占了"这两个品牌最好喝"的认知,品牌的目的也在于此。虽然和客观事实会有一定的差异,但是品牌营销的出发点即是抢占消费者认知,消费者认知中的事实就是商业事实,未必等于客观事实。

下面我们就介绍几种品牌口号的创作方法。

(1)产品功能与独特卖点。产品功能型的品牌口号在广告中较为常见。用简洁的口语把产品的 USP(Unique Selling Proposition,独特销售主张)写出来,直截明了地告诉消费者我是做什么的,你使用了我的产品有什么好处,解决了用户哪些需求,给出了哪些实际利益与心理利益承诺,以此来打动消费者(如图5—3所示)。

(2)突出体验感。这种方法放弃产品功能诉求,转为突出产品的体验感,是在满足展示产品功能的基础上增加感官、心理等多角度,多层次的使用体验,更具有暗示性(如图5—4所示)。

(3)号召行动,场景联结。这类号召通常会给出产品的使用场景,让消费者在置身于相同场景下时,产生与品牌相关的联结(如图5—5所示)。

(4)品牌主张。品牌和产品的卖点如果和竞争对手大同小异,使用利益也都雷同,或已上市很久了,那可以另辟蹊径,去设计一句能引起该阶层核心消费者内心共鸣的主张,以新的口号或话题的型式,巩固消费者的品牌忠诚度。品牌主张,多数是一句信心十足的肯定句,并与产品的精神主张息息相关(如图5—6所示)。

图5—3 产品功能与独特卖点品牌口号

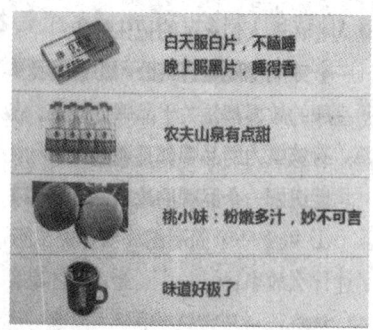

图5—4 突出体验感品牌口号

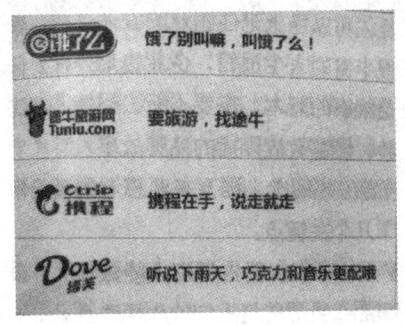
图5-5 号召行动，场景联结品牌口号

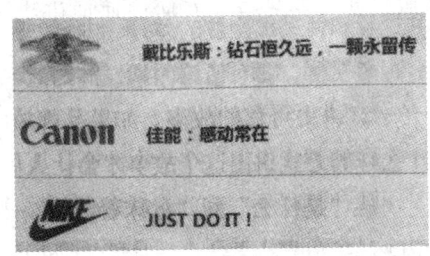
图5-6 品牌主张品牌口号

(5)情感唤起，引起情感共鸣。在现实中，这类情感唤起口号基于产品或品牌的基础，衍生对应的情感，用比较感性的语句来刺激用户的心理需求，引起情感的共鸣，继而拉近与消费者的距离(如图5-7所示)。

图5-7 情感唤起品牌口号

例如蜂蜜品牌"等蜂来"的品牌口号一瓶蜂蜜=100万次飞行。
——越是珍贵的东西，越是来之不易，越是来之不易的东西，越值得去珍惜。

3.品牌故事的创作方法

(1)三步写好品牌故事。移动互联网的快速发展，让品牌故事和传播有了不同于以往的新面貌和更多的想象空间，但也因为这种速度带来的信息爆炸和人们对品牌接触点的增加，导致很多的品牌和传播容易被人们忽略或遗忘。到底什么样的品牌故事才能打动人心，让人们永远记住呢？

全球品牌战略咨询公司思容高亚太区总裁希斯莱克(Jason Cieslak)认为，所有关于品牌的故事都是关于品牌体验的。品牌不仅仅是叫什么名字，更重要的是它带来的体验。有感染力的品牌都是通过故事和体验来创造的。

要讲好一个品牌的故事，可以参考这三个步骤：

①确立一个简明的故事要点。所谓品牌，就是一个故事。看看下面这些品牌都在讲述什么故事：

褚橙：一只冰糖的励志故事；

锤子手机：一个用匠心的精神做手机的故事；

枝妹妹：一对姐妹花的创业故事。

就好像自我介绍一样，如何快速地讲出一段让人可以马上记住企业的叙述过程，就是品牌故事。每个人都有很多故事，很多经历，很丰富的人生过程，企业也是一样。但重点是如何突出企业的差异、内涵、愿景，这就是故事的蓝本，需要不断去提炼、精简出容易理解、富有情感因素、简约清晰、诚实质朴、能够有效传播的品牌故事。

②讲更可信的故事。如果品牌故事的核心内容已经确定，接下来要思考的就是用什么样的方式讲出这个故事才会让人信服。有如下几个关键点：

从"是什么"到"意味着什么"。在品牌故事里，不仅仅要告诉别人能做什么，重要的是能为别人做什么。品牌故事要有生命力，就要选择那些与人们的生活联系密切的素材，持续地将故事讲下去。

③企业身体力行，强化受众体验。好的品牌故事要从让员工相信开始，让品牌故事积极影响员工。这样的品牌故事可以让员工感同身受，愿意不断地讲给更多的消费者听，变成一个日常的行为模式。

品牌故事从创造到传播是一个漫长的过程，也许网络可以加快一点速度，但务必记得不要揠苗助长，能够讲出好的品牌故事代表背后有很多的坚持，而这些坚持往往是需要时间来沉淀与积累的。此外，消费者需要引导，整体营销方案和执行也不可少，否则就只能孤芳自赏了。

(2)品牌故事写作的切入点。好的品牌故事会产生情感倾向，打动人心，促成销售，最后形成购买偏好。

既然是从"情感"切入，我们就应该避免虚情假意，讲一个具有真感情的故事。所以一个新品牌也没必要把目标定得太高，与其跟自己的实际品牌不搭，不如讲一个更贴切的品牌故事。

很多企业没有品牌历史、创始人也没什么传奇故事，那么还有什么内容可写？其实不然，任何品牌的诞生都一定有其独特之处，都有讲述自己品牌故事的切入点。

①品类的历史和故事。品牌虽然会是新品牌，但商品一定不是全新故事的，所以这个商品的品类一定有历史和故事可讲。

比如做茶叶品牌，就可以从茶的品种历史切入，也可以从茶的产品切入。如果不具备这种历史底蕴，比如是童装，那么也可以从童装的一个小故事作为切入，比如父母和孩子关于衣服的一个感人小故事。但不管是历史还是故事，即便不是100%真实，在加工和创作的时候，也要遵循真实性的原则，保证情感的真实性。

②创始人的创业故事。可以通过创始人的创业经历，表现他/她对这个品牌和行业的热爱，希望通过努力用自己的品牌和商品改变人们的生活，带给消费者幸福和快乐。好的创业故事就像好电影一样，能够把观众带入故事情节，让观众的心理跟着故事的主人公"起起伏伏"，甚至能够让主人公成为观众心里的"自我象征"。

③当地文化。一些地域性的品牌,可以把当地的风土人情、文化特征作为切入点。这样的品牌故事对于本地人来讲会有认同感和共鸣,外地人则会觉得好奇,并觉得这个品牌有文化内涵。

三、推广文案创作

作为新媒体文案专员,不仅需要优秀的文案能力,更需要一定的策划推广活动能力。在新媒体营销中,不管是用户运营还是内容运营,或多或少都会接触到活动,而一个小小的简单的活动方案,写起来也有很多细节,有很多容易忽略的地方需要去注意去优化。策划人需要有较好的文字驾驭能力,但是文笔好并不一定就是一个好的策划。隐藏在优美的文字背后的思想和策略才是策划的精髓。

1.活动策划文案的写作框架

(1)明确并拆解目标。任何活动,无论线上线下,大的小的,都必须要有目标,而且目标越明确具体越好。那怎么样才叫明确具体？两个字"数据"！真实的数据会明白地说明活动推广得怎么样,效果如何。所以,在一开始就要有一个推广目标,比如活动想达到多少销售额,或者 APP 推广要带来多少新注册用户,或者是想要多少曝光率。

(2)活动背景及主题。活动背景主要阐述为什么要做这个活动,比如市场环境的因素。活动主题主要是给目标人群一个参与活动的理由,主题需要简短、有力、有号召力。例如京东坚果促销活动设计了"全民坚果狂欢"主题。

(3)确认推广渠道。推广渠道,也就是活动策划想要曝光的地方。任何可以曝光的地方都是推广渠道,只要有足够的预算,线上、线下、PC端、移动端都可以进行推广,当然,前提是必须合理可控,也就是省钱而且超预期。

(4)设计活动方式与内容形式。活动目的、人群、背景的不同都决定了活动方式的不同,例如新媒体活动的常见方式有抽奖、有奖转发、有奖征集、留言点赞等。

不同的曝光渠道,具体的内容展现形式不一样。只做一张图或写一篇软文,然后发布到各大网站,那样肯定是没有任何效果的。选择不同的渠道,就要设计一个最适合曝光渠道的形式。而且对应的文案也可能完全不一样。

(5)安排推广时间。推广时间,其实就是节奏。不同的主题,不同的曝光渠道是在一天内全部推送出去还是分开？是打算在周末推送还是工作日？是晚饭后还是中午？这就是节奏,节奏把握得不好,效果必然也不会好。比如微信推文,有数据表明用户在早晚上下班高峰和睡前22点最活跃,可以挑这些时间段推送。节奏的问题怎么把握,需要经过数据分析和推广经验的积累来判断。

(6)计算预算分布。列出各项事务需要花费的明细以及总金额,以评估具体花费是否合理。

(7)数据结果预估。数据结果预估是一个 PDCA 循环(Plan、Do、Check、Act)的过程,不断测试、反馈,对比再调优。一开始估算的数据可能离实际效果偏差非常大,但有了一次经验,就可以更加准确地预估第二次的推广效果了。

(8)安排执行负责人与验收人。设计、技术、运营、文案、媒介……大大小小,各环节执行落地都需要具体的负责人去做。验收人就是对做的内容进行检查、监督。

(9)相关附件。附件一般包括"活动统计执行表""活动推广表"等,主要是确保活动能够顺利进行,相关配合人员都需要了解自己的工作职责及完成时间,还会涉及法务(合同)、财务(预算申请、发文)、行政等各种问题。

2.活动海报文案写作方法

无论是平面型海报,还是H5海报,其文案的写作步骤和要点是异曲同工的。

(1)主题。主题是文案的灵魂。确定了主题,文案就有了重点,文案内容也就有了依据。确定了主题,才知道文案的内容怎么写,围绕主题写文案,内容才不会跑偏。

①根据推广目的确定主题。根据推广目的确立主题,要知道推广的目的是什么,是活动推广、产品或服务推广、品牌推广还是公益推广?例如,烟台大樱桃——恋·红妆品牌2017年首发时,推广的目的是品牌曝光,突出品牌升级,推出产品(如图5-8所示)。所以在确定主题的时候,要先想一想推广的目的是什么?

图5-8 恋·红妆海报

②根据消费者层次及心理确立主题。根据消费者层次及心理确立主题,能更准确地抓住目标受众的心理,吸引他们的兴趣,从而达到宣传的效果。

首先要了解或者调查消费者,进行用户画像分析,了解他们的心理需求。

例如:NewBalance消费者大都是十八岁到二十几岁的年轻人,要么是学生,要么是怀念学生时代的青春时光。所以NewBalance把主题定为青春,内容是关于青春的一些记事,以引起年轻消费者的心理共鸣(如图5-9所示)。

(2)标题。如何写出一个好标题?写标题前,我们需要问三个问题,第一,标题写给谁看(目标用户是谁);第二,这些人关注什么(根据目标用户确定卖点);第三,标题的风格是怎样的。了解了以上信息,我们通常有以下几种方法撰写标题。

图 5—9 NewBalance 海报

①恐吓型标题。例如,"你知道吗?洗衣机比马桶脏 64 倍,也许你正在使用这样的洗衣机……"这样的标题就是恐吓型标题,会吸引人点进去浏览,看看自己的洗衣机是不是真比马桶脏 64 倍。

②夸张型标题。例如,"日本女性驻颜的秘密"就是一个很夸张的标题,这样的标题很吸引人的眼球,特色风格融入营销推广活动中。

③情怀型标题。在内容电商时代,越来越多的品牌打起了情怀牌,用走心的文案引起消费者内心的情感,例如,江小白的海报文案就瞄准了年轻消费者的情怀,新上市的拾人饮标题便是——团队管理利器(如图 5—10 所示)。

④利益型标题。任何时候,充满利益诱惑的海报主题都是"吸睛利器",例如京东"6·18"与天猫"双 11"都使用利益型标题(如图 5—11 所示)。

图 5—10 江小白海报

图 5—11 京东"6·18"海报

(3)内容。每一个字、词、句所传达的思想与情感,都对文案作者的写作水平有很高的要求,好的文案内容是关键。触动人心、激发想象或是幽默搞笑,好的文案内容能吸引人,让人惊叹和佩服。

①要点罗列写作法。这是一种最常见，而且运用十分广泛的文案表现手法。它将某个产品或主题直接、如实地展示，充分运用视觉设计能力，细致刻画并着力渲染产品的质感、形态、功能和用途，将产品精美地呈现出来、让消费者产生亲近感和信任感（如图5-12所示）。

②亮点突出写作法。在运用这种写作方法时，需要抓住和强调产品或主题本身与众不同的特征，并把它鲜明地表现出来，将这些特征置于海报的主要视觉部位，或加以烘托处理，使观众在接触画面的瞬间立即感受到并对其产生注意、引起兴趣，达到刺激购买欲望的促销目的。例如，华为P9手机上市时，海报主打采用徕卡双摄像头，着重突出手机的拍照功能（如图5-13所示）。

图5-12　蒲江不知火柑海报

图5-13　华为P9海报

③热点借势写作法。借势营销是新媒体营销的常用手法，也产生了很多的经典案例。这种方法有两个诀窍：一是要快，速度很关键；二是要巧妙，独特构思，与众不同。例如，麦当劳借势高考热点进行宣传（如图5-14所示）。

④幽默写作法。幽默是一种高级技巧，特别是高雅有内涵的幽默文案，需要用心推敲。围绕品牌、企业等创作的幽默文案，因为软性植入、趣味性、去广告化等因素，没有了广告的生硬，使得传播"细无声"。一句合适的幽默文案的效果，抵得过千言万语。例如，咕咚APP的父亲节海报就运用了这种方法（如图5-15所示）。

图5-14　麦当劳借势高考海报

图5-15　咕咚APP海报

⑤情怀感情写作法。基于感情色彩的沟通内容最容易触动人的内心世界，这也是很多广告人强调要潜入用户心智进行沟通的原因。例如，京东的"6月6日中国品牌盛典"选择了永久、联想、五粮液、回力等经典国民品牌，以"时光流转、品牌传承"为主题进行宣传，成功唤起了人们心中的美好情怀（如图5-16所示）。

⑥设置悬念写作法。在文案上设置悬念，使人对广告画面乍看不解其意，造成一种猜疑和紧张的心理状态，驱动消费者的好奇心，然后通过正文把广告主题点明。例如小米的米家发布会海报（见图5-17）。

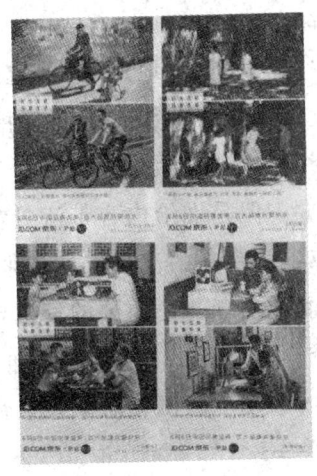 

图5-16 京东品牌盛典海报　　图5-17 小米新品发布海报

四、导购文案创作

移动互联网时代的到来，以平台电商为代表的中心化运作正在被移动互联网的"碎片化"割裂到"去中心化"。中国互联网络信息中心的数据显示，截至2018年12月，我国手机网民规模达到8.17亿，越来越便捷的上网行为已经让商品品牌的触达方式发生转变，以往是门户网站、搜索引擎入口主导流量，现在微信、微博这样的平台上，人人都有机会成为一个流量入口，消费者与品牌的关系正从过去橱窗里的仰视行为，变为从身边人的口碑推荐的平时行为。如果说淘宝、京东是交易型电商，那么现在另一种电商——内容电商正在逐步兴起。越来越多的消费者在看直播、看自媒体文章、看帖子的过程中购买商品。

1. 导购型新媒体平台概述

这里讲的导购型新媒体平台是指基于个性化推荐引擎技术，根据每个用户的兴趣，位置等多个维度进行个性化推荐的平台。利用这些大数据，重点挖掘购物需求的用户通过引导用户阅读感兴趣的文章来激发用户购买欲望，进而引导到目的地下单的过程。

这个目的地可以是淘宝店铺、微店、微信公众号、公司自己开发的网站等。目前衔接做得较好的是今日头条平台，引导大量用户在阅读资讯的过程中完成交易。

导购型新媒体平台会根据用户喜好，引导自媒体运营者提供相应的文案来满足用户的需求,促进成交。行业内普遍将其称为意见领袖或意见达人(KOL),他们是人群中较多接触大众传媒信息,并将经过自己再加工的信息传播给其他人的人,具有影响他人态度的能力,他们介入大众传播,加快了传播速度并扩大了影响。

从购买角度分类,导购型平台可以分为淘宝站内达人导购、资讯导购平台、自建导购平台三个大类。

(1)淘宝站内达人导购。随着手机淘宝的全面改版,淘宝运营60%的流量将来自内容,目前淘宝达人已经增至10个入口,包括:淘宝头条、有好货、爱逛街、必买清单达人淘(红人图、视频直播、搭配控)、我要日报、微淘、社区、每日新品。

这几个内容页面都集中在淘宝网APP重要位置,可以很明显地发现,淘宝给予内容导购大量流量扶持。之前淘宝网站展现在首页重要的流量位置都是活动促销、天天特价、聚划算活动之类的内容。现在用户在直接搜索产品关键词时推出的结果则是内容导出的产品。

(2)资讯导购平台。大家都想用内容给电商带流量,但是谁给内容带流量?这成了现在做内容电商一个很大的问题。传统电商平台上面内容本身带来的流量成本越来越高。因此,越来越多的媒体资讯平台加入了内容电商的队伍,下面将分析三个主要的资讯导购平台。

①今日头条。今日头条是一款基于数据挖掘的推荐引擎产品,它为用户推荐有价值的、个性化的信息,提供连接人与信息的新型服务,是国内移动互联网领域成长最快的产品服务之一。

它由国内互联网创业者张一鸣于2012年3月创建,于2012年8月发布第一个版本,在2018年7月公布的数据显示,今日头条用户平均日活跃达到24亿,阅读量可观。2018年头条创作者大数据显示,每天有超过30万的创作者在其平台获得流量分成。

目前,头条给头条号作者提供的收入来源主要有广告分成、针对优秀自媒体的"千人万元计划"、商品返利和赞赏4种方式。

②UC订阅号。UC订阅号是UC推出的自媒体服务平台,旨在以文章、图片、视频、直播等形式传递价值内容。UC通过大数据资源,形成真实用户画像,进行精准信息推荐。UC通过打通阿里系的业务资源,牵线自媒体与各商家、平台,塑造个人(内容)品牌。

③百家号。百家号于2016年6月启动并正式内测,9月账号体系、分发策略升级、广告系统正式上线,9月28日正式对所有作者全面开放。百家号是全球最大中文搜索引擎百度向微内容创作者提供的内容发布、内容变现和粉丝管理平台。

百家号支持内容创业者轻松发布文章、图片、视频作品。还将支持H5、VR、直播、动图等更多内容形态,内容一经提交,将通过手机百度、百度搜索、百度浏览器等多种渠道进行分发。

以上三个资讯导购型平台目前发展最为迅速,用户量下载最高。作为内容运营者我们在选择平台的时候有一个重要的指标,那就是用户。用户多就会吸引更多内容创业者。目前这些平台通过以经济手段实现内容变现的方法来吸引大批内容生产者入驻。

(3)自建导购平台。在国内,最被大众熟知的综合购物平台非淘宝、京东莫属。但由于商品多而杂,加上广告推送多,消费者想找到合适的商品变得越来越不容易。与此同时,消费者的消费习惯也正变得越来越多元化和个性化。于是,细分的导购平台变成了另一种需求、一批小众导购类即P、微信公众号应运而生。它们不仅对消费群体和商品进行了细分,往往还打着或文艺或个性的标签,做起了有品质的社区消费导购。这些自建导购平台欲借分享经济,利用熟人社交来挖掘属于自己的一片蓝海。

2.导购文案创作方法

在综合分析目标人群需求,创造合理的需求缺口,创设合适的销售环境后,我们可以总结出一个软文写作的创作框架,让客户从最初的吸引注意、有代入感到产生信任并购买(如图5—18所示)。

(1)一个好标题——如何吸引注意力来看文章。都说看一个人漂不漂亮,要看她的脸,而看一个人的脸,最重要的是看她的眼睛。一篇文案好看不好看,首先看的就是标题,标题有没有吸引力,能不能抓住读者的眼球至关重要,没有吸引力的标题就没有点击率。所以从文案写作来看,标题怎么写是最重要的一个环节。

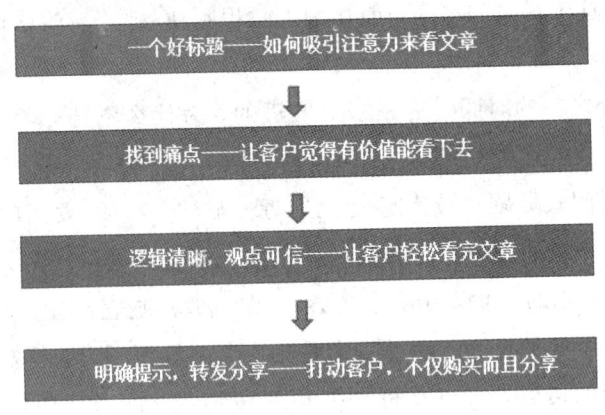

图5—18 导购文案写作框架

①以"利"诱人。与其他类型的文章不同,文案一般都是商家宣传产品、品牌的文章,所以一定要以"利"诱人,应在标题中直接指明利益点。

例如:"用对了牙膏,一生能省100万""一口能用100年的铸铁锅,在德国竟比奔驰还有名"。

②以"新"馋人。人们对新鲜的人和事物感兴趣,把握住这个特点,创作出具有新闻价值的软文,就可能会引发一篇爆文。人们对这些内容特别好奇,这类新闻标题常用的词语包括:惊现、首度、首次、领先、创新、终于。标题效果明显,阅读量就会增加。

例如:"画了一个月眉毛,眉毛竟然越长越浓密!比画得还好看""奥巴马只爱这套保暖内衣,薄如裸感,却32℃恒温保暖"。

③以"情"动人。我们时刻都被"情"包围着,"情"有爱情、亲情、友情,围绕"情"来感动读

者，很容易把用户带入场景中，产生共鸣，作者写这篇文章的时候也要投入感情。

例如："老公，烟戒不了，洗洗肺吧""美国色盲小男孩收到一副眼镜，戴上后激动地哭了"。

④以"事"感人。从小到大，"故事"一直陪伴我们身边，而故事型标题也更容易感动人，吸引人阅读。

例如："430年的非遗中药眼膜传奇""我和采茶美女的邂逅"。

⑤以"悬"引人。从标题上就埋下伏笔，使读者由于惊讶、猜想而去阅读正文。此类标题应具趣味性、启发性和制造悬念的特点，并能引发正文作答。

例如："1秒止断的神器，你信吗？""颠覆了4000年洗涤历史的利器……"。

⑥以"密"迷人。人类的求知本能让大家更喜欢探索未知的秘密，最喜欢听到各种真相。这类标题常用的关键词有：秘密、秘诀、真相、背后、绝招。

例如："这么性感的高跟鞋，竟然比平底鞋还舒服""如何在夏天猛减30斤？秘诀都在这里！"。

⑦以"险"吓人。恐吓式标题最早见于保健品软文中，通过"恐吓"的手法吸引读者的关注，陈述某一事实，而这个提供的事实，能让别人意识到他/她从前的认识是错误的，或者产生一种危机感。

例如："一生有三分之二的时间，是在床上度过的，为什么不选个好床垫呢？""如果你不在乎钙和维生素，请继续喝这种豆浆"。

⑧以"问"呼人。提问式标题让读者感觉更亲近。显然，对话、发问的形式或者直呼其名的方式往往更能吸引读者的目光，甚至可能一些其他人群会因为奇怪而关注。

例如："1亿人都喜欢吃的美食，你不来尝尝？""湿气缠身吃它比拔火罐有用"。

⑨以"趣"绕人。一个好的标题，读者阅读后往往会记忆深刻，这得益于创作者所使用的语言。生动、幽默、诙谐的语言，可以将标题变得活泼俏皮，恰当运用修辞手法与谐音的效果，可以令读者回味无穷，甚至乐意进行口碑传播。

例如："赶快下·班，不许痘·留"，有"锂"讲得清。

⑩以"议"动人。建议性的标题是我们经常看的标题，特别是做促销活动的时候这样的标题更为多见，但是建议性的标题要想跳出常规，需要下一番苦功。

例如："别让衣服上的褶皱，暴露你的生活状态""果珍建议:冬天要喝热果珍"。

(2)找到痛点——让客户觉得有价值能看下去。要站在对方的角度去思考问题，考虑读者为什么要看文章，文章能给读者解决什么问题。首先，写些与读者相关的内容，让读者找到共鸣，以吸引读者观看下去。其次，要站在对方角度来写。最后，写出具体好处，让读者读了有所启发。文章的总体框架结构为:痛苦、好处、原理、方法和案例。

有的文章也是用导语的方式开头。导语是为下文产品介绍所做的铺垫。这引导语需要使用简明扼要的文字点出文章中最重要、最新鲜、最吸引人的内容。以便让用户迅速了解文章介绍的重点、吸引用户进一步阅读全文。导语可以结合时下的热点话题展开,带有一定的故事情景,这样能够提高读者的阅读积极性,导语的最后一句/段最好要有承上启下的自然过渡作用。

(3)逻辑清晰观点可信——让客户轻松看完文章。我们应该逆向思考一下读者拒绝的原因。其实主要有两点:①没有一个框架逻辑结构。解决办法:文章要有一个清晰的结构(如总分总);②不懂排版中的留白处理。解决办法:文章每隔3～4行就要分段,段与段之间留白、切忌大片文字堆砌,多预览调整。

(4)明确提示,转发分享——打动客户,不仅购买而且分享。第一招:结尾暗示用户转发。结尾暗示好就分享的意思,如"喜欢就分享吧""请大家分享我的文章""本文欢迎转发""请注明作者和出处"等。第二招:结尾诱惑用户转发。

总之,文章要用心写,要用文字传递情绪给读者,文章要坚持写,敢写敢发。

本章小结

1.新媒体文案从单一发声到人人自媒体,从传统渠道投放到新媒体传播。

2.新媒体文案创作思维应从用户视角、制造对比、去抽象化、可视化表达、调动用户情绪、引发关注、讲个好故事等方面开展。

3.新媒体文案的创作方法有产品文案创作、品牌文案创作、推广文案创作、导购文案创作等。

知识与技能训练

一、单选题

1. 相比传统营销而言,下面不属于新媒体营销变化的是(　　)。
   A. 从"效果"到"精准"　　　　　　　　B. 从"覆盖"到"互动"
   C. 从"软"到"硬"　　　　　　　　　　D. 从"轰炸"到"影响"

2. 以下不属于新媒体营销文案的特点与趋势的是(　　)。
   A. 从单一发声到人人自媒体　　　　　B. 从传统渠道投放到新媒体传播
   C. 从语言规范到时尚多元　　　　　　D. 从长文到短文

3. 按营销目的分,新媒体文案可分为(　　)。
   A. 销售文案和传播文案　　　　　　　B. 长文案和短文案
   C. 软广告和硬广告　　　　　　　　　D. 微信文案和微博文案

4. 以下不属于产品卖点提炼方法的是(　　)。
   A. 围绕产品特征提炼核心卖点　　　　B. 围绕产品利益提炼核心卖点
   C. 围绕产品包装提炼核心卖点　　　　D. 围绕产品前后端提炼核心卖点

5. 随着消费升级,以下不属于用户需求发生变化趋势的是(　　)。
   A. 价格敏感变为时间敏感　　　　　　B. 在意高品质和品牌价值
   C. 更追求物质层面的消费　　　　　　D. 追求多元文化

二、多选题

1. 以下属于新媒体营销文案创作思维的有(　　)。
   A. 用户视角　　　B. 制造对比　　　C. 去抽象化
   D. 可视化表达　　E. 讲个好故事

2. 以下属于产品详情页文案的写作原则的有(　　)。
   A. 紧贴品牌定位　　　B. 逻辑结构固定　　　C. 明确对谁说,从痛点入手
   D. 平白朴实,避免"自嗨"　　　E. 用词华丽

3. 以下属于品牌故事写作切入点的有(　　)。
   A. 品类的历史和故事　　　B. 创始人的创业故事
   C. 品牌态度　　　D. 当地文化　　　E. 产品的用途

4. 以下属于导购型新媒体平台的有(　　)。
   A. 今日头条　　　B. 淘宝店铺　　　C. 百家号
   D. UC 订阅号　　　E. 淘宝头条

5. 你认为以下哪些工作属于新媒体文案的工作内容?(　　)

A.新媒体渠道的文案写作　　　　　B.策划产品或品牌推广活动
C.为一个海报写宣传主题　　　　　D.根据时事热点撰写品牌借势营销文案
E.为天猫店铺写导购文案

三、判断题

1.新媒体传播内容也正在突破传统文字的单一局限,包括文字、数字、图表、音频、视频,等等。(　　)

2.随着移动互联网的快速发展,用户习惯发生颠覆性改变,但营销行为仍然离不开传统营销的方式方法。(　　)

3.文案不可能改变产品,但它能改变消费者对产品的观感。(　　)

4.好的详情页非常注重逻辑性,在线上,我们根据客户的实际顾虑直击痛点,用逻辑严密的详情页文案引出客户选择我们产品的理由。(　　)

5.在导购型文案中,重视正文的写作至关重要,标题并非文案的重点。(　　)

四、案例分析题

江小白,一款有自己卡通人物形象的小白酒,说自己是"当下的热爱生活的文艺青年的代表"。以"我是江小白,生活很简单"为品牌理念,坚守"简单包装、精制佳酿"的反奢侈主义产品理念,坚持"简单纯粹,特立独行"的品牌精神。2017年7月3日,江小白联合同道大叔推出了一款十二星座瓶身限量版包装,并且每个星座都有专属于你的星座酒话文案。

有人觉得"江小白"的口味并没有其他同等档次的白酒好,在醇香程度上还是有很大欠缺。但是,它的文化营销策略促成了成功。江小白提倡直面青春的情绪,"不回避、不惧怕,与其让情绪煎熬压抑,不如任其释放"。这个宣言直接决定了"江小白"的市场定位,就是年轻群体。2011年才出道的江小白,瓶身营销一度被业内奉为经典。每一句文案语录都抓住了痛点,说到了年轻人的心坎里。

试分析江小白的瓶身文案有何成功之处。

五、实训实战题

(一)实训背景

本项目实训为导购型文案的写作,学生通过本项目的学习,掌握导购型文案标题与正文的写作方法,下面的巩固与提高部分,选取一款游泳眼镜为对象,完成导购型文案的写作,以进一步提高文案写作能力。

产品品牌:速比海(Speedo)是世界著名的运动品牌,来自澳大利亚,创立于1928年。

产品描述:集聚Speedo:精粹科技,带来更佳表现的专业泳镜,让锐意进取的专业泳者,清晰水中每次泳动,不断刷新泳绩。

(1)大框设计,视野更广阔,水中环境一览无遗,更精准掌控泳动节奏。智感贴合技术,以人体头部大数据为依据,不同人脸轮廓皆可适应,终结淹水困感。

(2)UV防护及防雾功能镜片,抵御紫外线伤害且视野更清晰。

(3)快速调节镜带更稳定贴合头部,柔软高弹头部更舒适。

(二)实训任务

1.撰写文案标题

根据产品推广要求,结合标题写作技巧,撰写导购文案标题。

2.构建正文写作框架

教师引导学生,小组讨论,形成文案撰写框架。

3.撰写文案

教师布置任务,学生根据要求撰写文案并排版成文。

第六章　新媒体营销图文类内容设计

【知识目标】

了解新媒体营销图文类内容标题设计思路和拟定方法，掌握新媒体营销爆文的三类文体和四类要素，掌握新媒体营销内容图片设计的基本原则，熟悉新媒体营销内容正文编辑的技巧。

【能力目标】

能够拟定新媒体营销内容的标题，能够写出新媒体营销的爆文，并阐明自己的见解；能够合理应用新媒体营销的图片设计原则和技巧，能为内容合理搭配图片；能够规范写出新媒体营销的正文。

【案例导入】

一篇文案卖掉 35.8 万元啤酒

一篇文案卖货 35.8 万元，这是关健明的亲身经历。毕业之后关健明进入了一个小的牙科诊所，这个牙科诊所有一个很棒的医生，但他不太会营销自己，所以关健明帮他来做营销宣传工作。4 年的时间，这个牙科诊所业绩增长了 11 倍，发展成为拥有 6 家连锁店的企业，已经获得了 A 股上市公司的投资。之后关健明专门研究如何通过新媒体文案进行营销，而营销是很多企业非常关心的问题。其中，斑马精酿的老板委托关健明做了一篇推文，发在一个"大号"上，广告费是 5 万元，总共卖了 35.8 万元的啤酒，也就是投入 1 元钱可以挣回 7 元钱营业额，这个投入产出非常不错。很快，斑马精酿的月销售额突破 100 万元，这个品牌的估值已经超过了 1 亿元。

好的文案可以改变一个产品的销量，可以改变一个企业，让一个企业加速发展。最重要的是，它能够改变你的人生——你帮助企业创造了价值，你的人生也会有不一样的风景，不一样的平台。那么，营销人员应该怎样通过文案高效率地把产品卖掉？总结为四个步骤。

1. 抓人眼球

这一点没有太多疑问，因为只有标题让人们想点进来，里面的内容才能被看到。否则，内容写得再精彩绝伦也没机会被人们看到，更不可能会下单。

2.激发购买欲望

进入内文读者会关心什么呢?这个产品跟他有什么关系,他要不要买它,他是否需要这个产品?很多产品,如耳机、灯或者充电宝,对于读者来说常常是可买可不买的。所以,所写文案要让他感觉这个产品非买不可。

3.赢得读者信任

当读者对这个产品有了购买欲望,接下来会关心什么呢?他会很关心企业所做宣传的真实性。

4.引导马上下单

我们需要让读者感觉今天只要花一点点的钱就可以获得巨大收益,会获得巨大的满足和幸福感;这个优惠非常难得,一旦错过,之后要花更多的钱来买,很不划算。引导读者立刻下单。

【案例启示】

从关健明的案例分享可以看出,新媒体时代的营销活动形式虽然越来越多样,但图文类内容仍然是主流。各种写手将营销活动植入文章中,通过各具特色的软文去吸引相对应的粉丝群体。所以,写好一篇成功的软文并配上合适的图片,抓住读者的心理引起共鸣则显得尤为重要。

资料来源:搜狐财经:文案大咖关健明——一篇文案卖掉35.8万元啤酒!引文有删改。

第一节 新媒体营销图文的标题拟定

当信息选择的主动权转移到读者手中时,一篇文章最吸引浏览者的是什么?毋庸置疑是标题。只有一个好的标题才能吸引浏览者点击文章进行阅读,从浏览者转变为阅读者,继而转变为潜在消费者。无论文章的主要内容是什么,首先吸引读者点击阅读的都是标题,所以撰写一个有吸引力的标题很有必要。

一、标题设计思路

1.标题的内涵

想要给文章起一个好标题,首先应该了解标题的重要性及意义,这样才能更加认真地对待拟定标题这件事情。

在信息爆炸的"互联网+"时代下,从电子邮件到短信广告,我们每天的生活都充斥着各种形形色色的信息。科学家们计算出了每人每天会接收到的信息量。他们发现,在年中,有两万亿兆字节的信息会通过电视、广播、报纸、海报和邮件的方式传播出去。这相当于每人每天阅读174份报纸所含有的信息量。在海量的信息中,读者往往只会选择自己感兴趣以及被标题吸引的文章进行阅读,因此标题的重要性不言而喻。互联网阅读是碎片化的浅阅读,同样的正文,采用的标题不同,达到的效果可能有天壤之别。

标题,承载着内容的主目,通过简短的文字让读者在短时间内了解信息内容。与正文的性质不同,标题的主要功能就是要吸引读者的视线,脱颖而出。新媒体营销中图文类内容的标题的内涵及意义,具体如图6-1所示。

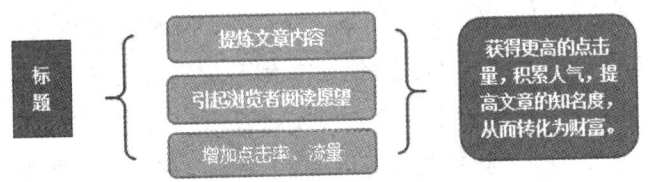

图6-1 标题的内涵及意义

2.标题拟定应坚持的原则

写好新媒体营销图文类内容的标题,让标题具有销售力,是新媒体营销的一个重要基础。那么,在标题拟定时应该坚持以下原则:

(1)从读者角度出发。在拟定标题的时候,要站在浏览者的角度去思考其想要看到什么样的内容,而不能仅仅站在企业的角度考虑目前需要销售什么。换句话总结就是"换位思考"、把自己当成面对铺天盖地信息的浏览者。如果浏览者想要了解一件事情或者找到一个产品,他/她会如何进行搜索找到自己想要的信息?这样写出来的标题更加贴近浏览者的心理。另外,根据搜索引擎匹配性的原则,越是与客户搜索语句匹配的文章越能获得更好的排名,在拟定文章标题的时候,推广者可以先将关键词输入搜索引擎中。就会发现许多浏览者或客户提出问题的语句,尽管这些语句多种多样,但还是能找出关键词背后的规律。这样,推广者的标题拟定就会更接近客户或读者的提问,也就会在客户提问的搜索结果中获得更好的排名,从而更容易让客户能够看到。

(2)让搜索引擎容易收录。一篇文章如果想要发挥营销价值,前提条件是必须被搜索引擎收录,只有被搜索引擎收录的文章才能让浏览者在搜索中找到,获得点击量并传播开,仅仅存在于自己账号内的文章,是没有办法转化为经济价值的。

决定搜索引擎收录的因素有很多,但就标题而言,最主要的就是一定要"原创"。拟定的标题不能有太多的类似条目,并且最好可以做到新鲜,与当下的热点话题、流行语相结合,这样会使得搜索引擎收录的速度增快。在标题写作的时候可以先将拟好的标题搜索查看一下,假如已经有很多相同或相近的,推广者就不要再用这个标题了。

(3)标题形式要新颖。新媒体营销文章的标题形式要新颖多样才能吸引浏览者的眼球,具体的方法有很多,这里具体介绍几种比较实用的标题形式:

①故事:描述创始人的故事类标题,将产品人格化,这样更利于得到浏览者的情感认同,拉近彼此距离,增强说服力。

例如:"他曾凭借微观辨水一战成名,如今活成人生艺术家!值得我们学习""阿里著名loseri的反击:疯子无招和他的钉钉帝国。"

②数字:相比于繁杂的文字,人的大脑对于数字更加敏感,数字让浏览者感觉具体详细真实,采用数字命名的方式可以起到事半功倍的作用。

例如:"中国人酷爱的名言,9%都是假的""靠8分钱利润年赚2.6亿元、靠1包榨菜市值达180亿:你看不起的行业往往最赚钱!"

③标点:标点符号的运用可以提升文字点击率,利于优质内容的传播。常用的有感叹号能提升标题的情绪渲染,吸引更多浏览者的注意;问号能提升与读者互动效果,提升读者代入感;省略号能提升标题神秘感,吸引浏览者的注意力。

例如:"窗户又黑又脏?1个塑料瓶轻松搞定!""为小时候的自己掉眼泪:原来少吃糖不能杜绝蛀牙……"

④利益:要尽量将浏览者可以收获的利益写出来,无论是阅读本文所带来的利益还是本文涉及的产品或服务所带来的利益,都应该尽量反映在标题上,从而增加标题的吸引力和销售力。

例如:"干掉平庸的自己,你只需30天""最高7000元!不限户籍!深圳这些人千万别错过了!"

⑤蹭热度:利用一些知名的人物事件、物品等,借助其流量优势加大文章的曝光与宣传。每个热点人物或事件,其背后都有巨大的读者基础及流量来源,可以借助其增加传播量。

例如:要说2018年暑假最火的剧,非《延禧攻略》莫属,自开播以来每天都能刷到关于它的话题,甚至出现在了台湾某大学学科能力测试中。这部剧本身就具有热度,所以在拟定标题时,可以借助其热度进行传播,如图6-2所示。

图6-2 利用蹭热度来拟定标题

3.拟定标题的思路

一个成功的标题能够吸引读者的一个重要原因,就在于能满足读者的需求,好的标题一般可以满足读者以下6种需求中的一个或者多个,具体如图6-3所示。在拟定标题时,也可以此为思路进行创作。

(1)从满足娱乐需求出发。现如今,大部分人有事没事都会掏出自己的手机看看淘宝、刷微博、浏览微信朋友圈和公众号信息,以满足自己的娱乐需求。

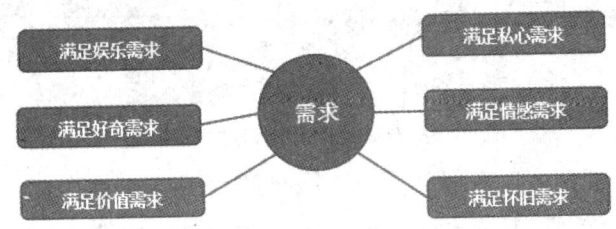

图6-3 成功标题可以满足的读者需求

不少人点开微信公众号里各种各样的文章,是出于无聊、消磨闲暇时光,给自己找点娱乐的目的。那些以传播搞笑、幽默内容的文章比较容易满足读者的娱乐需求,如冷笑话、幽默与笑话集锦这一类公众号。这一类公众号，文章内容的标题给读者的感觉就是比较开心、愉快的，如图6-4所示。

图6-4　能满足读者娱乐需求的标题

（2）从满足好奇需求出发。人人都是"好奇宝宝"，对于那些未知的、刺激的东西有一种想要去探索了解的欲望。微信公众号文章编写者在写文章标题的时候就可以抓住读者的这一特点，将标题写得充满神秘感，以满足读者的好奇需求，这样就能够吸引更多此类读者的阅读。这种能满足读者好奇需求的公众号文章的标题都带有一点神秘感，让人觉得看了之后就可以了解事情的真相，如图6-5所示的例子。

图6-5　能满足读者好奇需求的标题

（3）从满足价值需求出发。有部分人在浏览网页、手机上的各种新闻、文章的时候，抱着可以学到一些有价值的东西、扩充自己的知识面、增加自己的技能等目的。因此，文章编写者在写公众号文章标题的时候，可以将这一因素考虑进去，让自己编写的标题能够给读者一种满足价值需求的感觉。

这种能满足读者价值需求的公众号文章，只要读者阅读之后觉得真的有用，就会自动地将文章传播开来，让身边更多的朋友知道。能满足读者价值需求的文章标题，在标题上就可以看出文章所蕴藏的价值，可以让读者学习到一些知识或技巧，如图6-6所示。

图6-6　能满足读者价值需求的标题

（4）从满足私心需求出发。人总是会对与自己有关的事情多加关注，对关系到自己利益的消息比较注意，这是人类很正常的一种行为，文章标题满足读者私心需求其实就是指满足读者关注与自己相关事情的行为。在写文章标题的时候就可以抓住人的这种需求，将文章标题打造成这种类型，以引起读者的关注。

但是需要注意的是，如果一篇文章写了这样的标题，文章的内容就要真正与读者的实际利益有关，不能一点实际价值都没有。如果每次借用读者的私心需求来引起读者的兴趣，可实际却没有满足读者的需求，次数多了读者就会对这类标题产生"免疫力"，在看见标题的第一时间就知道文章的内容没有一点用处，久而久之，不仅会让读者不点击文章，甚至会引起读者的反感。

如图6-7所示，这些文章的标题就是能满足读者的私心需求的标题，它能引起读者的兴趣，从而进一步点击文章进行阅读。

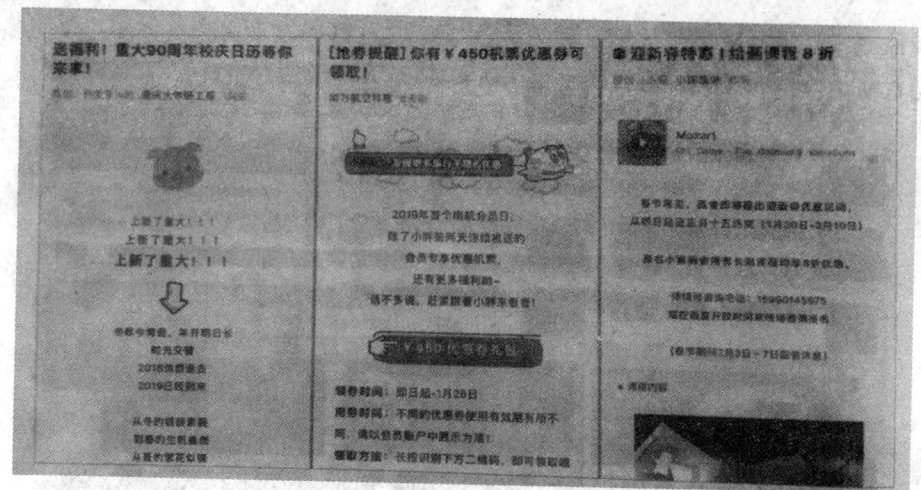

图6-7 能满足读者私心需求的标题

(5)从满足情感需求出发。大部分人都是感性的,容易被情感所左右,这种感性不仅体现在真实的生活中,还体现在他们所看到的包含了感情的文章中,这也是很多人在看了有趣的文章会捧腹大笑、看了感人的文章会心生怜悯甚至不由自主流下泪水的原因。

在如今的现实社会中,大部分人为了自己的生活在努力奋斗,与身边人的感情也因缺乏交流而显得淡漠,生活中、工作上遇见的糟心事更无处诉说。很多人养成了从文字中寻求关注与安慰的习惯,当他们看见那些传递温暖、含有关怀意蕴的文章标题时,都会去点击阅读。因此,公众号文章的编写者在写标题时,便可多用一些能够温暖人心、给人关注与关怀的词语,以满足读者的情感需求。能够满足读者情感需求的文章的标题,必须是真正发自肺腑的情感传递,最好文章内容也充满关怀,这样才能让读者不会感觉被欺骗。

一个成功的微信公众号文章的标题就需要做到能满足读者的感情需求,进而打动读者,引起读者的共鸣。如图6-8所示的标题就是能满足读者情感需求的标题,给人的感觉就像是老朋友在谈心。

图6-8 能满足读者情感需求的标题

（6）从满足怀旧需求出发。很多人都有怀旧情结，对于逝去的岁月都会去追忆一下。例如看见了童年的一个玩具娃娃、儿时吃过的某种食品都会忍不住感叹一声，"仿佛看到了自己的过去"。

人们对于那些追忆过往的文章也会禁不住想要点开去看，所以微信公众号文章的编写者就可以写这种能引起人们追忆往昔情怀的标题，以满足读者的怀旧需求。能满足读者怀旧需求的文章标题，在文字上大多都会有一些代表年代记忆的字眼。

例如："70后，80后，90后看完别哭""七八十年代的经典回忆""80后、90后都玩过的游戏"。

新媒体营销标题设计要注意，在日常工作中一定要建立标题库，把平常看到吸引人的标题、爆文的标题、竞品标题、领域内大号的标题都收集起来，定期更新，不断分析，找到适合自己读者的标题模式。然后基于读者需求的关键词和热点词汇进行提炼，分析数据，找到那些阅读数高的文章出现频繁的关键词，以此校准读者画像，才能创造出读者"想要分享"的标题。另外，在拟定标题的时候一定要依靠团队的力量，大家集思广益一起讨论，不受限于个人思维，才更有可能拟出大众喜欢的好标题。最后就是留意读者反馈，不断复盘与迭代，与读者一同成长。

二、标题拟定方法

1.标题拟定的基本步骤

想要写出一个好的新媒体营销标题，仅仅知道基本原则是不够的，下面将介绍标题写作的基本步骤（如图6-9所示），在标题确定之前做到多想、多练、多问，积累出自己的标题库。

图 6—9 标题拟定的基本步骤

(1)在拟定标题之前,自己需要先明确以下三个问题:

①这篇文章的目标读者是哪些人?每篇文章都有自己的目标读者,只有确定了目标读者才能确定他们的需求,将文章内容精准对应并推送,以取得最大的效益。

②我要传递给目标读者什么信息?一篇新媒体营销的图文类内容,究竟想要传递给目标读者什么信息?这篇文章是单纯为了增加流量,还是为了介绍产品?这些确定之后才能确定这篇文章的主旨内容并匹配不同类型的标题。

③这些信息如何能够抓住目标读者的痛点?当前面两个问题都确定之后,就要进一步选择可以打动目标读者的思路和信息,让他/她在众多的文章标题中被你的标题所吸引,然后点开阅读并觉得物有所值。

(2)根据上面的三个问题,先草拟一个初步的标题,把最重要的利益点加上去。然后咨询周边属于目标读者的人,询问他们是否有兴趣阅读这样的一篇文章。如果有则可以进行下一步,若没有则返回上一步重新考虑。

(3)按照设想写完文章后,再次根据文章内容提炼要点,将全部要点一一列出来之后进行分析,找出最能打动目标读者的要点。

(4)在平时看到吸引人或者点击量高的文章标题时将它收集起来,形成各种经典的标题套路,然后对照文章的要点仿照套路写出若干个标题,数量、类型都应尽可能丰富。

(5)写好之后,继续优化标题,可以通过增加利益点、细节描述、情绪、悬念、可信度和吸引度,或是让标题的立场更加"极端"一些,激起更大的好奇心等方面入手,使得标题的吸引力更强。反复确定这些标题是否可以立即读完并且能够一眼就看懂,如果不能则需要继续斟酌。

(6)将优化好的标题找目标读者进行投票,看看他们更喜欢哪一个,将拟用标题筛选出来。

(7)选出一个标题不等于结束,在文章推送出去之后,还要收集相关数据,进行分析。如果数据表现良好,就总结好的经验;如果反馈不好,就反思哪里出了问题,怎么样可以修改得更好。

(8)将好的标题放进优秀标题库,将不好的标题放进垃圾标题库,定期整理、回顾。隔一段时间就对近期好的标题进行研究与思考,最重要的是,要总结出自己善用的标题方法。

2.标题拟定的常用方法

拟定一个好标题,可以从以下几个方面入手。

(1)私密。好标题的第一种类型便是私密性标题。这种类型的标题容易让读者产生一种得到重视的感觉,因而较容易获得读者的好感,拉近与读者之间的距离。因为当读者看到这类标题时,会觉得这是内容创作者专门为自己打造的。在这种心理作用的驱动下,读者自然会详细阅读。

另外,从心理学的角度来看,私密性标题容易引发读者的好奇心,从而让读者从众多的信息中挑选你的内容进行阅读。这其实也是一种心理战术。在设置标题、策划内容的过程中,更像是在与读者的心理作战,与读者的需求作战。所以,这就要求对读者的心理需求要有一个较为全面的把握。

例如:"小伙伴都不知道,我只告诉你"这样的标题,就属于私密性标题。当读者在浩如烟海的信息中看见这条标题时,心里很可能会想:"这位内容创作者究竟要表达什么呢?到底是什么神秘的事情呢?我得点开看看。"于是,标题的目的就达到了。值得一提的是,虽然标题的类型属于私密性,但它的内容依然是面向广大读者的。私密性的标题是为了吸引读者的注意力,让读者进一步查看内容。因而,作者在创作内容的时候,不要受到标题的影响,应该朝着吸引更多读者的方向努力。

(2)权威。权威性标题是能吸引用户注意力的第二类标题。互联网的发展为信息提供了更多的传播渠道,也为用户提供了更多寻找信息的途径。信息传播渠道与寻找信息的用户增多的同时,也让虚假性信息看到了市场。所以,尽管目前的信息非常丰富,但信息的可信度却让人感到担忧。在这种情况下,权威性信息以及标题也就具有了极大的吸引力。

例如:"听马化腾亲口说,什么是互联网金融"这一标题。互联网金融无疑是目前一个非常火爆的概念。关于对互联网金融的看法,网络上也出现了各种各样的说辞。那么,究竟哪一种是正确的呢?显然,在这一领域内越权威的人所说的话,其可信度越高。因此,诸如"听马化腾亲口说,什么是互联网金融"这样的标题能显示内容的权威性。由此,也能得出打造权威性标题的方法,即在标题中添加行业名人、权威人士的名字,以此来增强标题的权威性。另外,他们所说的典型语句,以及提出的影响力较大的观点也可以直接作为标题。事实上,这些行业内非常著名的人物,已经成为其他用户的楷模。所以用户在搜索信息时,直接就会用这些人的名字作为关键词。基于这种情况,用这些行业内名人的名字作为标题时,还能大大提高所写内容被搜索到的可能性。

(3)疑问。故意在标题中设置疑问,也是吸引用户的一种方法。这同样是利用用户的好奇心,这种类型的标题也叫作疑问性标题。由于在标题中提出了疑问,所以用户看到这样的标题后,就会产生寻找问题答案的念头。显然,用户首先寻找答案的方式肯定是点开标题,阅读文章。毕竟这两者之间具有非常直接的强相关关系。为了保证疑问标题的效果,在设置标题时可以适当地添加一些搞笑词汇,这样可以提高标题的趣味性,从而对用户具有更强的吸引力。

例如:"你这个样子,能找到对象吗?"就是一个典型的疑问性标题。相信很多单身用户看到这个标题后,肯定会忍不住想要点开看看其中的内容。在设置疑问性标题时,一方面要注意对用户的定位和把握,另一方面要结合当下的时代趋势和社会热点。因为并非所有的疑问性标题都能吸引用户的注意力。定位目标用户的需求,是设置符合用户审美以及需求的标题的前提。面对当下时代趋势以及热点的把握,能为标题设置提供有力的内容支撑。

(4)情结调动。在消费心理学中,如何调动消费者情结非常重要。优秀的销售员非常善于调动情绪,促成用户的购买行为。

其实,对于内容电商来说也是如此。当设置了一个具有情绪调动效应的标题时,读者的情绪就会被调动起来,从而点击查看具体内容。

例如:"'00后'都出来创业了、再不开公司就晚了"这个标题,无疑就调动了广大想要创业,但却没有付诸实际行动的读者的情绪。因为这则标题给这类读者带来了极强的心理压迫感。可能这类读者不仅会因为这则标题点击浏览这篇内容,还会因为这则标题采取创业的实际行动。

通常情况下,能起到情绪调动效果的做法有两种。第一种做法是将目标受众与低层次群体相比。上例中的标题利用的就是这种方法。这则标题下面的内容肯定是针对"00后"之前的读者创作的。当"90后""80后"读者看到这则标题后,情绪也就被调动起来了。

第二种做法是针对产品而言的,是将其与同级别其他产品相比较并突出其优势。这种做法在销售中更为常见。例如,很多销售员在推销产品时会说:"我的这款产品功能是同类产品的所有功能之和,而价格则只有一半。您要是不买下它,一定会后悔的。"于是,用户的情绪也就被调动起来了,做出了购买行动。

(5)利益诱惑。趋利心理同样是人类普遍存在的心理,人们也极易在利益的驱动下行动。这也提供了又一种标题创作的方法,即利益诱惑法。这种方法是在标题中加入具有利益诱惑的词汇或事实,引导用户去点击查看内容。如果词汇或事实确实具有利益诱惑性,那么就能够起到吸引用户注意的效果。

例如:"只需三个月,百万元年薪就到手"这一标题抓住了读者希望得到高收入的心理,百万元的年薪,这显然是一个非常高的,是许多工作者理想中的薪资水平。可以说,这则标题具有极强的利益诱惑性。

在使用这种类型的标题时,可以适当地将利益放大。例如实际上平均年薪50万元可以说成100万元。但也不能过于夸张。因为读者也有基本的判断力,过于夸大事实,就成了虚假的消息,自然也就会被屏蔽掉。

另外,即使是利益诱导法,也要正面地使用。因为在设置标题的过程中,依然要遵守相关法律法规的规定。积极、健康、正面、充满正能量的内容是主旋律,标题设置也要达到这些方面的要求。

(6)特殊词汇。要想让自己的标题足够醒目突出,使用特殊词汇也是一个不错的方法。所谓特殊词汇,就是指在特殊情况下、特殊环境下使用的词汇。由于使用该词汇的情况的特殊性，使得该词汇也具有了特殊的含义。而这类词汇对用户来说，吸引力较大。小米手机的创始人雷军，用六年时间创造了国产手机的神话。而他本人也因此成了国人心中的新一代"网红"，"米粉们"亲切地称他为"雷布斯"。在一次新品发布会上，雷军说了一句，"站在风口上，猪也能上天"。此后，"风口上的猪"就成为一个特殊的词汇，也被很多网友运用到各种情景中。

例如："爆品战略，做一头风口上的猪"。这是一则关于淘宝运营的文章，这样的标题帮助它在发布后获得了极高的点击率。显然，其原因离不开"风口上的猪"这个特殊词汇的使用，这个词已经被赋予了新的内涵。因此，这个标题出来后立即引起了读者们的关注。

要想在标题中加入特殊词汇，首先要知道特殊词汇有哪些。换句话说，要与时俱进，通过多种渠道广泛了解当下最新的消息。对于过于陈旧的特殊词汇，即使包含丰富的内容，也要谨慎使用。这是一个快节奏的时代，过时的内容很难引起读者的阅读兴趣。

(7)热点内容。2016年的里约奥运会上，中国运动健儿们奋力拼搏再创佳绩，既展现了顽强不息的民族精神，也让国人认识了一些新面孔。游冰运动员傅园慧在比赛的过程中，拼尽全力；在接受采访的过程中，展现自我，真情流露。正因为如此，所以当她在采访中说出了一句"我已经用了洪荒之力"后，迅速得到了网友的认可。广大网友也通过各种渠道向她表达喜爱之情。"洪荒之力"一词也就成了一个热点词汇，代表着一个热门事件。

热点事件本身就具有一定的影响力。正是因为在当下能引起人们的思考和关注，才使它成为热点事件。因此，使用这种词汇自然能收到较好的效果。所以，在标题中使用热点内容也是一个非常不错的做法。

热点内容包括热点事件和热点词汇。在利用热点事件时，需要归纳出事件的核心内容，并将其用简洁高效的词语表达出来。毕竟标题不是正文，不能长篇大论式地展开。同时，不能是过时的内容。使用热点词汇比较简单，可以直接将之作为标题词汇。对热点词汇的新鲜度要求没有热点事件高，近期热度较高的词汇都可以作为标题的素材。

为了保证对热点事件有一个较好的把握，需要经常关注新闻，了解热点。当然，并不是所有的热点都可以作为标题的内容。积极的、具有正能量的，与宣传内容相关度高的热点事件和词汇，才可以作为内容的标题。应始终记住，设置好标题是为了让用户查看阅读正文，而不是仅仅让用户的注意力停留在标题本身上。

第二节 新媒体营销图文内容的爆文打造

新媒体营销文案的写作手法与传统文案有共同之处,但因新媒体营销文案的投放方式不同,读者的阅读习惯也有一定的变化。因此,新媒体营销文案的打造方式具有一些特性,本节将从文体和要素两方面进行阐释。

一、"爆文"的三类文体

1.人物故事类

人们对于故事所具有高敏感度几乎是天生的,因此,营销类的文章如果采用叙事类的问题来描述一个故事,比单纯地提炼道理,会更受读者欢迎。那么,人物故事类文体应该具备如图6-10所示的要素:

(1)文案需要有主题。一篇成功的营销文案,需要有一个明确的主题。再精彩的情节、再有话题性的主人公、再努力奋斗的过程,都不能弥补主题不够明确的缺憾。尤其是文章结尾的部分,需要紧扣主题,这就要求在写作开始之前,要明确主题,才能将之贯穿于文章当中。

图6-10 人物故事类文体应具备的五个要素

(2)故事需要有困境。《小说课》作者许荣哲曾提出,一部小说的结构有七个:目标、阻碍、努力、结果、意外、转折、结局。只要有这七要素,3分钟内就可以完成一篇故事的构思。作为新媒体营销内容的作者,必须思考这7个问题:故事的主人公有什么目标?在实现目标的过程中陷入了什么困境?为了达到目标,主人公是如何努力奋斗的?奋斗的结果如何?过程中发生了什么意外?主人公是如何处理意外的,有没有反转?最后的结局如何?

(3)过程需要"有麻烦"。文章是否精彩,取决于其解决麻烦的精彩程度,越是紧张的气氛,越能吸引读者的注意力,甚至还会设身处地想:自己要是遇到了这类问题应该怎么处理?这就是为什么人们在看电视剧时总是废寝忘食或是容易钻进小说的世界中难以自拔的原因。对于新媒体营销文案的写作也是一样,要达到吸引读者眼球的目的,就必须不断地给主人公"找麻烦",读者才能跟随主人公的脚步,逐步解决问题。

(4)人物需要有个性。叙述人物故事类的文章时,对于主人公的描述极为重要,不能只叙述故事而没有人物的描写。如果故事的主人公个性不突出，就会造成存在感较弱，不能支撑故事情节的问题。下笔之前，除了要明确主题以外，还要明确所描写的人物最大的特性是什么？读者可以通过故事从人物身上学到什么？

（5）情节需要有细节。描写人物故事，最忌讳的就是只摆出大量的观点或道理，却不分析其中的原因，过多地描述事件本身，而对于其中的细节部分描述过少。细节往往能决定一篇文章是否能吸引读者，就像一个好的演员通过对细节的把握来打动观众一样。

2. 精神食粮、观点类

综观当今公众号的营销内容，精神食粮和观点类的文章一直非常重要，也是"10万＋爆文"的最主要文体。从以下四个方面归纳如何写好此类文章。

（1）观点要明确。人物故事类的文章需要明确主题，精神食粮类的文章也需要明确观点，这是写好一篇文章的灵魂。好看的皮囊千千万，有趣的灵魂万里挑一，很多精神食粮类的热文，其观点可以直接通过标题表现出来。

例如："45岁朴树，28岁吴亦凡：拥有的都是侥幸，失去的都是人生""李诞：在爱情里寻找幸福，不如在爱情里寻找舒服"，最有魅力的坚持，是从不被冷漠同化。

首先，需要与读者产生共鸣。当读者看到标题时，若能产生极强的共鸣，就能制造文章与读者之间的认同感，例如"世道变好，从每一个坏人都得到应有惩罚开始"。其次，需要颠覆大众的常识。让读者看到标题时能感到很新颖，甚至颠覆过去的经验认知。一般当读者读到这类文章时，出于对自身认知的坚持，都会选择继续往下读，例如"真正的教育就是拼爹"。最后，戳中读者痛点，例如"真正的平庸，源于过早地精于世故"。

（2）事例要与观点匹配。若一篇文章只是单调的观点堆积，没有事例来支撑，则会显得枯燥无味，只有通过事例来论证观点，才能达到好读好用的目的。因此，选一个精彩且匹配的事例，对一篇精神食粮观点类的文章来说尤为重要。

（3）频出金句。例如，在各种娱乐、选秀以及真人秀节目频出的今天，《奇葩说》作为一档辩论类的节目，能获得如此高的收视率，就是因为各位辩手在节目中能频频说出发人深省的金句。

例如："善良是很珍贵的，但善良没有长出牙齿来，那就是软弱""手段不够硬，身段就要软"。

（4）传递正能量。传统的精神食粮类文章，通常可以达到为读者解决问题、重新对生活充满希望的目的。

例如："哪有什么锦鲤躺赢，其实都是咸鱼翻身""成熟是一种能力，保持天真是一种超能力""别看年轻人天天转锦鲤，背地里可努力了"。

新媒体的营销文案需要对读者产生积极的影响，因为读者希望能从文章中获取正能量，并将此分享到自己的生活中，展现自己积极向上的一面。此外，若能通过文字的力量对读者产生积极的作用，也能吸引读者持续关注。

3.软文营销类

新媒体时代的营销文案,往往有别于传统的销售文案,既不会直接介绍商品或服务,也不会让读者一眼就看出这是一篇广告。这就催生了新媒体时代一种常见的营销文案软文,以微信公众号推送的文章为主。软文营销类文体的编写,可分为如图6-11所示的步骤。

图6-11 软文营销类5个步骤

一般而言,当企业需要增加曝光度,而非简单地提高销量时,会采用软文的类型来进行营销。同时,利用讲故事的方法来进行营销,也会增加读者对文章的黏性。为营销文案增添跌宕起伏、励志或有情怀的情节,往往能使读者受到感染,想要进一步了解文章背后的作者所经历的辛酸或借鉴成功的经验,从而增加阅读量。

二、爆文写作的四大要素

一篇图文类文案,内容是核心。写一篇好的文章就像做一道好菜,选择优质的食材,设计独特的菜式,打造诱人的卖相,最后食客愿意拿起手机拍照分享。这也是一篇爆文写作的四大要素。

1.优质的食材——选题

巧妇难为无米之炊,没有好的食材,很难写出一篇好的营销文章。通过总结可以得出好的选题热点具备以下共性特征:

(1)新鲜。时效性要强,就是要保证这个选题一定是当下最热的。具体的信息来源可以每天关注微博热搜榜、百度的今日热门搜索排行榜等,国外的热点可以参考Google趋势。保证自己能在第一时间获取最新的资讯。

(2)话题的争议性与可延展性够强。比如周杰伦结婚,虽然这个话题足够热,但争议性不够大,这就不容易写出有深度的好文。在选择话题的时候要选择可以引起大家多维度争议的热点,并且可以通过这个热点衍生出其他的撰文角度。

(3)适合目标群体。如果一个科普类的新媒体号去深挖娱乐新闻,是没有什么意义的,需要知道自身用户的喜好。这里有两个比较好的检验方法:①用一个单独的账号去添加所有用户的微信好友,然后每天总结朋友圈重复转发次数最高的3篇文章,最后去总结大家喜欢的文章的共性;②用这个账号去研究朋友圈热文,看看他们都在了解什么信息。

2.独特的菜式——角度

如果食材与别人的一样,菜品摆放一样,烹饪方法一样,那该如何吸引消费者?与做菜一样,同样是跟热点,如果不能保证有一手资料,那就要从事件的多维度去分析,结合自家产品,以独特的观点去切入。

例如，同样是"洪荒之力"，有的公众号就是做一堆图片，但有的公众号可以从中提炼出国家不再唯金牌论的观点，虽然少了一枚金牌，却多出了一份快乐。

(1) 抓住痛点。利用痛点营销，是现在新媒体营销的一个重要方式。消费者在使用某个产品或者某项服务时，往往会因为自身的期待没有得到满足而失望、不满或产生一定的心理落差，这类情感最终会在消费者心智模式中形成负面情绪，让消费者感觉到"痛"。而利用痛点营销，往往就是为了填补消费者因产品或者服务不足而产生的这种落差。

例如，在某品牌洗发水刚上市之初，有很多美妆博主对其进行了推广，但是短时间内的反响并不是特别好，只为一直关注头皮护理、美肤这一领域的人所知。直到后来有一位美妆博主发微博称，发现了一瓶可以四五天不洗头而发丝依然保持柔顺、飘逸的洗发水，才使得越来越多的人开始知道该品牌。究其原因，就是之前的文案在对产品进行宣传时，只做了与其他品牌洗发水相差无几的宣传，而没有把产品的核心特点告诉消费者——它能够解决消费者，尤其是女性消费者总需要频繁洗头、吹头这样一个想解决而一直难以解决的非常"痛"的问题。知乎上曾经有个戳中了万千网友"膝盖"的问题，说：为什么约会一个女生，总是被推托说第二天才有空？原因是：因为没洗头！所以，在进行新媒体营销时，一定要选准合适的角度，抓住痛点。

(2) 悬念。人类对于未知的事物，通常都具有好奇的心理，越是神秘、未知的，越想去一探究竟。对于新媒体营销文案的创作者来说，抓住人们的好奇心十分重要。

一个好的设置悬念的标题，可以增加点击率与继续阅读的欲望。

以微信公众号"小蛮蛮小"的《××结婚这么美，还不是都靠他！》这篇营销文案为例，该文不仅很好地抓住了当下的热点，利用明星大婚，成功地吸引住了人们的眼球，还抓住了大多女性读者的心理：我要怎么样才能和女明星一样美呢？一下就把读者的注意力和自信心都提升了，大多数人也会接着往下读。这篇文章最后，作者顺势推广了某品牌化妆品的新产品，告诉读者，只要护肤护得好，你也能像女明星一样美貌出众。

再以微信公众号"衣锦夜行的燕公子"的《"不择手段"的爱，到底有没有错？》一文为例，在感情世界中，总有人为此而迷茫，该文案也是开篇就道出了现如今无数少女的美梦，然而这个梦并不可能实现，那么要怎么去"不择手段"呢？多数读者抱着好奇的心理会一直往下看，在不知不觉中，就中了作者的套路。文末，作者写道："既然决定要爱，就要用最大的热情去爱，就会得到最大的乐趣，正如某牌最新香水一样，我们都要全情以赴。"非常巧妙地将推广的产品呈现在读者面前，达到了利用读者移情的热度，让产品的设计、理念深入人心。

3. 诱人的卖相——包装

有了好的选题与角度，还要在内容的包装上注意：

(1) 容易获取。如果新媒体营销传播内容不易于被用户获取，显然是不利的。创作者创作内容时应尽量选择主流的大流量平台，如微信公众号、微博、今日头条等，这样才容易触达用户。当然，某些平台允许创作者在内容发布之前为内容选择匹配的标签，这样更利于内容触达至同类兴趣用户，便于内容快速被用户获取。

（2）容易理解。创作者进行内容创作时，需要考虑用户群体的理解水平。如果内容中都是用户难以理解的生僻词或成语，显然不利于内容的电商转化。所以，在不同平台上创作内容时，应选择不一样的表达形式。例如，今日头条粉丝群体偏三四线城市，可以使用通俗易懂的小故事阐释道理，而且文章篇幅通常不长；知乎上的粉丝群体则多来自一二线城市，可以采用理论干货或长篇论述来进行个人观点的输出。

是否易于理解是衡量内容好坏的标准，创作者应充分考虑用户的理解差异，尽量减少"自式"创作。

（3）节奏紧凑。如今是互联网碎片化阅读时代，用户的忍耐力差，如果创作者的内容拖拖拉拉，无法直击用户痛点，很容易使读者中途放弃阅读，根本看不到结尾的核心宣传内容或产品。创作者进行内容创作时，内容节奏必须紧凑，全文要明快顺畅。内容中可以多使用短句、图文混排、图表，加快节奏，持续激发用户的阅读兴趣。

4.争相拍照——分享

当一道菜卖相足够好，货真价实时，消费者才愿意去拍照分享。用户愿意把文章主动分享到朋友圈，主要是这两种心理：①表现我是个什么样的人；②对特定事件表达观点。

比如果壳网的这篇10万＋爆文《"洪荒之力"是多大力？不不不，你看到的解释都是错的！》，观点很新颖，把重点放在了力上，而且非常符合目标人群（科普爱好者）的口味。最重要的是很多人会觉得分享出去可以表明自己是个有趣、科普素养高的人，与众不同。

对于运营者来说，无论是哪一种营销模式，自然是盈利越多越好。要想增加盈利，就要确保用户群体的数量持续增长。如何让用户的数量不断增多呢？如果目标受众在阅读了内容后，再进行分享，显然就可以扩大覆盖范围，也就能增加用户数，使得盈利不断增多。由此说明，目标受众是否会去分享就变得十分重要。

事实上，并非所有的内容都能得到用户的分享。用户在分享内容之前会做出一个判断，当用户觉得此内容有价值时，就会主动分享该内容，否则用户对该内容持有的态度只是"看看而已"。为了提高用户主动分享内容的可能性，运营者可以从以下两个方面着手。

（1）增加内容的情感触动点。各大社交软件都有分享功能。人本来就是情感性动物，很多时候情感对人的行为有着不可忽视的引导作用。运营者的内容能触发用户的情感，也就能轻易地引发用户的分享行为。增加内容的情感触动点，就需要运营者深入地了解和研究用户的特点。诸如性格、学历、工作性质、所处环境等，都会对用户的情感触发点造成影响。

（2）定制化推送内容。除此之外，运营者向用户传递信息的方式也会影响用户的分享行为。如果运营者传递信息的方式正好切合了用户的喜好，那么用户分享内容的可能性也会随之增大。例如，目标受众的空闲时间是17:30—19:00这段在车上或者地铁上的时间，而运营者却在10:00点上班时间推送了内容。这样用户很有可能只做草草阅读甚至直接忽略。

第三节 新媒体营销的图片设计

图片代表了文章的颜值,可简单直接地吸引用户的关注。只有拍案叫绝的好文案,却没有合适的图片衬托,其影响力和冲击力都会弱化不少。

图片会传递情感,所以选择图片的时候要联系设计中的场景,也要切合文字。图片与内容不符、尺寸不合、清晰度不够甚至带别的公司的水印等问题是非常尴尬的,新媒体营销内容中的图片设计,不容忽视。

一、内容图片的构成

一张合适的图片有时可能会胜过千言万语,对于营销运营者而言,微信公众号、微博、APP 软件等在图片上的运营,首先要掌握三个方面:头像图片、封面图片与文章内容配图。下面以微信公众号为例,进行详细介绍。

1.头像图片

新媒体运营企业的头像代表着企业的品牌、商标或者标志,一个优秀、合适、吸引人的头像可以吸引精准的粉丝流量。那么,什么样的头像才能吸引更多的粉丝呢?一定是符合自己平台定位,清晰、辨识度高的图片。例如"果壳"科技的头像就是非常简单的"果壳"两字,搭配蓝绿色,无论是微信公众号、微博还是 APP 都采用一致的头像,如图 6-12 所示。

图 6-12 果壳在各类新媒体中的头像

设计好一个吸睛的头像,对于新媒体营销而言非常重要,它将会出现在企业运营的各类新媒体平台中,并且随着企业的发展,还会成为企业的一种标志,为企业的品牌发展发挥主要作用。

要设计一个优秀的头像,首先要了解常用的方式:

(1)用账号的名字。可以直接用账号名字做头像,背景色可以直接使用品牌的颜色(如图 6-13 所示)。

图 6-13 账号名字头像

(2)人物形象。人物形象又分为真实头像和个人漫画头像。例如"年糕妈妈""彭程 de 美味人生""罗辑思维"的公众号就是使用个人真实的头像,"科学育儿师""英国那些事儿"就是个人漫画头像(如图 6-14 所示)。

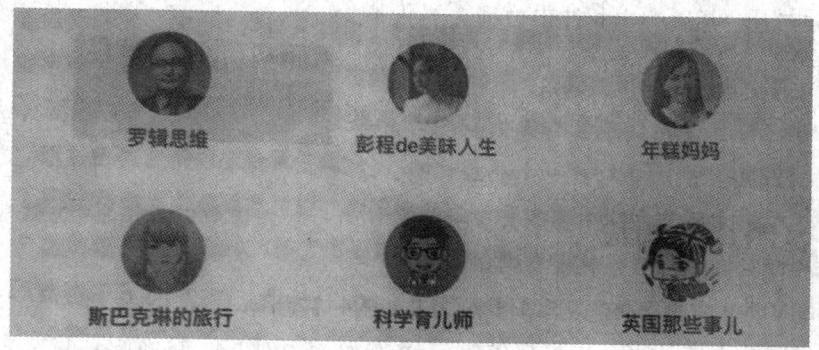

图 6-14 人物形象头像

(3)品牌标志。这种头像一般企业或者公司使用得比较多。当网民每次看到该公司新媒体营销账号的时候就能够看到企业的标志,这样可以加深企业在网民心中的印象,有着很好的传播作用(如图 6-15 所示)。

图 6-15 品牌标志头像

综合分析,头像图片一般要做到如下要求:

● 图案简单,不要太复杂,一般头像尺寸非常小,一定要让别人看起来舒适。

● 色泽鲜明,头像颜色不要过于暗沉,否则看起来会显得标志性不强。

● 关联名字,如果用账号名称设计头像可以用账号中一个最特别的字设计;如果是图片,应尽量与账号名称相关联。

● 图片清晰,有些图像点开大图比较清楚,但放在列表里会不清晰,要不断调试。

2.封面图片

一篇文章的标题是否具有吸引力、能否引起读者的共鸣,是决定这篇文章点击率的关键。

以微信公众号为例,除了文章标题,另一个对文章的点击率有着极大影响的因素是封面图片。

一篇文章的内容可以通过标题,以文字的形式表现,也可以利用一张合适的封面图片表现。而在绝大多数情况下,图片对于视觉的吸引力要远远超过文字。封面图片的吸引力越强,读者点击打开文章的概率也就越高。

封面图片分为主封面图片与侧封面图片,文章的主封面图片指的是打开一个公众号时,读者能够看见的文章列表栏中头条文章所配的图。文章的侧封面图片是指如果有两条或以上文章时,除了头条文章之外的文章封面配图(如图6—16所示)。

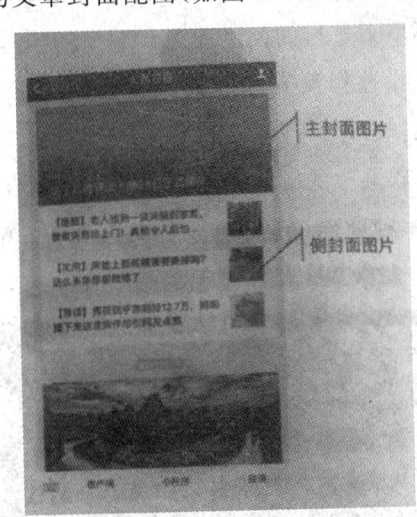

图6—16 封面图片分类

在选取文章封面图片时,需要考虑图片的大小、比例是否合适。2018年12月更新后,微信官方建议的主封面图片尺寸是"宽900像素,高383像素"。但是官方建议的这个尺寸可能会由于移动终端差异而自动剪裁一部分,所以需要尽量把主要信息展示在图片中心。侧封面的尺寸是"宽200像素,高200像素",其选取风格要与主封面图片的风格一致。

3.内容配图

内容配图,能使公众号的文章更有说服力,提高读者对文章内容的满意程度。总体来说,内容配图有以下作用:

(1)展示产品详情。商家在微信公众平台上进行产品推广、宣传的时候,通过图片展示产品详情,再配上相应的文字描述,可以达到更好的宣传效果。

(2)让读者产生代入感。在微信公众号推送的宣传软文中放入产品交易对话图、用户晒图及使用感受截图等,能让其他读者产生代入感,提高产品购买转化率。

(3)让产品效果可视化。在推广软文中,图片能让读者直观地看见产品的样子,同时也能提前看见使用该产品的效果,这样能打动读者,让读者产生购买的欲望,从而达成交易。

二、配图的基本原则

在微信内容运营过程中,配图自然是少不了的,在文章中加上图片,会使文章更加形象,让读者视觉感官和思维受到图片的影响,增强认可度,进而帮助公众号凝聚人气,从而培养出微信公众号的忠实粉丝。有的公众号只发布图片内容,就可能胜过千言万语,让读者感受到公众号的情怀。

1.图片清晰无水印

首先,要保证配图的清晰度,这是每一个内容编辑者都需要注意的。其次,在没有特殊原因的情况下,配图要尽量色彩明亮,大部分读者在阅读文章的时候都希望能有个轻松、愉快的氛围,不愿意在压抑的环境下进行阅读。而色彩明亮的图片恰好能给读者带来轻松的阅读氛围。最后,选择图片时,要选择没有水印的。带水印的图片不仅会影响整体的呈现效果,还会让读者觉得很不美观,或者有打广告的嫌疑。

例如,小罐茶每一篇营销软文中的图片都可谓典范,图片清晰,色彩鲜艳,充满创意(如图6—17所示)。不仅将产品单独展出,还将产品融入生活场景中,通过美好的生活场景打动读者。

图6—17 小罐茶配图

2.图文一致

在进行新媒体账号运营的时候,运营者应根据自己的文章内容选择合适的图片,使文章内容与图片之间搭配和谐,在挑选这些图片时也要注意图片内容、色彩冷暖的一致性,以达到借助图片加深与读者之间互动与交流的目的。如果推送的内容比较欢快、轻松,就需要选择与内容相适应的颜色的图片,而不可使用太过沉闷的颜色,因为这样会使整体感觉不协调。例如,微信公众号"地球知识局"的每篇文章配图都固定一种基调,给人整洁醒目、清新明快的感觉,让人印象深刻,形成了自己的特色,也让读者感觉到其对待内容的专业态度。

带有文字描述的配图才是好配图,如果缺少必要的文字描述,或者有文字描述而缺少必要的配图,都会不同程度地影响用户对文章内容的理解,所以文章跟配图应该是紧密配合的。

例如,在小罐茶营销软文《高,实在是高》中阐述小罐茶秉承"品质即品格"的理念,以四大高品质铸就小罐茶台湾乌龙茶的绝妙韵味——高海拔产出上品原茶,高技艺制成醇厚美味,高洁净保障安全健康,高颜值丰富视觉享受。配上与文字对应的图片,相得益彰,锦上添花(如图6-18所示)。

图6-18 《高,实在是高》配图

3.图片尺寸要适宜

推文中的每一张图片都应该经过仔细斟酌的,选择适宜的尺寸大小。图片的格式有PNG、JPG、GIF、TIF等许多种,无论何种都应该尽量将单张图片的容量大小控制在1.5MB~2MB,在这个容量限制下,文章编辑可以从以上图片格式中选取效果最佳的格式进行图片制作。

同时,文章编辑可以根据读者阅读时间的多少而对图片的大小做调整。之所以说要选择合适的图片大小,就是从读者阅读体验出发的,过大的图片会在耗费读者大量流量的同时耗费图片加载的时间。如果目标读者一般习惯在晚上八九点阅读文章,而这个时间段人们基本上是待在家里或者其他可以使用无线网的地点打开公众号进行阅读,不用担心流量耗费,也不用担心图片加载时长,那么文章编辑就可以适当地将图片的容量放大一些,给读者提供最清晰的图片,让读者拥有最好的阅读体验。如果读者大部分都是在早上七八点钟阅读文章,那么读者使用手机流量上网的可能性就会比较大,这时候如果公众号发送文章的话,就需要对图片的容量进行控制,节省流量和图片加载时间。

4.图片色彩相协调

在同一篇文章中,用到的图片在色彩、格调、版式上要注意整体一致性,这样给读者的感觉就会比较统一。例如,"小罐茶"的配图采用了大自然茶树的绿色作为主色调,读者看到图片就仿佛置身于茶园之中,茶香四溢(如图6-19所示)。

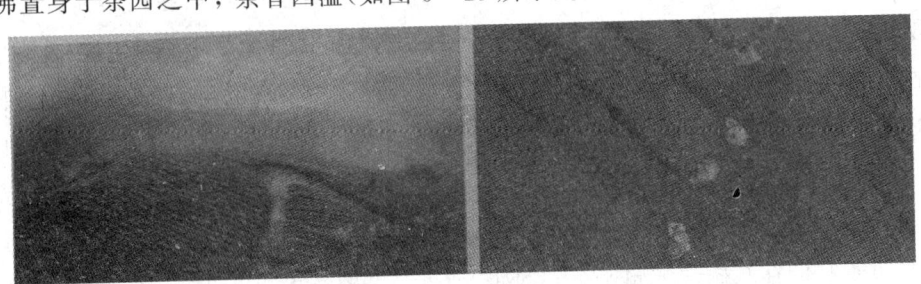

图6-19 小罐茶配图

以微信公众号为例,一些做得比较精致的公众号从文章内部的排版、配图到文章外部的封面,都花了一番心思,使版式和色调达到了统一。例如,公众号"人鱼线VS马甲线",每次发文配色都尽可能使用"黄黑"两种颜色搭配，与公众号头像的配色相一致，形成了自己的特色，无形中也让读者感觉到了他们对待内容的专业态度(如图6-20所示)。

图6-20 公众号搭配

三、配图的实用技巧

文章的配图虽然不是文章点击率的首要决定因素，但一个用心设计的配图绝对比一张随意抓取的图片更深入人心。一个优秀的新媒体账号除了在文章内容上下功夫，一些能够体现账号深度和态度的细节同样值得运营者去用心思考。要让读者记住账号，先要记住文章，那么不妨在他/她准备点开文章时，先留下一个好印象。新媒体配图讲究简明有力，创意优美，把选题、灵感和画面完美结合。那么怎样才能做出这样吸引人的配图呢？下面介绍一些实用技巧。

1.美化图片更悦目

对配图加以美化，可以让图片更鲜活，更吸引人。图片美化可以在两个阶段着手进行：第一阶段，在拍摄时，注意拍照技巧、拍摄场地、照片比例、拍摄光线等细节，能初步达到为图片美化的效果。第二阶段，拍摄完成或者是以素材网站收集图片后可以通过后期处理来美化图片。新媒体营销编辑可以根据自己的技能水平选择图片后期处理软件，专业的如Photoshop，简易的如美图秀秀，通过软件让图片变得更加生动、吸引人。其中，Photoshop软件需要专业的操作技能，并不是所有新媒体营销人员都能掌握的。对此，可以使用无须安装下载、拥有海量素材的在线图片编辑平台，例如"创客贴""图怪兽"，简单易学，可以快速完成在线图片编辑，还可以利用模板编辑，让每一个人都可以成为"设计师"。

2.巧用动图更生动

动图让图片更有动感,一张动图甚至可以演示一个动作的整个过程,相对于传统的静态图,动图包含了更多的信息,比静态图片更有表现力,可以更好地展现一段动态场景,更加准确具体地展现所要传达的信息,表达能力更强大,自然效果会更好。图 6-21 所示的是一篇草莓营销软文中发布的动图,使用可爱的动画效果展示草莓,生动逼真。

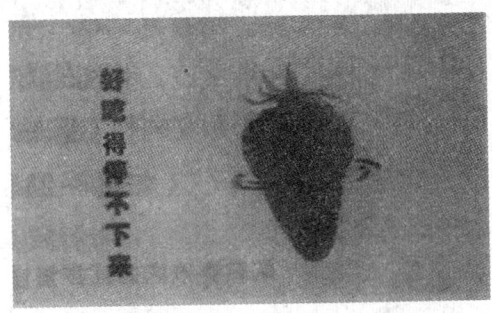

图 6-21 动图示例

3.采用长图文更震撼

长图文是使图片获得更多关注度的一种好方法,因为长图文将文字与图片融合在一起,借文字描述图片内容的同时使图片所要表达的意思更生动、形象,两者相辅相成,结合在一起,能使文章更加生动形象,提高阅读量。

例如微信公众号"伟大的安妮",它所发布的所有文章都是采用长图文的形式,以图片加上文字的漫画形式描述内容,其点击量非常高。

4.多样二维码更活泼

在现实生活中,到处都有二维码的身影,二维码营销已经成为一种很常见的营销方式。二维码对于新媒体软文而言不仅是非常重要的一种引流图片,也是平台的电子名片。因此,在进行新媒体营销时,可以制作多种类型的二维码以吸引不同审美类型的读者。除最常用的黑白格子二维码外,还可以尝试指纹二维码、彩色二维码、LOCO 二维码以及动态二维码等多种样式,使图文内容更活泼。

第四节 新媒体营销内容的正文编辑

营销文案的标题决定了读者对文章的第一印象,决定着读者是否会点开文章阅读;而文案的内容和编排,则直接影响到营销效果的转化率。对于文案而言,题目就好比灵魂,而正文的结构则是身体,二者必须强强联合,再配以金句,对主题进行升华,方能写出一篇让人印象深刻的文章。

一、正文写作框架

1.总—分—总

这是营销文案中最常见的结构。一般会在开篇提出一个观点,然后在正文中列举若干事例来支撑总论点,最后在结尾部分进行总结,与开篇部分首尾呼应。

例如,宜家的微信公众号推送过一条名为《用你喜欢的方式探索世界》的营销文案。在文章开头,作者就点题——用你喜欢的方式探索世界,接着就为读者推送了客厅中四套不同的家具摆放、装饰的方案,最后结尾总结——"家是我们放下疲惫彻底放松的地方,而客厅作为家的核心区域,为它定制几种可能,让你和家人既能互相陪伴,也能有足够的私人空间"(如图6—22所示)。

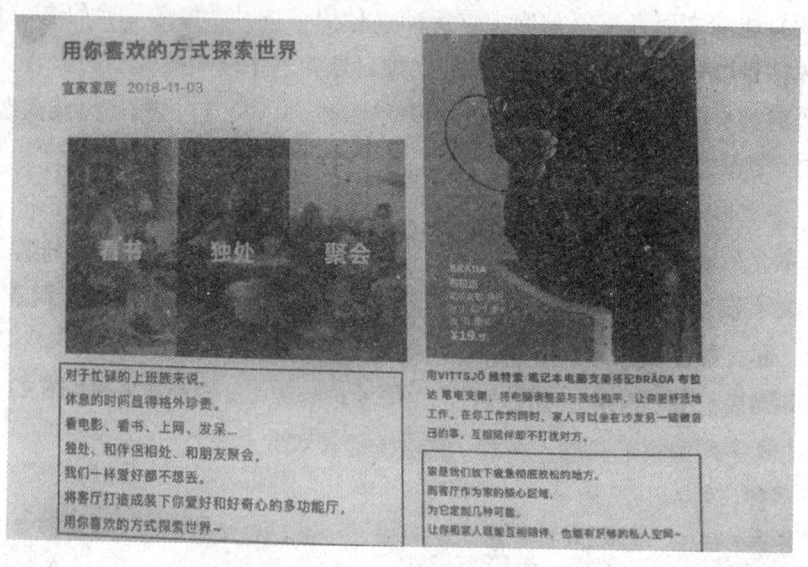

图6—22 开头结尾相呼应

传统的总—分—总模式的优点是读者在第一时间就能了解这篇文章的核心;缺点是如果

读者对这个内容不感兴趣，就会造成点击率不高、最终购买转换率也不高的结果。因此，新媒体时代背景下更多的营销文案会选择下面这种转折型框架。

2.问题—转折—原因

由于大部分读者并不喜欢看到平铺直叙的广告营销文案，所以品牌除了在自己的平台、官网上更新产品信息以外，还会请各类平台的 KOL 来推广自己的新产品。这类营销文案往往需要有新意，让读者主动点开并阅读到最后。同时，随着新媒体平台的不断发展，这类营销文案也发展得越来越不像营销推文，反而会觉得这篇文章就是作者自己的亲身经历，并不会反感被植入文章中的产品。

还有一部分营销文案，则不会将文章和推广信息如此结合，虽然二者间有一定的关系，但就像人们常说的"猜中了开头，却猜不中结尾"，读者看了半天才发现是一篇营销文案。这种类型的营销文案，常常让人出乎意料，因为前后形成了强烈的反差，让读者在毫无防备、始料不及的状况下接受了广告。

例如这一篇雪花秀的推广文案，以"比萨斜塔为什么是斜的"命名，任谁也不会看出是一篇营销文案，反而会觉得是一篇一本正经的历史科普文。在叙述了比萨斜塔为什么倾斜，以及建塔以来的历史之后，转而告诉读者，"地基不好，再怎么修，也修不好。就和护肤的道理是一样的，打好肌肤基础，才能加乘后续产品的吸收，进而造就梦寐以求的莹润肌肤光泽"，从而引出雪花秀新出的精华露。虽然介绍产品的文字只有寥寥数语，然而产品的功效已经通过前文对比萨斜塔的介绍深深映入了读者的心里（如图6-23所示）。再以微信公众号"毕导"的《直男口红鉴赏：从入门到入土》推文为例，看标题和开头，就算知道是一篇营销文案，最多也只会猜测与口红或者化妆品有关的品类，最后却不曾想，作者告诉大家前文所讲的众多口红，不过是为了衬托其推广的"佳洁士美牙仪"，只有牙齿白了，才能任性地买口红。

图6-23 雪花秀广告推文

二、正文写作思路

在创作吸引人的标题、架构好文章框架的基础上，就需要充实框架中的内容。正文的写作主要分为7种类型(如图6-24所示),下面介绍其基本写作思路。

图6-24 正文的7种类型

1.情感型

情感的抒发和表达已经成为新媒体营销的重要媒介。一篇情感丰富真切的文章往往能够引起许多消费者的共鸣,通过满足消费者的心理需求与情感需求,提高消费者对品牌的归属感、认同感和依赖感。

一篇好的新媒体推文可以通过文字、图片的组合触动消费者的情绪,引发情感消费。情感消费是一种基于个人主观想法的消费方式,要打动这部分消费人群,就必须要关注他们精神世界以及情感的空缺。

爱情、亲情和友情是人们最主要的三种情感。人的情感非常复杂,不论是满足人们的哪种情感或情绪需求,都能打动人心,将广告信息传递给消费者,在不产生反感情绪时实现营销的目的。

2.故事型

故事型的正文是一种容易被用户接受的题材,一篇好的故事正文,很容易让读者记忆深刻,拉近品牌与用户之间的距离,生动的故事容易让读者产生代入感,对故事中的情节和人物也会产生感情。如果能写出一篇优秀的故事型正文,寻找潜在客户,提高企业信誉度就会变得相对容易。

对于文章作者来说,如何打造一篇完美的故事型文章呢?首先需要确定产品的特点,将产品关键词提炼出来。然后将产品关键词放到故事线索中,贯穿全文,让读者读完之后印象深刻。同时,故事类的正文写作最好具备合理性与艺术性两个要点,如图6-25所示。

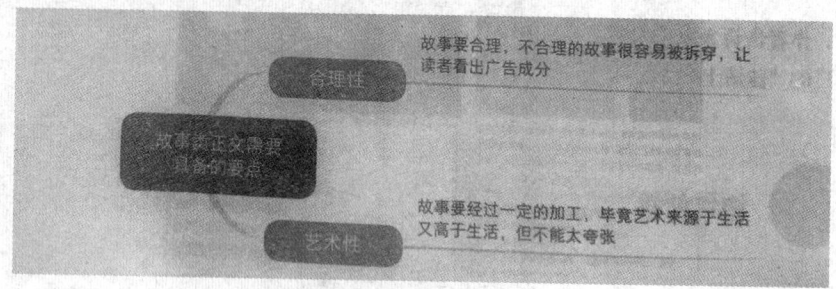

图6-25 故事类正文要点

3.促销型

促销型正文其实是一种比较直白的推广方法,它是企业目前用得比较多的一种新媒体营销方式。一般来说,有纯文字形式与图片搭配促销标签形式两种,有时越直白越好。

纯文字形式的正文依靠文字,向读者推荐品牌或者活动的内容、时间、地点等信息;图片搭配促销标签形式的正文,则在产品活动的图片上搭配一些促销标签,从而促使消费者产生购买欲,具体方式如图6-26所示。

图6-26 促销类正文的撰写方法

4.逆向型

逆向型正文的写法指的是不按照大家惯用的思维方法去写文章,而是运用反向思维方法去思考、探索。人们的惯性思维是指按事情惯常的发展方向去思考某一件事件并寻找解决措施。有时换一种思考方向事情可能会更容易解决。

在写作逆向型正文时,有三种逆向思维方式可以参考,分别是反转型逆向思维、转换型逆向思维以及缺点型逆向思维。

5.悬念型

所谓悬念,就是人们常说的"卖关子",作者通过设置悬念,激发读者丰富的想象和阅读兴趣,从而达到写作的目的。

正文的悬念型布局方式,指的是在正文中故事情节、人物命运进行到关键时设置悬念,不及时作答,而是在后面的情节发展中慢慢解开,或是在描述某一奇怪现象时不急于说出产生这种现象的原因。这种方式能使读者产生急切的期盼心理。

总而言之,悬念式正文就是将悬念设置好,然后嵌入情节发展中,让读者自己去猜测、去关注,等到吸引了受众的注意力后,再将答案公布出来。制造悬念通常有三种常用方法,具体内容如图6-27所示。

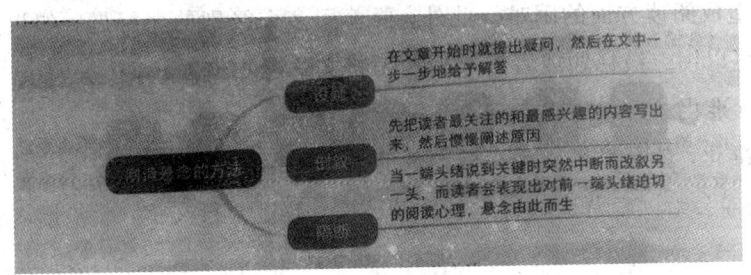

图6-27 制造悬念的方法

6.新闻型

新闻型正文,是指正文通过模仿新闻媒体的口吻撰写,例如公司内的大事,公益事业,都可以通过新闻式的正文形式写出来进行发布。

在互联网时代，新闻型正文的主要特点是能够进行二次传播，也就是企业的新闻软文发布出来后，很容易被其他的网站或者平台转载。

新闻型正文有很多特点，如图6-28所示。正是由于这些特点的存在，才使得新闻型正文一直备受欢迎。

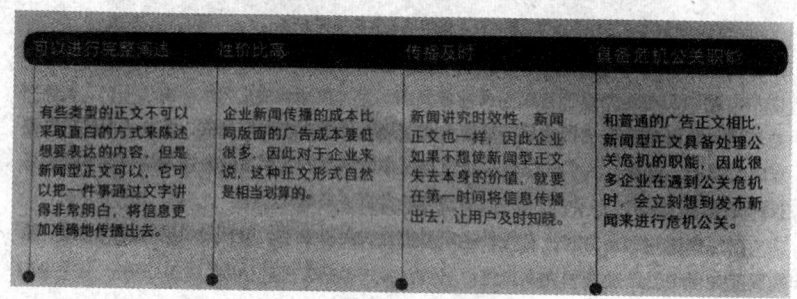

图6-28 新闻型正文的特点

7.知识型

对于专业性比较强的产品，诸如电器、家居、保健品等，就可以运用知识型的正文来吸引受众。因为这类文章往往专业性比较强，对于特定人群来说，内容的可读性和接受度都是比较高的。

另外，还可以以消费者的口吻来写，站在消费者的视角，自然地将知识型经验引入，从而让读者逐渐接受、得到读者认同。

三、正文排版规范

1.将正文模块化

将正文模块化，就是将文章分段，用可以概括段落大意的文字拟出小标题。这样可以让读者快速掌握文章脉络，减轻阅读压力。采用这种方法时，要注意两个小标题之间的衔接是否符合文章的逻辑关系，例如是否有递进关系、并列关系、转折关系，让读者体验流畅的阅读过程。同时，篇幅要控制在2~3个手机屏幕的长度，并且分段要控制在3~6段。过多的小标题会给读者造成阅读方面的困难。此外，要善用多个级别的小标题，如果文章过长，分段超过了6个，可以用二级标题或者三级标题来将文章进一步拆分。

2.将段落标准化

将段落标准化，就是对每一个小标题下的文章进行合理的分段。每一段的文字尽量控制在2~8行，这样会给读者营造较舒适的阅读体验，超过8行文字，会给读者带来视觉上的压迫感。

如图6-29(左)所示：每一段的文字短小精简，阅读起来较为舒适；如图6-29(右)所示：文字过于冗长，容易使读者产生视觉压迫感和疲劳感。

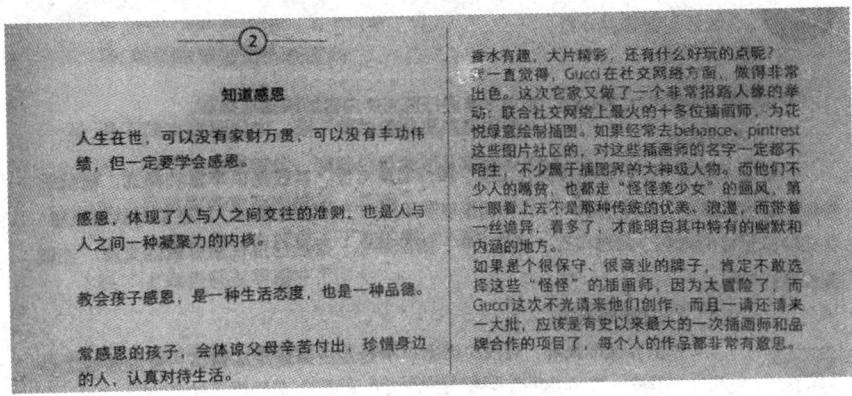

图 6—29　段落分布对比

3.将格式规范化

通常转发与阅读量大的营销文案，大都排版美观，会使用合适的字体、字号和配色，并且不会随意更改，久而久之就形成了独特、固有的风格模式。

一般的营销文案对于字体的要求并不高，大多采用系统默认的字体。如果整体风格较为特别，可以采取其他字体。为了符合大众的阅读习惯，正文字号建议为14~16号字，备注性的文字建议为12~14号字。太小的字号读者会有阅读困难；而字号太大则会造成排版困难。营销文案的内容大多较为稳重，因此在文字的用色方面，建议采用较为中性的黑、白、灰搭配。

4.将内容等级化

读者花在一篇文章上的时间是有限的，因此，让读者在短时间内掌握一篇文章的主题和重点极为重要。但是也要注意，划重点要适度，不要给读者造成一种"全文都是重点，全文都不是重点"的感觉。

本章小结

1.标题设计应坚持从读者角度出发、让搜索引擎容易收录、善于用好关键词等原则；成功的标题应满足从娱乐需求、好奇需求、价值需求、私心需求、情感需求、怀旧需求等需求出发。

2.新媒体营销内容的爆文打造包括人物故事类、精神食粮观点类、软文营销类等类型，并应具备选题、角度、包装、分享四大要素。

3.新媒体营销内容的图片设计包括头像图片、封面图片、内容图片等；配图要求图片清晰无水印、图文一致、图片尺寸适宜、图片色彩协调；吸引人的配图应做到悦目、生动、震撼、活泼。

4.新媒体营销内容的正文编辑在写作框架、写作思路、排版规范上都有其相应要求，直接影响到营销效果的转化率。

知识与技能训练

一、单选题

1.（　　）很大程度上决定了新媒体营销文章的打开率。

A.标题　　　　　　B.正文　　　　　　C.图片　　　　　　D.排版

2.以下属于悬念式标题的是（　　）。

A.我借钱给你，我有错吗？　　　　　　B.做人应该学学邱莹莹

C.这就是你日日夜夜想要的……　　　　D.如何摆脱负面情绪

3.以下关于新媒体配图的说法错误的是（　　）。

A.配图讲究真实，不能修图　　　　　　B.图片要清晰，色彩要明亮

C.图片与正文排版，上下空一行　　　　D.动图比静图更有表现力

4.从下列文案标题中，属于精神食粮观点类的是（　　）。

A."有了这套表情包，我张口要钱就从来没失败过"

B."你被戴森欺骗的样子，真美"

C."一身名牌，也拯救不了你的庸俗人生"

D."上海告别东平路！"

5.以下不属于戳中读者痛点的标题是（　　）。

A."法国女人最爱的三双鞋，几百元就能买到"

B."世界不能保护我，我只能自己勇敢"

C."知道你为什么一直瘦不下来吗？"

D."普通人也能驾驭的时尚单品，名模杜鹃、刘雯都爱穿！"

二、多选题

1.以下哪些是新媒体营销好标题的影响因素？（　　）

A.吸引人　　　B.与内容相符　　　C.标题　　　D.能勾起用户的好奇心理

2.以下属于新媒体配图原则的有（　　）。

A.图片要清晰，色彩要明亮　　　　　B.图片尺寸要大

C.图片要注重整体一致性　　　　　　D.图片与文章内容要相符

3.新媒体营销从业者应该具备的知识包括（　　）。

A.广告学知识　　　B.传播学知识　　　C.消费心理学知识

D.修辞手法　　　　E.排版规则

4.新媒体营销排版规范包括（　　）。

A.正文模块化　　　B.格式规范化　　　C.重点突出

D.段落标准化　　　　　　E.提炼金句

三、判断题

1.新媒体时代，数据能很直接地反映传播效果，要想取一个好标题，日常的标题储备和复盘分析必不可少。（　　）

2.微信官方建议的一级封面图尺寸是"宽900像素，高400像素"。（　　）

3.新媒体文章配图讲究真实，不能美化图片。（　　）

4.新媒体营销文案中，列举大量的观点可以吸引读者的注意力。（　　）

5.新媒体营销的文案内容如果过长，可以采用提炼小标题的方法将文章分段。（　　）

四、案例分析题

"小蛮蛮小"作为一位美妆类KOL，从早期的博客、豆瓣开始，就在线上与线下平台分享自己的生活以及美妆、护肤心得，至今已有十余载。在传统媒体和新媒体平台更替、发展日新月异的今天，从微博到微信公众号的运营，再到近年来发展迅速的社群分享类平台"小红书"，她依然活跃在最前沿。

试从"小蛮蛮小"在各个新媒体平台发送的文章分析，为何在平台更替的时代，这样一个从事固定品类营销的账号能一直经久不衰，并保持如此高的活跃度？

五、实训实战题

(一)实训背景

通过本实训活动，学生可以掌握图文设计和排版规范等技能。

(二)实训任务

(1)根据设定的主题，搜索阅读量"10万＋"以上的"爆文"至少3篇，并对其标题、图文内容、排版进行分析。

(2)根据设定的主题撰写新媒体文案并发布。

(三)实训步骤

(1)教师演示如何通过搜索引擎搜新媒体爆款图文。

(2)小组通过相关网站搜索新媒体"爆文"，进行标题、图文内容、排版分析，以PPT形式提交报告。

(3)分小组根据设定的主题撰写新媒体文案并发布。

(4)小组路演并评价。

第七章 新媒体营销视频类内容设计

【知识目标】

熟悉视频类内容定位的方法、掌握创意视频的打造技巧、了解视频制作前期准备工作细节、熟悉视频制作团队的组建方式、熟悉视频制作的工作要点。

【能力目标】

能够完成新媒体营销视频类内容的定位与策划、能够组建一支优秀的视频制作团队、能够根据客户需求拍摄并制作创意视频作品。

【案例导入】

抖音的短视频营销

随着用户注意力的转移，短视频已成为移动互联网主流的内容形态。其中，抖音短视频以更具创意和视听冲击力的互动短视频形式深入人心，成为全新的大众交流平台和品牌营销工具。

抖音是一个旨在帮助大众用户表达自我，记录美好生活的短视频分享平台。它利用人工智能技术为用户创造丰富多样的玩法，让用户在生活中轻松、快速地制作优质短视频。目前，抖音全球月活跃用户已经达数亿，作为一个全新的流量价值洼地，巨大的营销价值有待品牌挖掘。众多品牌在新产品上市时，将抖音作为曝光和引流的重要平台，其中较具代表性的有宝马、百事可乐、必胜客、OPPO等。品牌主热衷于在新产品上线之初，借助抖音获取更大的线上曝光量，通过发布信息流视频广告、发起抖音挑战赛等方式，展示新产品的独特卖点，以期迅速"占领"用户心智。

例如，全新BMWX3抖音首秀，强势曝光缔造宝马超级品牌日。

背景：伴随着宝马全新BMWX3新车上市，由宝马出品，赵又廷、宋佳出演的微电影《神奇爸爸》先导预告片同步爆出，宝马力求利用此传播契机，为BMWX3上市创造强大的市场声量。

策略：以内容协同、明星效应与品牌共振，开启短视频营销新篇章。以全新"开屏+信息流"的黄金传播组合打造宝马超级品牌日，同时导流抖音品牌BMWX3主页，形成品牌短视频长效营销阵地。

效果:总曝光1.02亿次,原生信息流广告互动率6.82%,抖音品牌主页访问量44.9万,2天内粉丝增加至26.8万。短视频为宝马新车上市带来了强曝光、高互动、粉丝沉淀三大营销价值。

案例思考:宝马通过短视频营销取得成功的原因是什么?

【案例启示】

抖音通过短视频以更强的视听感受、更短小丰富的精练内容,覆盖用户大量碎片化的时间,打破了传统的"看到—注意—兴趣—搜索—行动"的互联网品牌转化路径,让信息直接触达用户,具有更短的营销路径和更高的传播效率,从而提升广告效果,助力品牌营销提速增效。

资料来源:《抖音短视频营销案例手册》,有删改。

第一节 新媒体营销视频内容策划

随着互联网的快速普及和成熟，消费者对基于互联网的内容消费和网络社交需求不断增大，消费习惯也逐渐成熟，传统的文字和图片形式已经不能满足当下的用户需求（如图7-1所示）。相较于图文形式，视频成为用户更加偏好的内容传播方式：首先，因为内容丰富，视频信息承载量更大，可以传达更加丰富的内容。其次，表达个性化，视频能够更大程度地满足用户表达自我的需求，全面而生动地展示用户的喜好。再次，形式互动化，视频的互动性更强，增强用户的参与性，观众可以通过分享、评论等形式参与到传播中来。最后，效果可视化，可以直观地获取视频的观看、转发和评论人次等数据并分析。

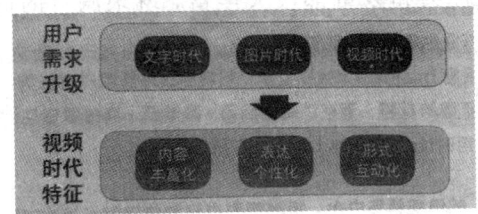

图7-1 从图文到视频，用户内容消费习惯发生改变

新媒体背景下的视频营销主要是指：基于新媒体的网络视频平台，以内容为核心、创意为导向，利用精细策划的视频内容实现产品营销与品牌传播的一种新兴营销方式。视频营销是"视频"和"互联网"的结合，既具有电视短片的优点，如感染力强、形式内容多样、创意新颖等，又有互联网营销的优势，如互动性强、传播速度快、成本较低廉等。此外，视频营销更易于切中目标受众的需求，巧妙渗透产品，传递品牌理念。众多案例已经证明，很多时候视频营销的功能优于图文营销。因此，很多企业都开始重视视频营销，纷纷推出这一服务项目，并以其创新的形式受到客户的关注。

随着新媒体行业的高速发展，新媒体营销模式也在日益增多。其中，短视频已经成为信息化生活中不可缺少的一部分，日渐成为大众在通勤途中、睡觉前等碎片化时间里的主要娱乐方式。短视频在近几年里持续高速增长，涌现出了许多优秀的创作者和内容平台，正在引领传统品牌营销方式的新潮流。一次成功的短视频可以在最短的时间内，最大限度地吸引用户的关注。例如，快手、抖音等短视频平台的崛起，成了无数用户每日离不开的消遣娱乐方式；而淘宝、京东等电商，则从内容生态到商品详情页全方位短视频化；大众点评也在最核心的首页位置接入短视频。当然，这些成功实例的背后都是相关视频内容创造力和强传播性的巧妙运用，吸引用户关注并产生购买行为。短视频营销归根结底是营销活动，因此，成功的营销不仅要有高水准的视频制作,更要发掘营销内容的亮点。如果没有把握住用户的"痛点",则难以产生预期的影响,甚至会适得其反。

无论是20分钟以上精良制作的长视频,还是1分钟以内的视听快餐短视频,内容都是一个成功的视频作品中最重要的组成部分。制作者在对视频内容进行策划时,必须要结合用户的需求来确立主题,适合的主题可以使得最后的完成品能够最大限度地受到用户的欢迎。在确立主题后,就是对视频主体内容的制作了。视频内容有三大要求:新、奇、快。新,指的是视频的内容足够创新;奇,指的是其内容的切入点足够奇特;快,指的是视频的节奏要保证用户可以快速进入高潮部分。对于一个成功的视频而言,这三点缺一不可。

一、视频内容定位

现今是一个以优质视频内容为王的时代,必然由"内涵派"取代"颜值派"。下面就来具体分析网络视频时代的内容定位。

1.内容主题突出个性和趣味性

在快消品时代,产品的种类和数量都极大丰富,琳琅满目的商品以及层出不穷的新产品、新概念、新口味让消费者目不暇接,与此同时,增长的还有消费者日益多样化的需求,于是个性化和定制化便成为消费者的青睐所在。此外,在这个泛娱乐时代,任何产品都逃不开趣味这一要素。

以上所说的虽然是快消品,但这一现象完全可以适用于"内容"这一战场。短视频和直播的出现又为内容创业降低了发展门槛,用户也越来越渴望看到原创的、带有个性和趣味性的优质内容。细数那些借助自媒体而大红大紫的成功案例,大都向"粉丝"输出了独具个人特色的内容。下面以原创短视频吸取了众多"粉丝"眼球的"papi酱"为例,来看看她是如何定义个性和趣味的。

papi酱毕业于中央戏剧学院,凭借其所具有的表演和媒体资源进入短视频的自导自演中来,通过发布原创短视频内容走红网络。papi酱之所以能凭借原创短视频迅速红遍网络,同其视频内容的个性化和趣味性是分不开的。

papi酱的短视频大多聚焦时事热点和人们现实生活中的真实情景,深入挖掘"吐槽",给人们带来了极具个性的"吐槽"体验。她表达了很多人想说却因种种原因无法说出口的心声,尤其戳中了很多年轻人"内心深处对于人生真相的凝视"的需求。这种直击内心、深入人心的内容才是真正满足人们个性需求的典范,从而更深层次地传达出papi酱短视频内容的个性。

比如,点击率极高的《男性生存法则系列》,在《男默女泪》一期中,papi酱站在女性的角度,对女性和男性对于事物的看法如此不同且男性总是无法明白女性的想法这一生活现象,进行了言辞激烈的"吐槽"。虽然这种现象在生活中十分常见,但papi酱用鲜明犀利的言辞说出了很多女性的心声。

除此之外,papi酱的短视频能够吸引众多"粉丝"的目光还因其趣味性。她的"吐槽"虽然言辞犀利却不令人生畏,反而能获取到一些好笑有趣的"吐槽"点,再配上她充满趣味性的声音和表演,常常会让"粉丝"开怀大笑。

2.明确视频内容边界

经过媒体行业长时间的发展,新媒体尤其是短视频则大大地扩展了这个边界。短视频更多讲人性,更多关注画面本身的冲击力,更知晓消费者的真实诉求。

根据目前视频行业的发展现状,主流的视频内容包括但不限于以下五种类型。

(1)颜值、生活类。美好的事物是人见人爱的,人们对于好看的事物、优美的风景总是无法抗拒。可以说,视频画面的颜值高低在很大程度上决定了播放量的多少。而对于生活这个话题,可以拓展的方向就更加广泛了。大到出国旅行,小到城市公园的推荐;大到职业规划的选择,小到简历的排版技巧;过年过节、办公室文化、情侣话题、人生思考、学生生活,等等,只要关注周边的人和事情,了解他们最关心的,最感兴趣的,这些都可以是视频内容创作的灵感来源。越是贴近生活化的东西,越是跟生活息息相关的事情,越有可能得到人们的关注。

以账号"生活技能咖"为例,它通过分享各类创意生活小技能,赢得众多粉丝关注。

(2)搞笑、猎奇类。搞笑类视频充分利用了用户的猎奇心理,满足了用户观看短视频的核心诉求——消遣娱乐,内容受众群体广泛,年龄层跨度大。制作水平精良、内容出其不意的搞笑类视频,不仅可以收获非常高的播放量和点赞数,还能吸引大量用户参与评论和转发。因为此类视频对于合作广告主所在行业的限制比较小,所以营销效果一直比较显著。

以抖音网红"多余和毛毛姐"为例,他的很多视频都是用比较有趣的贵州普通话来调侃一些事情,目前在抖音上已经累积了数千万的粉丝。很多人喜欢他抖音上的段子是因为每一个视频都非常有趣和搞笑,很多人都说当心情不好的时候就来看看他的视频,可以让心情瞬间恢复。凭借着巨大的流量,搞笑的视频内容也开始植入产品广告,进一步通过商业合作实现流量变现。

(3)萌娃、萌宠类。随着二孩时代的来临,通过拍摄视频的方式记录宝宝成长的过程受到越来越多年轻家长的青睐。而将有趣的片段上传短视频平台与好友分享,逐渐成为宝爸宝妈们的社交新选择。作为视频的主角,小萌娃们往往都集才华与萌值于一体,各有各的才艺,各有各的吸引力。除了孩子,短视频也为每一个养宠物的人提供了展示的平台。无须用户拥有过于突出的个人特色或能力,只需要擅长捕捉宠物生活中可爱有趣的瞬间,拍摄记录下来,就可能为用户带来超乎预期的流量。

例如,作为抖音平台的实力担当,宠物类账号"会说话的刘二豆"一直稳居抖音TOP红人榜单前列,吸引了大批宠物类KOL模仿和学习(如图7-2所示)。

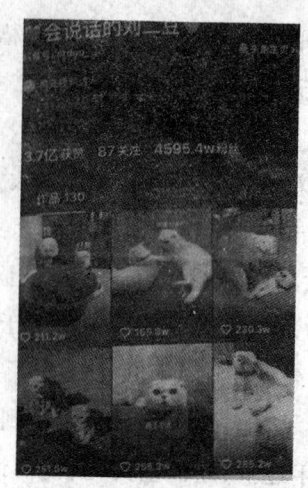

图7-2 "会说话的刘二豆"主页

(4)美食、手工类。作为日常生活必不可少的一部分,无论是国内还是国外,不同地区、不同种类的美食总能带来海量的话题,总能快速地捕获人们的注意力。因此,美食自然而然成为内容创作的好题材。

介绍地区特色食物、推荐不同类型的营养食物搭配、探索新奇古怪的食物、介绍日常餐厅等话题,都可以纳入美食类内容题材选择的范围之内。研究用户的需求,制作有特色的食物,以及可操作性、专业性、持续性、视觉效果等这些要素都是创作者在策划视频内容时所需要考虑的。

例如,美食类账号"野食小哥"的粉丝互动积极性、忠诚度高,视频评赞比高达134∶1,这得益于野食小哥亲民化的人设和不拘一格的内容产出。其他美食类播主习惯于将食物的制作过程和制作完成的美好画面展示出来,而野食小哥自带"节奏感"的吃相、个性化的美食制作场景,以及偶尔"皮一下"的性格,受到众多粉丝的喜爱。

(5)知识、干货类。短视频类内容的兴起,在拓展知识边界的同时,也让"知识普感"的愿景逐渐接近现实。特别是短视频平台让知识回归本源,重新以"口语"的形式进行生产和传播,降低了知识生产的门槛,激发了大众的知识传播热情,令普通人也能够参与到知识传播中来,丰富知识传播的内容,分享自己的生活经验。短视频在内容与形式两个方面降低了知识接受的门槛,拉近了知识传播者和受众之间的距离,普通群众能够通过短视频,以新奇、有趣的形式接触到一些原本相对高深的专业知识。

比如主播"商业小纸条",通过脱口秀的形式来讲解商业模式、投资理财、创业知识等内容,赢得了大量粉丝的关注。

3.打造独特的视频标签

标签化是现如今生活中十分常见的现象。无论是出生年代、地域还是爱好都可以成为一个人的标签。标签化使得一个人或者物被分类,形成了一个固定的形象。随着互联网视频行业的不断发展,各大平台上的视频作品层出不穷,要想被用户快速记住,就要为视频打造一个独特的风格化标签。为视频打上独特的风格化标签，也就增加了另一个记忆点，便于给用户留下深刻的印象。

给视频确定风格化标签是需要创作者深思熟虑的，因为一旦确定就不能再随意更改，这样是为了避免用户感到混乱。视频的标签必须与其内容主旨相关联，这样才能令用户将该标签与内容本身进行联系。同时，为了形成更好的辨识度，视频的标签必须要有独特性。视频的运营就是一个人性化、个性化的过程。一旦标签被用户接受，后续产生的经济效益就会围绕这个标签展开。视频内容风格标签类型如表7-1所示。

表 7-1 视频内容风格标签类型

风格标签	具体内容
搞笑	逗趣、幽默、使人发笑的内容
纪实	用纪实记录的手法拍摄的内容
创意	采用新技术或拍摄手法制作的新奇内容
反转	剧情前后有强烈冲突和反转，结局在意料之外
潮流	展现未来流行趋势的内容
实用	具有实际用途的知识技能分享和指导
情感	体现爱情、亲情、友情等情感类与反映助人为乐、励志等内容
其他	其他无法归类的小众风格

二、创意视频的打造技巧

现在有很多人都看到了视频营销的威力，也有越来越多的企业或者个人开始尝试视频营销。但是视频营销不是简单的拍摄与发布，一个完整的视频营销策划应该包括三要素：创意、制作、传播，其中创意是视频营销成功的基石。

如何才能打造极具创意的视频作品，成为许多视频创作者最为关心的问题，下面就介绍几个打造创意视频的技巧。

创意可以巧妙地借用热点话题来展开，紧追热点可以帮助视频快速升温。

1.紧追热点，挖掘新意

要根据目标受众的定位来进行选取，运用这部分用户更加感兴趣的热点话题形成比较完美的创意，可以起到更好的效果。而如何寻找和选取热点话题就是视频创作者所要面对的关键所在。热点话题的发掘途径包括但不限于以下方法。

(1)百度搜索风云榜。百度是全世界最大的中文搜索引擎和全中国最大的搜索引擎，每日有数以亿计的活跃用户。百度在收集了这些数据后，会根据关键字进行分析归类，计算出搜索指数形成榜单，供其他用户参考。

百度搜索风云榜分为六个板块：时事热点、今日热点、七日热点、民生热点、娱乐热点和体育热点。视频创作者可以根据这六个板块中的排行进行话题选取。而其中七日热点得到了用户的长期关注,因此,创作者能够有更充足的时间来打磨视频作品,对内容进行创意挖掘。

(2)微博热搜话题榜(如图7-3所示)。微博是由社交需要催生的开放式媒体平台。新浪微博非常重要的就是其自媒体属性,很多用户对于一些实时热点话题都愿意通过微博发表自己的见解。互联网的热门事件几乎都是从微博平台开始爆发的,并且不断掀起微博用户之间激烈讨论的高潮。所以微博热搜话题榜的数据对于创意视频的创作者而言,十分具有参考价值。

图7-3 微博热搜话题榜

微博热搜话题榜分为五个部分:热搜榜、话题榜、新时代、同城榜和好友搜。其中热搜榜和话题榜都是对实时热点话题的统计,短视频创作者可以根据这个榜单来选取相应的热点话题。值得注意的是,好友搜这一部分会将该微博账号互相关注的好友所搜索的话题按照热度进行排列,视频创作者可以关注一些目标用户,然后收集其每天关注的话题是什么,从而选取最合适的热点话题。

除了百度和新浪微博提供的热点榜单之外,其他新媒体平台都有各自的话题榜单、热点排行等可以参考,例如微信"搜一搜"里的微信热点,知乎首页的话题动态。只有利用有价值、有传播度的热点话题才能挖掘出引起受众广泛关注的创意要点,从而达到预期的推广效果,这样才能做出最具创意的原创作品。

2.融入情感,打动人心

创意不是单纯的恶搞笑,而是饱含温情和感动。笑中带泪和拍案叫绝才是创意视频的观众最佳的反应。视频的内容往往反映出创作者的价值观念,而这个观念是否能与用户趋于一致,是争取用户认同的重要影响因素。如果想要视频的内容更好地打动用户,使其产生共鸣,可以在其中融入价值情感,使得内容本身富有深意,从而引发用户的思考。

(1)情节安排合理

视频必须要符合一般作品的基本要求,那就是情节符合逻辑。

有些视频创作者将自己的价值观融入其中,强行推动剧情走向,为创意而创作,故事中人物的许多行为都不符合用户的常识性认知,这样就会使观众感到虚假,从而无法将情感投射到其中。

想要通过视频表达出情感,并且让用户产生共鸣,内容的真实性是非常重要的,只有符合逻辑地表现出贴近用户真实生活的情节,才能够使得用户真正感到触动,从而才会深入思考作者究竟想要表达什么。

(2)形式生动有趣

创意的表现形式可以多种多样,通过生动有趣的方法进行表达,才能更好地被用户所接受。

视频的创意内容可以通过整个故事的走向来进行融入和表现,适度使用夸张搞笑的手法,生动形象地传达给用户。这样可以使得用户在笑过之后不禁陷入思考,体会到作者的真实用意,使得整个过程更加自然,也更容易被用户所接受。值得注意的是,真正的创意所在,不一定都是内容的新意,还有创新的表达方式;并不是搞笑内容不会令用户所感动,重要的还是看其深层次的含义是否能够引起用户的共鸣。

(3)注重打造细节

很多视频与同类作品相比不具有竞争力,就是因为其内容太过普通,即使融入了价值情感,用户也是看过即忘,不会引发广泛的传播。这样的视频作品很难在用户的心中留下深刻的印象。为了避免这一局面,视频制作者可以注重打造内容的细节,从细微之处入手,令用户在看过后觉得视频有新意,避免千篇一律的内容令观众产生审美疲劳。

细节决定成败,视频中无论是人物的穿着动作,还是背景的安排,无论是布光的设置,还是字幕的样式,都能够成为体现内容新意以及感情的途径。打造创意视频的细节,对于视频内容深度的表现,也起到了增强作用。

3.制造悬念,迎合好奇心

观众的需求是方方面面的,但是打造创意视频却要求我们更多地关注观众的好奇心需求。一旦满足了观众的好奇心,就很容易打造成"爆款"创意视频,进而在观众的社交圈中形成裂变式传播。

例如,视频的前半部分平淡无奇,但是用背景音乐和文案尽可能地做好悬念的铺垫,极大地吸引观众的注意力和好奇心,视频后半部分或者结尾大大超乎观众的意料。

这样的创意视频包括但不限于各种反转类视频、悬疑类视频,各种产品展示、技能展示、美食探店视频,等等。核心的思路是在一开始就通过音乐、画面和文案抓住观众的眼球,吸引观众的好奇心,让他们持续看到最后的结局,感受超出预期的体验。

第二节 新媒体营销视频制作

对于近年来流行的短视频和直播而言,其内容都需要经过视频制作团队的精心策划,在借助较为专业的设备与软件录制和编辑处理后,才能将精美的作品投放到视频和直播平台上,以期得到广大互联网用户的转发、评论、点赞和打赏。

一、视频制作前期准备

1.视频制作场景准备

要想把视频制作出好的效果,能够让用户产生代入感,场景的搭建与还原是非常关键的。通常而言,场景的搭建要与视频内容以及目标用户属性有关。由于短视频以及直播等素材绝大部分来源于生活中的灵感,因此,场景搭建不需要太过专业的设备,尝试挖掘生活中源于草根的事物或环境,稍加润色即可。具体可以从以下几个方面进行准备。

(1)拍摄固定物体的场景准备。在拍摄固定物体时,应准备一张水平的桌面并适当搭配小饰品。桌子可以用来摆放商品,面积不需要太大,颜色不宜太花太杂,可以准备一些桌布,以便根据商品风格进行替换。一般白色是最好的选择,这样拍摄出来的画面会显得简洁明快。有条件的个人或企业可以准备较为专业的静物台,在其表面覆盖用于扩散光线的大型半透明塑料板,以便于布光照明,消除被摄对象的投影(如图7-4所示)。

图7-4 静物台

(2)拍摄人物或外景的场景准备。在拍摄人物或外景时,应更多选择和细节有关的场景。拍摄地的场景要与人物身份、衣着等互相协调和衬托。拍摄建筑时,可以关注内部结构、房屋特色、特定的设施等,如果再能结合当地风景特色和文化民俗进行拍摄,会给观众带来更大的视觉冲击。

(3)背景的布置。对于短视频的背景,最简单易行的办法就是以干净整洁的白墙为依托,也可以选择带有复古或简约风格的壁纸。如果预算较充裕,可以考虑白纱帘或背景布与灯光匹配,这样可以模拟自然光效果,而且布置简单且方便(如图7-5所示)。

图7-5 简单布置

对于一些特定的拍主题,背景布置需要符合视频的主题。比如亲情类短视频需要温馨而舒适的背景,而搞笑类视频则可以将背景布置得轻松随意。

(4)灯光的布置。在视频拍摄的前期,如何布置灯光是非常重要的,如果运用得当,就可以让人物或产品变得光彩亮丽,反之则容易使得颜色消沉,让人全然没有购买欲望。一般不建议使用纯自然光,推荐通过性价比较高的补光灯达到拍摄目的。

基础布光法则是采用三点布光,主光打亮产品主题和周围区域;辅光用于填充阴影区域和主光没有打亮的地方,一般比主光稍弱,这样可以形成景深和层次感;背光打向背景方向,借助背景反射的光线塑造产品轮廓。

2.视频制作素材准备

后期制作视频内容所需要的素材主要包括:自己录制或他人拍摄的视频片段、现场音频与背景音乐、脚本、字幕文字等。

3.视频制作器材准备

(1)手机或摄像机。随着技术发展,绝大部分现代智能手机都能胜任视频拍摄任务。一般,配备F2.0左右大小光圈的镜头,1/3英寸~125英寸大小的CMOS感光元件,可以输出4K分辨率视频的手机就足够使用了。当然,预算充裕一点的,可以准备专业级摄像机。通常情况下,配备等效28~600mm的变焦镜头,光圈值最大达F1.7左右,3片1/2.3英寸的CMOS感光元件具备光圈、快门、ND、白平衡、变焦等普通视频拍摄常用快捷功能的摄像机是比较理想的选择。

此外,单反相机的摄像功能也是比较强大的,再配备两种常规镜头:24~105mm焦距区段和70~200mm焦距区段,基本能够满足所有场景的拍摄需求。但需注意的是,单反相机感光元件尺寸应为全画幅或APS-C,尽量不要选用感光元件为4/3尺寸的相机。

一般在拍摄中,应该准备至少两个机位进行配合,条件允许最好是三个机位。三机位拍摄,不仅能更有利于画面的呈现,也便于后期进行视频剪辑。如果仅布置一台机位进行拍摄,就会使得后期剪辑时没有过渡镜头或可切换角度,而使画面显得单调。

(2)稳定拍摄的工具。拍摄视频时画面要平稳,这是视频内容脱颖而出的一个关键。如果视频抖动太厉害,会影响用户观看体验。如果是双手端着机器拍摄,最好依靠桌子或墙壁等物体让身体保持稳定。首选还是准备三脚架或手机支架等稳定拍摄的设备,这样无论是拍摄静止镜头还是移动镜头,稳定效果都不错。对于直播等需要通过走动完成的拍摄,建议选择手持云台,这样即便摄影师在走动的时候拍摄,也会防抖,后期画面的稳定性也可以得到很好的保证。

(3)灯光道具。灯光准备包括主光、辅光、背光、侧光、反光板以及相关实用光源。在有条件的摄影现场,一般主光由柔光箱发出(如图7-6所示)。这样的光源易于控制且均匀,能够凸显出对象或人物的轮廓,尤其是对于反光物件,可以起到很好的漫射作用,使得拍摄光线显得更柔美,色彩更鲜艳。但需要注意的是,应尽量避免摄像机靠近主光源。

辅光一般放置在与主光相反的一面,主要对主光带来的未覆盖的阴影进行补充照明,从而使阴影变浅变淡(如图7-7所示)。包括手机、台灯在内的设备,都可以成为很好的辅光。

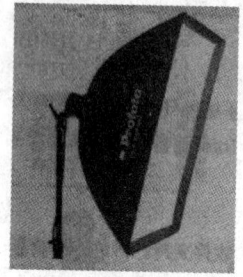 

图7-6 选用柔光箱做主光　　图7-7 辅助光源搭建

大多数情况下,被拍摄者都与背景拉开一段距离,背景比被拍摄者距离光源更远,因此在亮度上会暗很多。如果没有背光,则容易造成被摄对象与黑暗的背景融为一体。如果有背光,则可以很好地勾勒出主体,使画面立体感更强。使用背光时可以运用一些技巧,以实现不同的拍摄目的(如图7-8所示)。

侧光是来自被摄对象平行两侧的光源,它可以让被摄主体产生明显的明暗对比,被摄主体受光面会很清晰,背光面会产生明显的阴影效果,所以侧光更适合营造戏剧般的场景,赋予观众的带入感更强。侧光利用技巧如图7-9所示。

图7-8 背光利用技巧

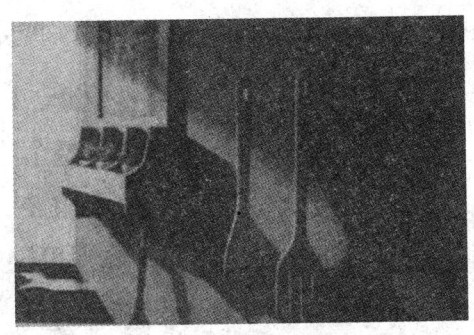

图 7-9 侧光利用技巧

反光板是照明的辅助工具，通常可由锡箔纸或白布等材料制成（如图 7-10 所示）。一般而言，反光板常用于改善光线，使平淡画面变得饱满和立体。在一些特定的场景中，台灯、电视、蜡烛等灯具或光源可以成为很好的实用光源，起到突出主题，渲染气氛的目的。

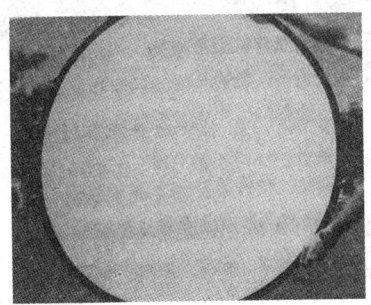

图 7-10 反光板使用

（4）计算机硬件。做视频剪辑，主要依靠计算机 CPU 的多线程数据处理能力与足够的内存，否则很容易出现因内存不够而导致程序闪退的状况。因此建议为处理视频的计算机配置主流性能硬件，例如 Intels 酷睿 7-9700k 处理器，8G 以上内存，GeforceGTX1050T 的显卡。

4.软件准备

拍摄视频内容和编辑视频内容，都离不开软件支持。目前，综合影响力较大且视频种类较多的平台包括腾讯视频、优酷和爱奇艺等，可直接拍摄并经系统优化后发布的短视频类平台主要包括西瓜、抖音、快手、哔哩哔哩等，而直接拍摄并实时播放分享的直播类平台则包括斗鱼、YY、虎牙、花椒等。

如果需要对视频内容进行编辑，除上述平台软件有些自带编辑功能外，还可以通过爱剪辑、拍大师等入门级软件进行编辑，亦可借助 imovie、会声会影、AdobePremiere、CamtasiaStudio 等较为专业的视频工具完成。如果需要通过手机快速编辑和发布，也可以选择 VUE、Inshot、Videoleap 等手机应用。

二、视频制作团队的组建

1.工作流程分工

很多视频创作者想要保持每日更新，确保每天与粉丝互动，那么就应长期稳定地制作视频。一条一分钟左右的短视频,整个制作周期可能比较长。所以最好的方法就是把视频制作的工作流程拆分出来,分小组并行推动。

一般来说,视频制作的工作流程可以分为前期准备、内容策划、拍摄、剪辑、发布、变现与粉丝转化六个步骤。工作流程要点如图7—11所示。

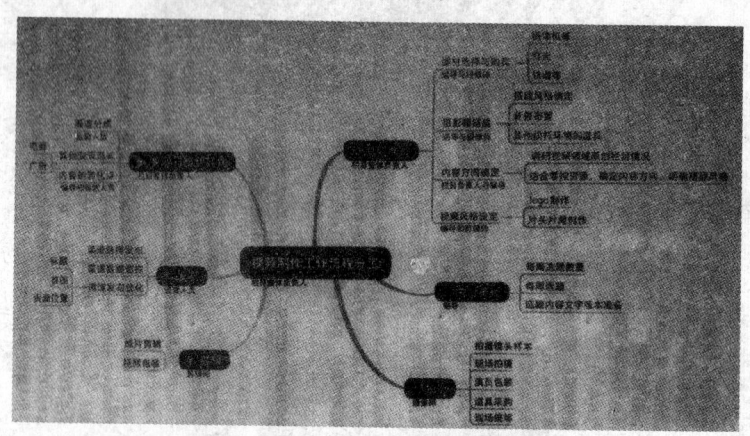

图7—11 视频制作工作流程分工

2.团队组建

通过上面的制作工作流程不难看出,一个优秀的视频制作团队需要会策划、会拍摄、会表演、会剪辑、会包装以及会运营的人才。如果需要每周至少制作2~3个时长在5分钟左右的视频,至少配四五个制作人员才能确保项目顺利进行。具体配置为:项目统调1人。团队成员4~5人,分别负责摄影、剪辑与运营,其中剪辑与运营可依据项目适当增加人员。

3.团队分工说明

(1)总策划与协调人:相当于团队的核心人物,全面负责场景搭建,视频的主要风格、内容和脚本的策划与设计,以及后期拍摄与剪辑的指导工作。

(2)摄影师:主要负责拍摄成片,在搭建或选择场景,以及明确拍摄风格等问题时,应发挥主要作用。

(3)剪辑师:参与整个策划过程,重点在后期对内容进行剪辑包装,整合必要素材,包括背景、音乐、字幕等,完善视频的整体内容。

(4)运营者:负责在视频制作完毕后将其发布到相应的网站和平台,保证获得最大的内容和栏目曝光率,并不断做好宣传、评论、回复等工作。注重运用音乐强化节奏。

第三节 视频策划注意事项

一、视频策划注意事项

视频策划是将前期复杂零碎的准备过程、转化为具体的实施方案，使得视频团队的每个成员都能清楚地理解自己应该做什么。视频策划还可以使得其内容最终呈现得更加完整，从众多的同类视频中脱颖而出，获得用户的认可。下面介绍视频策划的几个注意事项。

1.主题定位明确，内容深度垂直

视频的主题决定了主基调。选择合适的主题进行精准定位，才能够最大限度地吸引目标用户的关注。一个视频的主题不是随随便便就可以确定的，要经过视频团队的精心策划，才不会产生定位错位的情况(如图7-12所示)。

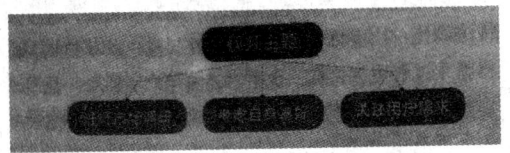

图7-12　明确定位视频主题

(1)进行市场调研

在确立视频的主题前，首先要进行充分的市场调研。能够在网络中受到用户欢迎的视频，一定有其独特之处，视频创作者应该对其进行反复观看，找到其亮点并加以记录，从而了解到当下的市场需求，避免选择冷门主题。

(2)考虑自身喜好

视频创作者自身的喜好也是需要重点考量的因素之一。当一个人喜爱一件事的时候，就会针对其进行更多的了解，久而久之，在自身的知识储备库中就积累了大量的素材，从而在创作主题相关的视频时就能想到更好的内容。创作者如果贸然选择一个之前从未涉猎的主题，最终的成品很有可能会因为了解不足而出现漏洞，这样会使得用户在观看之后怀疑视频创作者的专业程度，从而留下不好的印象。

(3)关注用户的需求

视频的成品最终要面向目标用户进行宣传推广，能否得到观众的认可，与其主题的选择有着极大的关系。视频主题的选择必须要满足目标用户的需求。这样才能使其有观看的欲望，从而产生流量。

用户的需求需要视频创作者进行前期调研。此类调研需要较为庞大的数据来得出确切的结果，每个数据都必须保证真实有效，这样才能避免最终结果出现偏差。

(4) 内容深度垂直

用户最初观看视频时，往往会选取一些流传度较广的娱乐性视频。但最终能留住用户的，则是更具备垂直性、有深度的视频内容。这种深度并不是指内容的严肃性，而是指在某个领域上的深入挖掘。

内容流于表面的视频是任何掌握相应技术的创作者都可以完成的，这种视频很容易被他人所取代，难以形成稳固的用户群体结构。而如果视频创作者专注于某一领域，不断对内容进行深度挖掘，就会形成一种稀缺性。用户想要了解到的内容只有在创作者这里才可以获取，就使得创作者难以被取代，从而向专业化不断发展，最终形成IP，获得更好的发展。例如，抖音号"面点大叔"，只是教用户怎么制作饺子、包子等简单的面点，所谓的大叔并未出镜，视频只用手机拍摄，没有进行剪辑包装，但内容实用、垂直度高，仅四个多月的时间粉丝数就超过了60万。

因此，在视频策划阶段，一定要把主题定位明确，在选取的垂直领域，不停地输出相似但是不尽相同的优质内容。

2. 策划方案科学合理、可执行

视频的方案策划除了需要满足用户的需求以外，还必须可执行。只有可执行的策划方案才具备意义，否则就是纸上谈兵，没有任何实际的用途。一个视频策划方案的执行性与其所持的资金、人员的安排以及拥有的资源都是分不开的。只有具体考虑这些实际的问题，才能做出一个可落地、可执行的方案（如图7-13所示）。

图 7-13 视频可执行方案所具备的条件

(1) 找出问题关键

不同主题的视频方案在制定的过程中都会遇到各种各样的问题。为了确保最终得出的方案有可执行性，策划者必须找到这些问题的关键点，然后针对关键点做出解决计划。解决计划中需要包含策略以及实施的步骤，这样执行的时候才可以有条不紊地进行，避免产生纰漏。

某些时候，视频的策划方案或许有不止一个问题。一般来说，策划者要按照问题重要程度来进行排序，优先解决最为关键的问题，不能顾此失彼。关键问题会决定该策划方案最终究竟是否执行。

(2) 充分利用资源

对于一个视频策划方案而言，资源包含着方方面面。但最基本的就是资金资源，启动资金越充足，视频所用的道具布景就越精致，最后完成的效果也就越高级。除了资金以外，人脉也是非常重要的一种资源，它可以使得视频在创作过程中以更低的价格来达成同样的目的；到最终运营推广的时候，可以得到更多知名人士和网红的推荐，从而快速吸引到用户的关注。

(3) 工作化整为零

一个视频从策划到创作再到最终的运营，每一步都有着复杂的工作流程。如果没有头绪就毫无章法地盲目开展，很容易在过程中走上弯路，从而降低工作的效率。为了避免这一情况，视频策划者应该在策划方案中将工作化整为零。

视频取得良好的推广效果是最终的目标，在这个目标达成前还有许多工作要进行。视频策划者应该将整个工作流程分成各个阶段，并且在每一阶段都制定一个小目标。小目标更容易达成，也会给实施者指引方向，使其以较为轻松的心态来进行每一步工作。

(4) 成员分工协调

对于最终成品要求较高的视频作品，由一个人单独完成无疑是非常困难的，这时就必须建立一个团队，招募具有不同专业技能的人员共同工作，这样才能保证制作的效率。而在一个团队当中，如何分工协调非常重要。好的分工协调机制可以使工作效率变得更高，反之则会造成各种困难。为了能够进行具体分工，策划者必须在策划方案中对工作环节加以标明，使其有据可依。

3. 关注变现模式的多元化

在平台、用户、广告主的推动下，短视频的创作价值、流量价值、社交价值在不断释放。一般广告主主要分布在以下几个领域：母婴育儿、本地生活、美妆日化、IT 互联网、汽车及周边、游戏动漫、数码 3D 和食品饮料等。主流行业广告主的进入，意味着短视频营销市场的成熟。

因此，创作者在进行视频策划时，不仅应注重如何获取巨大的流量，还要思考如何将这些流量转化为实实在在的商业价值。

(1) 内容电商。从 2017 年开始，内容电商成为一大热点。依靠 PGC、UGC 越来越成熟的短视频内容生产实力，按品牌主的要求进行内容定制已成为一种高转化效果的营销方式。在进行视频策划时，创作者可考虑与品牌主合作，让品牌植入得更加原生和自然。短视频需要电商来变现，而电商则需要通过短视频来进行场景化营销，增加流量。

(2) 视频冠名。品牌主通常可用品牌名或者产品名给视频栏目冠名，基于短视频的巨大流量，可以为品牌或产品带来多频次的曝光，提升品牌的美誉度。

(3) 广告植入。核心模式主要沿用社交平台的做法：依托于视频达人的高人气，使用如贴片广告、开屏广告、播主口播等硬植入形式，可以使品牌获得更好的曝光。随着产业完善和用户体验提升，会出现更多符合视频平台特征的创新做法，如定制站内活动、创意贴纸等，并通过多维品牌活动，实现线上、线下广告链的打通。

(4) 互动体验。互动营销通常是品牌方发起某一活动，借助短视频平台和视频达人的粉丝影响力，带动粉丝参与互动和体验，并由此引发一场覆盖全网的短视频传播风暴。

（5）游戏。短视频与游戏业务天生契合，游戏发行、联运和分发，均是短视频平台突破收入困境的良药。目前，主流平台如抖音已开通游戏栏目，快手则推出了独立小游戏APP。

（6）直播分成。依靠直播打赏分成已成为当下视频平台的标准配置，但直播对于各平台的战略意义不同，表现也各有千秋。有的平台将其作为盈利核心模式，如快手；有的平台只是作为平台KOL创收的补充，如抖音。

4.遵守视频平台内容规范

正规的视频投放平台对于视频的内容都有明确的规范限制，视频创作者一定要遵守相关的规范，营造健康向上的视频氛围，不得违反我国相关的法律法规，不得宣扬淫秽色情、暴力歧视等错误的价值观。或许内容不规范的视频可以在短时间内带来人气，但是那只是观众群体猎奇心理所导致的暂时现象，长此以往根本行不通。如果因为这些视频而导致已经有了一定人气积累的账号被封，更是得不偿失。只有真正弘扬正确价值观的视频作品才能在网站平台上得到更好的推广位置，也只有积极正面的视频才能得到观众真正的认可。

视频内容在注重遵守规范的基础上，还有一些禁忌是必须要避免的。这些禁忌如果出现，会给用户留下极差的感官印象，从而影响该视频的运营推广效果，妨害固定用户积累。

二、视频制作要点

1.节奏设计得当

节奏作为一种审美要素，贯穿在视频的各要素之中。好的节奏，可以使观看者产生心理上的愉悦，可以伴随着美好的心情去感知内容；反之，混乱的节奏易使人烦躁，产生对内容感知的解读障碍。

在节奏设计中，应遵循画面表现内容科学性、运动变化合理性等原则；充分发挥镜头运用的灵活性和镜头组接的技巧性；注重运用音乐强化节奏。

在节奏把握上，重点是安排好整体结构，在上下内容过渡上采用一些引人注意的镜头，可以根据内容需要使用一些象征性的空镜头，使人感到有段落感和章节感。同时，要了解文字稿反映的重点内容是什么，前后内容是怎样衔接和过渡的，从而做到繁简得当，快慢恰当，使人感到内容层次清晰明了。

2.横版视频与竖版视频

横版视频是个人计算机时代的产物，其画面比例比较传统，影片专业感强，呈现内容丰富。因为横向宽幅比较大，能把整个场景表述清楚，所以比较适合讲述故事和突出场景。竖版视频是移动互联网时代的新宠儿，因为用户使用手机的时候都是竖着拿的，所以竖屏视频让大家看着更方便，用户体验更好。竖版视频适合拍摄特写、人物、近景会给观众带来更强烈的代入感。

由于横版视频和竖版视频各有利弊，因此创作者要根据视频的内容和观众的偏好进行选择。如果是要拍摄大型场景，那最好是制作横版视频。如果想要进行特定细节展示，或主要在手机上播放视频，那优先拍摄竖版视频。

此外，针对一些电商平台的特殊要求，产品视频的尺寸大小和主图的尺寸一样，一定要是正方形的。这要求不论是视频的前期拍摄还是后期剪辑，都需要严格按照规定尺寸去操作，要提前将其设置好，或者为后期剪辑预留足够的可裁去部分。否则会有黑边，或者上传后出现变形，影响视频的观看效果。

3.输出主流视频格式

根据视频用途，可以将视频输出为不同格式。视频剪辑完进行输出时，尽量选择主流视频格式，常用的有以下几种：

(1)AM:图像效果好，但占用空间大。

(2)MPEG:目前网络中主流的是 MP4，多数视频平台都支持该格式，其压缩效率高，兼容性强，占用空间小。

(3)MOV:是苹果开发的一种音频、视频文件格式，具有跨平台、节省存储空间等特点，画面效果也较 AM 稍好，无论本地播放还是网络播放，都是很好的文件格式。

(4)WMV:是微软开发的一种数字视频压缩格式，在同等视频质量下，该格式体积小，适合网络播放与传输。

(5)3GP:是一种流媒体的视频编码格式，主要在手机上使用，目前支持视频拍摄的手机基本都支持该格式的视频播放。

本章小结

1.视频内容有三大要求，分别是新、奇、快。视频内容的定位应突出个性和趣味性，明确视频内容边界，打造独特的视频标签。

2.视频应有创意。做到紧追热点，挖掘新意；融入情感、打动人心；制造悬念、迎合好奇心。

3.视频策划应注意主题定位明确、内容深度垂直；策划方案科学合理、可执行；关注变现模式的多元化；遵守视频平台内容规范。

4.视频制作要求节奏设计得当，横版视频与竖版视频应根据视频的内容和观众的偏好进行选择。

知识与技能训练

一、单选题

1.视频内容策划要满足"新、奇、快"的要求,以下能体现"新"的是(　　)。
　A.DMY蛋糕　　　　B."神秘"事件揭秘　　　　C.新车发布　　　　D.旅行记录

2.视频的前半部分平淡无奇,但是用背景音乐和文案尽可能做好悬念铺垫,极大地吸引观众的注意力和好奇心,视频后半部分或者结尾大大超乎观众的意料。这类视频的风格属于(　　)。
　A.搞笑　　　　B.纪实　　　　C.实用　　　　D.反转

3.以下不属于视频营销流量变现模式的是(　　)。
　A.开屏广告　　　　B.热点穿插　　　　C.直播分成　　　　D.内容电商

4.易于控制,均匀,能够凸显出对象或演员轮廓的光源是(　　)。
　A.主光　　　　B.辅光　　　　C.背光　　　　D.侧光

5.在视频拍摄过程中,手持云台的核心作用是(　　)。
　A.美颜　　　　B.防抖　　　　C.增亮　　　　D.存储

二、多选题

1.打造视频内容时,标签能够实现的目的包括(　　)。
　A.独特性　　　B.个性化　　　C.增加记忆点　　　D.形成关联　　　E.分类化

2.视频创作者创造视频价值情感时,需要关注的问题包括(　　)。
　A.情节安排合理　　　B.煽情的情节　　　C.形式生动有趣
　D.细节呈现　　　　　E.价值观念宣传

3.下面属于可落实视频方案的有(　　)。
　A.找出问题关键　　　B.成员分工　　　C.充分利用资源
　D.化整为零　　　　　E.资金状况

4.一个完整的视频营销策划应该包括的三要素为(　　)。
　A.创意　　　B.流行　　　C.制作　　　D.文案　　　E.传播

5.常见的视频格式有(　　)。
　A.AVI　　　B.MPEG　　　C.MOV　　　D.WMV　　　E.3GP

三、判断题

1.微博热搜可以帮助视频创作者了解目标用户每天都关注什么话题,以便选取合适的主题。(　　)

2. 在视频节奏设计上,应该越快越好,因为节奏太慢没有观众。(　　)

3. 视频创作者一定要遵守相关的规范,营造健康向上的主题,视频内容不得违反我国相关的法律法规。(　　)

4. 复杂的策划方案才有意义,否则就是纸上谈兵,没有任何实际的用途。(　　)

5. 视频制作团队中,运营者主要负责内容策划、场景搭建与后期剪辑指导等工作。(　　)

四、案例分析题

短视频行业只有以高质量的产品占领市场,以有品位的内容值得消费者信赖,才能实现可持续发展。

自编自导自演,拍个短视频给生活加点料;录一段短视频,展现一番鲜活的城市形象;检察院专门录制短视频,通过真实案例推行法治教育……如今,短视频日益"渗入"日常生活,甚至有人认为短视频已成为视频领域的第三极,与电视台和网络视频节目成鼎足之势。

其实,早在几年前就有人判断,短视频是继图文、长视频、直播之后的又一个流量洼地。研究显示,2017年以来短视频行业持续火热,用户规模日益增长,仍有较大的发展空间。短视频数量特别是播放量早已突破千万级,一些短视频播放数甚至高达数亿次。

应该看到,无论网络直播还是短视频,这些新业态的涌现,不仅为企业带来巨大商机,还"调剂"着大众生活,丰富着我们的精神世界。更重要的是,不断出现的互联网新业态恰可说明我国的互联网发展充满无限生机,孕育无限可能。只要敏锐把握时代潮流,善于开疆拓土,就能在互联网"蓝海"中找到一席之地,同时为中国经济的转型升级提供新动能。

"每个人都是生活的导演"。由于绝大多数用户并非专业人士,所制作的短视频趋于平庸化,这也无可厚非。但如果走向庸俗、沦为粗俗、甘于恶俗,乃至违背公序良俗,挑战法律底线,就值得警惕了。有的用户在"吸睛就是吸金"的逻辑支配下,用充斥着"黄赌毒"的内容获得点击量;一些短视频平台奉行功利化的思维,只讲流量,片面追求日活量而忽略内容质量,甚至为了"红利"使出黑招。目前有大量年轻人活跃在各大短视频平台,如果对粗俗的内容听之任之,对错误的价值观放任自流,则不仅不利于短视频行业的长期健康发展,更不利于青少年形成正确的价值观。

"自觉讲品位、讲格调、讲责任,自觉遵守国家法律法规,加强道德品质修养,坚决抵制低俗庸俗媚俗,用健康向上的文艺作品和做人处事陶冶情操、启迪心智、引领风尚。"习近平总书记在全国宣传思想工作会议强调的这句话,同样适用于短视频行业,适用于短视频平台以及短视频创作者。在一定程度上,短视频行业走到了十字路口,如果继续奉行"萝卜快了不洗泥"的发展思维,不在制作上下功夫,不在内容上做文章,短视频就会继续在低水平上徘徊,最终被广大受众抛弃。推精品,出力作,以高质量的产品占领市场,以有品位的内容值得消费者信赖,才能实现可持续发展。

美学家说过:"这个时代所需要的美,应该有助于人民去创造属于自己的有意义、有价值、有情趣的人生。"如果能够以美为美,用鲜活的内容去承载正确的价值,那么短视频行业就不只是会站上风口,更会赢得更长远的未来。

资料来源:摘自《人民日报》(2018年10月16日05版),有删减。

你怎样看待"短视频,要流量更要正能量"这句话?结合案例进行分析,试举例说明理由。

五、实训实战题

(一)实训背景

学生已经对视频内容策划与制作形成了基础认知,通过本实训活动,学生可以组建团队并完成视频内容策划、脚本设计、拍摄与剪辑等工作。

(二)实训任务

(1)组建团队,以"00后"用户为目标用户,选择并注册适宜的视频平台。

(2)确定视频主题,完成视频内容的策划与制作。

(三)实训步骤

(1)组建团队,形成岗位说明书(见表7-2)。

表7-2 岗位说明书

岗位	职责与工作任务	
策划	职责表述	
	工作内容	
	任职要求	
摄影	职责表述	
	工作内容	
	任职要求	
剪辑	职责表述	
	工作内容	
	任职要求	
协调	职责表述	
	工作内容	
	任职要求	

(2)小组通过搜索引擎等工具,分析"00后"用户心理与行为特征,选择一个"00后"关注度较高的视频平台并注册。

(3)小组针对目标用户特征,明确视频内容主题,填写视频内容策划书(见表7-3),编制脚本,完成视频拍摄。

表7-3 视频内容策划书

任务描述	具体内容策划	
用户画像		
策划过程	平台描述	
	视频主题	
	视频标题	
	视频拍摄器材	
	场景与道具	
	视频剪辑工具与素材	
脚本设计		

(4)剪辑视频并完成视频上传。

(5)发布完成后,小组通过平台视频点击量与用户反馈等指标,总结视频曝光效果,教师对各个小组的实训结果做出评价,展示优秀实训结果。

第八章　新媒体营销数据分析

【知识目标】

理解新媒体营销数据分析的意义，掌握新媒体营销数据的类别与来源，熟悉新媒体营销数据分析工具的功能，掌握新媒体营销主要数据分析对象的分析内容，掌握新媒体营销数据分析报告的撰写框架与可视化表达方式。

【能力目标】

能够对不同的数据类型和来源进行数据收集，能够使用数据分析工具进行数据处理与分析操作，能够对新媒体营销数据对象进行分析，能够使用工具软件将数据用合理的可视化方式表达，能够撰写新媒体营销数据分析报告。

【案例导入】

可口可乐借力大数据

可口可乐自1886年在美国亚特兰大诞生以来，一直风靡全球，是世界上最受欢迎的饮料品牌，历经100多年长盛不衰。作为世界上最大的饮料公司，可口可乐公司服务着200多个国家的消费者，销售500多种品牌的软饮料，旗下主要产品包括可口可乐（包括低糖和无糖品种）、芬达、雪碧、美汁源等。其产品的全球日均消耗量超过19亿份。这么庞大的销量也产生了大量的数据，从生产到销售再到客户反馈，可口可乐都依靠坚实的数据驱动策略，在战略层面引导商业决策。

2013年5月，可口可乐推出了"昵称瓶"（如图8—1所示），并借助微博的影响力让多名明星参与其中，带动了广大消费者的互动。第一次新鲜感，微博的话语权，社会化昵称的自我认同，都将可口可乐的营销效果推到了一个崭新的高度。凭借此举，可口可乐更是斩获了艾菲奖全场大奖这一最具含金量的奖项。

对于昵称的选取，可口可乐采用社会化媒体聆听系统抓取网络社交平台上过亿热词的大数据，把网民使用频率最高的热词抽取出来，然后通过声量、互动性以及发帖率的三重筛选标准，最终确认300个积极向上并且符合可口可乐品牌形象的特色关键词。采用这些昵称后，可口可乐拉近了与消费者的距离。从销售结果来看，当季可口可乐（独享装）的销量较上年同期增长了20%,超出10%的预期销量增长目标。之后,可口可乐又陆续推出了"歌词""台词瓶""密语"均取得了较好的销效果。

图8-1 可口可乐昵称瓶

对大数据的分析与应用不仅针对包装设计,可口可乐公司推出樱桃可乐这一新口味的决定,就是基于最新一代自助式软饮料机收集到的监测数据。由于这些机器可以让顾客对各种口味的饮料进行混合,因此它们能够挑选出最受欢迎的组合,并将其作为现成的罐装饮料推出。

【案例启示】

可口可乐昵称瓶上的词语为何要进行专门抓取?是否可以根据对昵称瓶的销售及反馈统计,来对客户做进一步的分析?

随着科技发展和生活方式的转变,我们在生活中无时无刻不在产生数据,而这些数据的价值需要科学地挖掘和研究。数据本身不会创造价值,只有充分挖掘数据背后的信息,才能使其发挥应有的价值,适当调整营销策略。

相对于传统营销活动而言,新媒体营销最大的特点就是一切都可以通过数据化来监控和改进。通过数据可以分析用户有何特点,什么样的内容可以打动用户,从而实现转化,各种活动及广告的推广效果如何等问题。基于数据分析的每一点改变,都将成为企业在新媒体时代脱颖而出的关键。

第一节 新媒体营销数据分析概述

数据分析，就是指用适当的统计分析方法对收集来的大量数据进行分析，将它们汇总、理解并消化，以求最大化地开发数据的功能，发挥数据的作用。

数据分析通常基于商业目的，是有目的地收集、整理、加工和分析数据，提炼有价值的信息的过程。根据想要解决的问题类型，可以将数据分析的目的分为三类，即分析现状、分析原因、预测未来。企业在产品运营实践过程中，可以就单方面问题进行分析，也可以三者合一，同时进行分析。俗话说，知己知彼，百战不殆，用数据分析的方法了解自己，了解竞争对手，及时调整策略，方能运筹帷幄。

一、数据分析的意义

数据分析，首先需要考虑受众对象与分析目标，对于企业新媒体营销而言，数据分析的意义主要体现在以下四个方面。

1. 帮助企业了解新媒体运营质量，诊断问题

新媒体运营的日常工作包括内容生产、新媒体账号发布和推广、视频推广、直播分享、粉丝维护、社群运营、微店运营、线上线下活动策划与组织，等等。这些工作是否有价值、是否能够有效实现营销目标，需要通过数据来了解与判断。

对于新媒体运营质量数据，不同的平台关注点不同，目前大部分企业都需要关注的运营数据包括流量数据、粉丝数据、阅读数据、活动转发与评论数据等。

2. 帮助企业预测新媒体运营方向，规避风险

通过数据分析，从数据中发现有规律性的信息，可以帮助企业预测未来的趋势和行为，做出具有针对性的决策，从而使得运营活动具有前瞻性，及时规避风险。现阶段百度、腾讯等大型互联网公司都已经开放大量数据，网民可以直接登录相关网站查看。通过对这些数据的分析解读，有助于判断新媒体内容、活动、推广是否要和网络热点结合。

常见的行业相关大数据包括百度指数、新浪微指数、微信指数、头条指数等。

3. 帮助企业控制新媒体运营成本，提高效率

企业进行新媒体营销，一方面需要关注销售额的增长与品牌价值的提升，另一方面也需要时刻关注运营成本，尤其是广告成本。

如果企业的新媒体广告投放没有精准的方向，极有可能使广告费用打水漂。因此，新媒

体团队需要分析用户的城市分布、购买或阅读时间、常用应用、惯用机型、阅读习惯等数据,每次广告投放前都要综合近期的投放情况进行调整与优化,确保精准投放以控制成本。

4.帮助企业评估新媒体方案效果,改进营销方案

每个营销方案都是新媒体团队根据以往经验而制定的工作规划,一段时间后,需要通过数据进行评估。一方面,分析最终完成数据,可以反推方案中目标的可行性;另一方面,分析过程数据,可以及时发现方案制定后在执行过程中遇到的问题,作为下次营销方案制定的参考。

评估营销方案常用到的数据,包括目标达成率、最终销售额、过程异常数据、失误率等。

二、数据类别与来源

新媒体营销过程中会产生各式各样的数据,对于不同的数据类型有着不同的分析和可视化方法,在着手处理数据时,理解数据是开始工作的首要条件,不仅有助于正确工具和方法的选择,更有助于使用正确的思维去探索和分析数据,从而更容易得出正确有效的结论。

1.新媒体数据类别

新媒体数据主要有数值型数据和分类型数据两种。

(1)数值型数据。数值型数据是由多个单独的数字组成的一串数据,是直接使用自然数或度量单位进行记录的具体数值。例如,购买转换率为13%,公众号总发文数达到128篇等。

对数值型数据可以进行数据处理及统计分析,并通过多种图表方式进行可视化表达,以此总结并评估新媒体运营过程及营销效果。

(2)分类型数据。分类型数据即反映事物类别的数据,例如用户性别、商品类型、地域区限、价格区间、微信公众号、自定义菜单归类、网站栏目分类、消费者满意度等。

分类型数据一般可以用文字或图片等形式表示,也可以用数值表示(例如1表示男性,0表示女性)。但需要注意的是,这种数值没有数学上的意义,仅仅是分类的标记而已。分类型数据又分为定类数据与定序数据两种。①定类数据。没有内在固定大小或高低顺序,如根据地域可以分为东北、华北、华东、华南等。②定序数据。具有内在固定大小或高低顺序,能表示现象的一定程度。例如消费者满意度等级分为非常满意、比较满意、基本满意、不满意、很不满意。

分类型数据主要通过问卷调查、结构化比较、分析汇总等形式获得,其研究目的往往不是评估量化的数据结果,而是寻找运营方向。

2.新媒体数据来源

从获取数据的渠道来看,数据来源包括新媒体平台后台数据、第三方工具数据、公共资源平台数据以及人工统计数据。

(1)新媒体平台后台数据。随着新技术和新思维的不断升级和进步,新媒体营销的传播

渠道日新月异、层出不穷。企业采用的新媒体平台主要是微信、微博、直播、视频、微网站等。这些平台的后台都提供了相关指标数据的功能。如微信公众号后台提供的数据包括消息发送人数、消息发送次数、新增关注数、取消关注数、新增用户来源、单篇图文阅读量、全部图文阅读量、微信菜单点击数，等等（如图8－2所示）。通过分析相关指标对于微信公众号运营具有极强的指导意义。

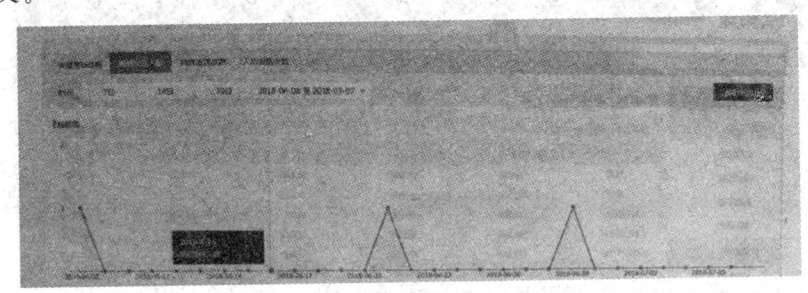

图8－2 微信公众号后台数据

对于微博平台，其数据中心提供的数据主要有阅读数、主页浏览量、视频播放量、粉丝来源、新增粉丝数、取消关注粉丝数等，如图8－3所示。今日头条平台的后台数据统计功能比较强大，提供了点击率、阅读量、推荐量、平均阅读进度、跳出率等指标，可以对双标题效果、内容、推荐、阅读、评论等数据进行系统分析。

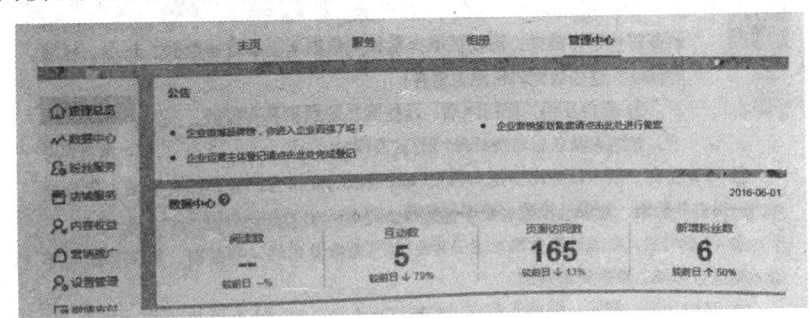

图8－3 微博后台数据中心

需要注意的是，这些新媒体平台提供的后台数据通常会有时间限制，一般后台保存数据的期限是30天或90天。这就需要定期将后台数据导出并长期记录、整理和保存，为日后进行数据分析做好原始数据收集工作。

（2）第三方工具数据。当新媒体平台的后台无法提供所需的数据统计指标，可以授权利用第三方工具进行数据获取。目前可获取的数据主要包括网站点击数据、网站跳出数据、访问来源数据、用户属性数据、微信评论采集数据等。图8－4展示了从CNZZ网站上可以获取的部分数据。

图 8-4 第三方工具数据获取

(3) 公共资源平台数据。在新媒体营销过程中，对行业的分析及市场的调研也不可或缺，需要获取大量相关数据来了解行业趋势、热点、权重等问题。这些数据的来源主要有：

①政府及相关部门网站。这些网站的数据具有权威、及时、准确的特点，如国家及各省市统计部门的官方网站。

②行业协会。很多行业协会是本行业权威数据的发布方，它们拥有很多主管政府部门所没有的数据，如景气指数、价格指数等，是政府主管部门数据的一个补充。

③行业网站。专门的行业网站会有它们自己调查发布的一些数据，其优势是能够深入到细分领域，数据更加详细。

④咨询公司、智库。很多咨询公司和智库也会建设自己的数据库并对外发布调研数据和研究报告。研究报告中的数据往往能很好地反映一些市场现状，但是可能在数据连续性上较差，数据的分布也比较零散。如易观智库、艾瑞咨询、中商情报网等。艾瑞咨询的网站如图 8-5 所示。

图 8-5 艾瑞咨询的网站

⑤其他公开数据源。如调查上市公司可以查看其官方网站发布的定期报告；研究舆情话题热度可以利用"百度指数""微指数""微信指数"，等等。

(4)人工统计数据。还有些数据来源于调研,包括调研问卷、线下活动的现场登记及一些即兴反馈等,有时这些数据还需要人工手动录入来获得。调研问卷的投放目前可以在很多线上调查网站进行,比如卷星。大数据可以将烦琐的传统纸质问卷转化为简单快捷的在线调查问卷,能轻松导入问卷,多渠道分发问卷,还能完美适配移动端,并且提供原始数据下载、自动生成图表等后期分析功能,总体来说十分方便。

三、数据分析工具

能用于数据分析的工具很多,从适用性的角度可以将目前市场上主流的分析工具分为基础类、专项类、平台类、系统类,如图8-6所示。

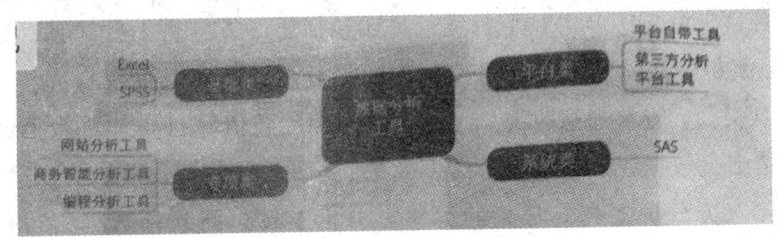

图8-6 主流数据分析工具

1.基础类

基础类工具中主流的是Excel和SPS。其中,Excel应用最为广泛。它是微软Office套装软件的一个重要组成部分,可以进行各种数据的处理、统计分析和辅助决策操作。同时,也提供了丰富的图表功能用于数据可视化的表达。

2.专项类

专项类工具又可以分为网站分析工具、商务智能分析工具以及编程分析工具。网站分析工具主要包括百度统计、CNZZ统计、站长工具、Google Analytics Adobe Analytics等,可以进行网站流量、来源、路径、转化等多方面的统计分析,为网站运营者提供数据支持。

商务智能分析工具中Dephi主要适用于如社交传播路径等网络关系的分析;Qk在数据源进行合并、搜索、可视化和分析等方面操作方便;Tableau、数据(Data)则在数据可视化表达方面比较突出。

编程分析工具用到的语言主要有R语言和Python语言,可以对大数据进行自定义的分析与挖掘。

3.平台类

阿里系和京东两大主流电商平台配套的分析工具分别为生意参谋和京东商智。微信、微博、今日头条等新媒体平台也都具有完整的统计功能。利用后台自带的数据分析工具,新媒体运营者可以直观地看到用户增长、后台互动等数据。图8-7展示了微信公众号后台数据分析的六个功能板块。

··新媒体营销··

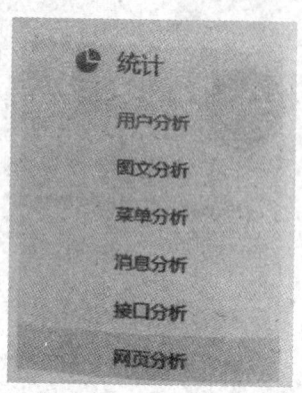

图 8－7　微信公众号后台数据分析功能

除以上平台自带分析工具外，平台类工具还包括第三方分析平台工具。它是非官方平台自带的、需要官方平台授权后才可以使用的数据分析工具，一旦授权完毕，后续操作与自媒体分析工具类似，直接通过网站查看。虽然微博、微信等自媒体平台已经具有统计功能，但是对于精细化数据，如单条微博转发效果、微博粉丝管理、微信公众号数据跟踪等，依然需要借助第三方分析工具。常见的第三方分析工具包括新榜数据、清博大数据、西瓜数据、微指数、数说风云、群绘社群数据平台等。图 8－8 展示了西瓜数据的功能板块。

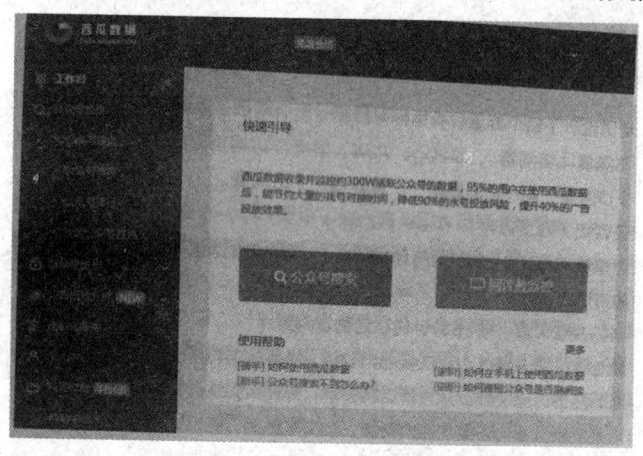

图 8－8　西瓜数据

4.系统类

系统类工具的代表是 SAS，它是世界知名的大数据分析产品，是模块化、集成化的面向统计分析的大型应用系统，可用于各行业及各种类型的企业，尤其是在大型企业和机构中的应用率较高。

第二节 新媒体营销数据分析对象

常见的新媒体营销数据分析对象包括流量分析、销售分析、图文分析、执行分析。数据分析对于运营人员来说,最难的不是工具和方法,而是对数据的敏感意识、观察数据的角度以及对数据的理解方式。

一、流量分析

针对站点或店铺,流量分析即对访问量、访问时间、跳出量、跳出率等流量数据进行分析,可以初步评估站点或店铺运营的基础情况,随着智能手机的普及,越来越多的网民使用移动终端访问网络,在新媒体营销中流量分析的重点是对移动终端流量数据的分析,包括报名表单访问量、H5访问量、网站访问量、网站跳出率等。

（1）浏览量（访问量），即 PageView,指用户访问页面的总数,用户每访问一个页面就算一个访问量,同一页面刷新一次算新增一个访问量。

（2）访客数（独立访客），即 UV(UniqueVistor),一个 P 地址为一个独立访问人数,一般以天为单位来统计 24 小时内的 UV 总数,一天之内的重复访问只算一次。访客数分为新访客数和回访客数。

（3）当前在线人数,指 15 分钟内在线的 UV 数。

（4）跳出率（跳失率），即 Bounce Rate,就是只浏览了一个页面就离开的访问次数除以该页面的全部访问次数。分为首页跳失率、关键页面跳失率、具体产品页面跳失率等。

这些指标用来反映页面内容受欢迎的程度,跳失率越大,说明页面内容越需要调整。

二、销售分析

销售分析,即对新媒体营销产生的下单数量、支付比例、二次购买比例等进行分析,分析当前新媒体渠道的销售情况。有道是"销售不追踪,到头一场空",可见销售分析的重要性。销售分析普遍存在的误区是只分析销售不好或者销售权重大的组织或个人。其实销售分析的目的是让落后的组织或个人变得好一些,让销售一般的组织或个人好起来,让销售较好的组织或个人变得更加卓越。

销售分析必须有依据。一般而言,销售分析的标准可以采用数据间的对比分析来确定,通过对比分析,找到差异。对比分析的标准可分为:时间标准、空间标准、计划标准、特定标准。

(1)时间标准。即不同时间上的对比。其中,同比就是与前一年同一个时间段的数据进行对比分析,可以是季度、月、周、天。环比就是和上一个时间段来对比(也有和下一个时间段对比的,称为后比),例如本月和上月,本周和上周对比。定基比是和某个指定的时期进行对比分析,比如2019年每个月和2019年1月的销售额进行对比取值。

(2)空间标准。就是不同空间数据的对比。比如华东区和华南区或北京和上海进行对比。其中,相似空间的对比对象必须是形态上比较接近;先进空间则是对同一种形态中的优秀空间进行对比;例如北京和全国的数据对比,属于与扩大空间的对比。

(3)计划标准。这是一种人为标准。和计划标准对比是销售分析中非常重要的环节,所有的绩效考核都是计划标准,例如实际销售额和销售目标的对比等。

(4)特定标准。主要指经验标准和理论标准。经验标准是在大量实践过程中总结出来的值,而理论标准则是根据理论推断出来的值。

三、图文分析

图文分析,即对新媒体内容平台的发布情况进行统计分析,包括微信公众号阅读量、微博转发量、今日头条文章推荐量等。借助图文分析,可以有效地对文章标题、文章内容、文章推广等进行评估。

图文分析的关键指标包括送达人数、图文页阅读人(次)数、分享转发人(次)数、收藏人数、评论数、点赞数、阅读来源等。通过这些指标,即可计算得出相对指标,如互动率=互动数/阅读次数;转发率=转发数/阅读次数;评论率=评论数/阅读数;点赞率=点赞数/阅读数等。

通过这些数据并结合阅读量,运营人员可以对文章的传播渠道、传播节奏、传播效果有一个直观、准确的判断,还可以预估判断后续推出的图文内容的传播效果。

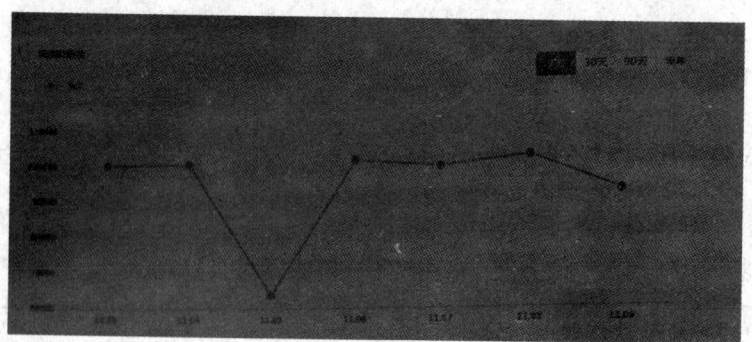

图8—9 某微信公众号7天的阅读数据

四、执行分析

执行分析,即对团队成员的日常执行工作进行统计与评估,包括文章撰写速度、客服响应效率、软文发布频率等,也就是常说的关键绩效指标(Key Performance Indicator, KPI)。KPI是通过对组织内部流程的输入端、输出端的关键参数进行设置取样、计算、分析,衡量流程绩效的一种目标式量化管理指标,是把企业的战略目标分解为可操作的工作目标的工具,是企业绩效管理的基础。可以借助执行数据分析新媒体营销的工作是否有效率。

第三节 新媒体营销数据分析报告

数据分析报告是根据数据分析原理和方法，运用数据来反映、研究和分析某项事物的现状、问题、原因、本质和规律并得出结论，给出解决办法的一种分析应用文体。数据分析报告可以使用不同的工具呈现，常见的包括 Word、Powerpoint、Excel、Powerbl、Tableau 等。

数据分析报告实质上是一种沟通和交流的方式，主要目的在于将分析结果、可行性建议，以及其他有价值的信息传递给管理者或决策者，这就需要对数据进行适当的解释，让阅读者能对结果做出正确的理解与判断，并可以根据其做出有针对性、操作性、战略性的决策。可见，数据分析报告主要有三个方面的作用，即展示分析结果、验证分析质量、为决策者提供参考依据。

一份完整的数据分析报告，应当围绕目标确定范围，遵循一定的前提和原则，系统地反映存在的问题及原因，进一步找出解决问题的方法。撰写数据分析报告时需要注意的原则有以下三点。

1. 规范性原则

数据分析报告中所使用的名词术语应是业内公认的术语，标准统一，前后一致。

2. 重要性原则

数据分析报告须体现数据分析的重点，在各项数据分析中，应该重点选取关键指标，科学专业地进行分析。针对同一类问题，分析结果也应当按照问题的重要性来分级阐述。

3. 真实性原则

数据分析报告的编制过程一定要力求真实，基础数据必须真实完整，分析过程必须科学严谨，分析结果必须合理、全面、实事求是。

一、数据分析报告的撰写框架

一般而言，数据分析报告有特定的框架，但这种结构框架也并非一成不变，根据不同的决策者、客户、数据分析目的，最后形成的数据分析报告框架可能不尽相同。常用的报告框架是"总—分—总"结构，包括开篇、正文和结尾三个部分。开篇包括标题、目录和前言（主要分析背景、目的与思路）；正文部分主要包括具体分析过程与结果；结尾部分包括结论、建议及附录。下面进行具体介绍。

1. 标题

标题是一份报告的文眼，是全篇报告最浓缩的精华。标题要精简干练，根据版面要求在一两行内完成,标题是一种语言艺术,好的标题不仅可以简洁明了地展示数据分析的主题,让读者能毫无偏差地理解这篇分析报告的主要目的,还能激发读者的阅读兴趣。标题常用的类型包括:

(1)解释基本观点。这类标题使用观点句来表示,点明数据分析报告的基本观点,例如《不可忽视高价值客户的留存》《×××是新媒体营销业务的重要支柱》等。

(2)概括主要内容。这类标题重在叙述数据反映的基本事实,概括分析报告的主要内容,让读者能更好地抓住报告的中心,例如《公司销售额比去年增长30%》《2019年公司业务运营情况良好》等。

(3)交代分析主题。这类标题反映分析的对象、范围、时间、内容等情况,并不点明分析人员的看法和主张,例如《发展公司业务的途径》《2018年运营分析》《2019年第一季度部门业务对比分析》等。

(4)提出问题。这类标题以设问的方式提出报告所要分析的问题,引起读者的注意和思考,例如《客户流失到哪里去了》《公司收入下降的关键何在》《3000万元的利润是怎样获得的》等。

2.目录

目录可以帮助读者方便快捷地找到所需的内容,因此要在目录中列出报告主要章节的名称。如果是在文本文档中撰写报告,还应当在章节名称后面加上相应的页码,对于比较重要的二级目录,也可以将其列出来。

从另一个角度来说,目录相当于数据分析报告的大纲,它可以体现出报告的分析思路,但也要注意目录不宜太过详细,太长的目录阅读起来冗长、耗时,重点也不突出。

3.前言

前言是数据分析报告的一个重要组成部分,其内容是否正确对最终报告是否能解决业务问题,能否给决策者提供有效依据有非常重要的作用。签约主要包括分析背景、分析目的、分析思路三个方面。

(1)分析背景。为什么要开展此次分析?有何意义?

(2)分析目的。通过此次分析要解决什么问题?达到何种目的?

(3)分析思路。如何开展此次分析?主要通过哪几个方面开展?

4.正文

正文是数据分析报告的核心,它全面系统地表述了数据分析的过程与结果。在撰写报告正文时,根据之前分析思路中确定的每项分析内容,利用各种数据分析方法,一步一步地展开分析,通过图表及文字相结合的方式,形成报告正文,方便阅读者理解。

一篇报告只有想法和主张是不够的,必须要经过严密的科学论证,才能确认观点的合理性和真实性,才能使别人信服。因此,报告正文部分的论证极为重要。数据分析报告正文部分最显著的特点包括:它是整个数据分析报告中最长的主体部分;包含所有数据分析的事实和观点;通过数据图表和相关的文字结合分析;各部分之间具有逻辑关系。

5.结论与建议

数据分析报告的结尾是对整个数据分析报告结果的总结,是对报告观点的提炼与深化,是得出结论、提出建议、解决矛盾的关键所在,起着画龙点睛的作用。好的结尾可以帮助读者明确主旨,加深对数据分析结果的认知,引发业务思考。

结论是以数据分析结果为依据得出的分析结果,通常以总结性的文字来说明。但结论并不是分析结果的简单重复,而是在结合公司实际业务的基础上,经过综合分析与逻辑推理形成的总体论点。结论是去粗取精、由表及里抽象出的共同的、本质的规律,它与正文紧密衔接,使数据分析报告首尾呼应。结论的措辞应注意严谨、准确、论点鲜明。

建议则是根据数据分析结论对企业或业务等面临的问题提出的改进方法,主要侧重保持优势及弥补劣势等方面。由于分析人员所给出的建议是基于数据分析结果而得到的,有可能存在局限性,因此必须结合公司的具体业务或实际情况分析建议是否切实可行。

6.附录

附录用于提供正文中未阐述的相关资料,从而向读者提供一条深入数据分析报告的途径。它主要包括报告中涉及的专业名词解释、计算方法、重要原始数据来源等内容。

当然,并不是每篇数据分析报告都要求有附录,附录作为数据分析报告的补充,并不是必需的,应该根据实际情况决定是否需要在报告结尾处添加附录。

写报告需要注意的事项为:结构合理、逻辑清晰;实事求是,反映真相;用词准确,避免含糊;篇幅适宜,简洁有效;结合业务,分析合理。

二、数据分析报告的可视化表达

人类的大脑对图形信息的处理优于对文本信息的处理。因此在数据分析报告中,合理使用图表、图形和设计元素,更容易解释趋势和统计数据,更清晰有效地传达数据背后的规律和数据分析的结论。

数据可视化,就是指将相对晦涩的数据通过可视化的、交互的方式进行展示,从而形象、直观地表达数据蕴含的信息和规律。目前市面上有许多数据可视化的专业软件,如 Tableau、LikView、Echarts 等。合理运用 Excel 也能较好地满足日常工作中对数据展示的需求。

1.数据图表的选择

图表是"数据可视化"的常用手段,各种分析报告中,常见的图表有柱状图、折线图、饼图、散点图、雷达图等,有时还会将两种图表进行组合使用。常用图表的分析与比较如 8—10 所示。

第八章 新媒体营销数据分析

图表	示例	优缺点分析及适用场景
柱状图	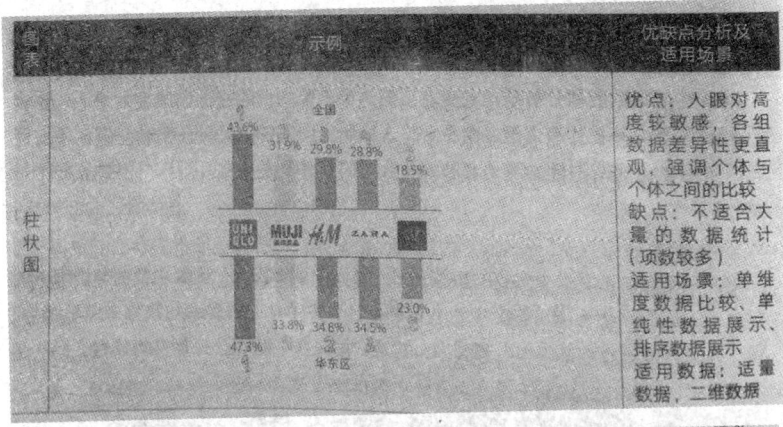	优点：人眼对高度较敏感，各组数据差异性更直观，强调个体与个体之间的比较 缺点：不适合大量的数据统计（项数较多） 适用场景：单维度数据比较、单纯性数据展示、排序数据展示 适用数据：适量数据，二维数据
条形图	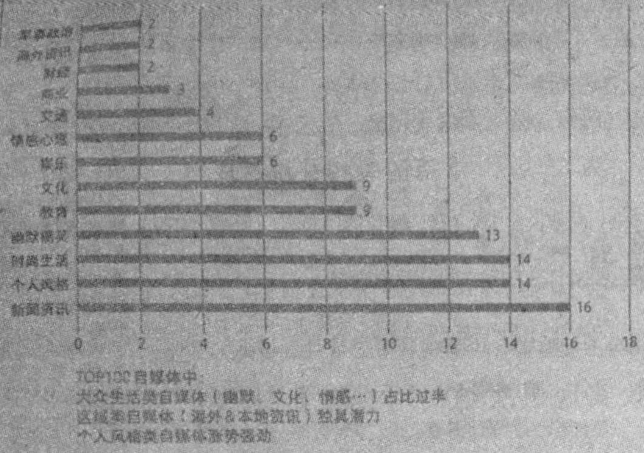 （条形图示例：新闻资讯16，个人风格14，时尚生活14，搞笑幽默13，教育9，文化9，娱乐6，情感心理6，文艺4，财经3，两性情感2，军事政治1） TOP100自媒体中，大众生活类自媒体（幽默、文化、情感…）占比过半，这类新自媒体（海外&本地资讯）独具潜力，个人风格类自媒体强势涌动	优点：条形图就是将柱状图顺时针旋转90°后所得的效果图，弥补了柱状图不适用项数较多的限制 直观展示各组数据的差异性，强调个体与个体之间的比较 缺点：不适合反映占比关系 适用场景：单维度数据比较、单纯性数据展示、排序数据展示 适用数据：同柱状图
折线图	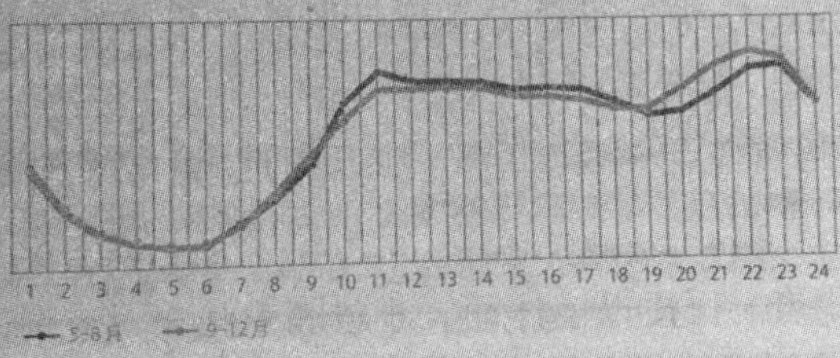 （折线图示例：横轴1-24小时，两条曲线分别为5-8月和9-12月）	优点：直观反映数据变化趋势 缺点：数据集太小时显示不直观 适用场景：反映变化趋势和关联性 适用数据：时间序列类数据、关联类数据
饼状图	 中国视频直播用户接触直播渠道分布 网红、明星直播吸引 9.0% 门户网站的直播频道 11.2% 朋友在社交平台分享 14.6% 视频网站的直播频道 15.2% 独立直播平台 50.0%	优点：直观显示各项占总体的比例和分布情况，强调整体与个体间的比较 缺点：数据不精细，不适合分类较多的情况 适用场景：单维度各项指标（一般不超过5个项目）在总体中的占比和分布情况 适用数据：具有整体意义的各项相同数据

213

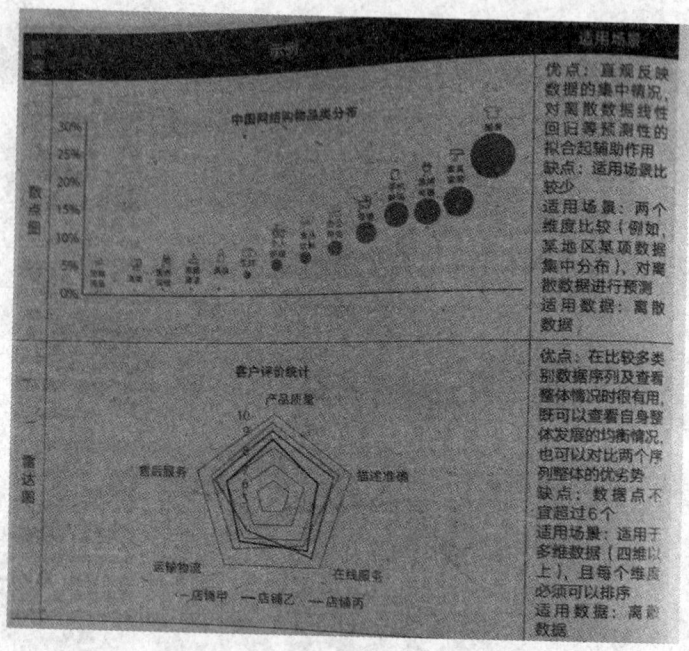

图8—10 常用图表的分析与比较

除了上图所示的六种常用图表外,还有一些图表可供数据分析时使用。

(1)漏斗图。适用于业务流程比较规范、周期长、环节多的流程分析,通过漏斗各环节业务数据的比较,能够直观地发现和说明问题。

(2)(矩形)树图。一种有效实现层次结构可视化的图表结构,适用于表示类似文件目录结构的数据集。

(3)热力图。以特殊高亮的形式显示访客热衷的页面区域和访客所在的地理区域,它基于GIS坐标,用于显示人或物品的相对密度。

(4)关系图。基于3D空间中的"点—线"组合,加以颜色、粗细等维度的修饰,适用于各节点之间的关系。

(5)词云。各种关键词的集合,往往以字体的大小或颜色代表对应词语的频次。

(6)桑基图。一种由一定宽度的曲线集合表示的图表,适用于展现分类维度间的相关性,以"流"的形式呈现同一类别的元素的数量,比如展示特定群体的人数分布。

(7)日历图。顾名思义,是以日历为基本维度、对单元格加以修饰的图表。不同的图表所适用以及希望进行比较或突出的数据维度都各不相同。在制作可视化图表时,首先要从业务出发,优先挑选合理、符合惯例的图表,尤其是在用户层次比较多的情况下,需要兼顾各个年龄段或不同认知能力的用户需求;其次是根据数据的各种属性和统计图表的特点来选择,例如,饼图不适合用作展示绝对数值,只适用于反映各部分的比例。对于常用图表,带着目的出发,遵循各种约束条件,就能找到合适的图表。

2.数据图表制作的原则

数据分析报告中的图表一般应遵循以下原则。

(1)可读性。图表的首要功能是解释而不是设计,要站在受众的角度设计图表,力求图表简洁易懂。图表中的每个元素都应有存在的意义,否则应删除。

(2)精准性。为了使数据的解读不失真,数据应尽可能精确到小数位,如21.5就比21更准确,在对比数据的情况下尤应注意。但小数位数不宜过多,避免对读者产生干扰。要避免单位换算可能造成的数据失真。还要注意不要出现各比例加总不等于100%的错误。

(3)客观性。如图8—11(a)和图8—11(b)所示的两张图表的数据没有任何差异,但是(a)图给人感觉变化不大,而(b)图给人感觉稳步增长。导致这种结果是由于纵坐标轴的刻度取值区间不同,因此要避免"图表说谎"的情况发生。

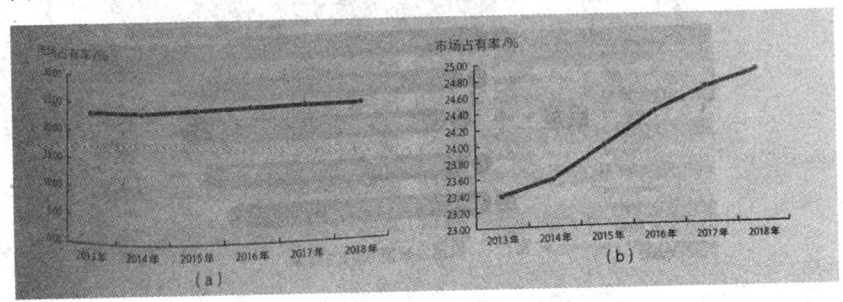

图8—11 某公司市场占有率情况

(4)统一性,在统一的数据报告中,所做的图表应该遵循统一的风格,如采用统一的色调、字体等。统一性是为可读性服务的,如果图表样式混乱不统一,则容易令读者费解甚至误读。

三、数据分析报告案例

本案例是有米科技股份有限公司2018年8月发布的一篇关于2018年第二季度小家电行业微博和短视频营销的数据分析报告,报告以PPT的形式给出。

1.标题

该报告标题为"2018年Q2小家电微博和短视频营销趋势报告",该标题属于交代分析主题型,用来说明报告的分析时间与分析内容,如图8—12所示。

图8—12 数据分析报告标题

2.目录

该报告根据PPT的显示特点,将目录分为主目录和二级目录,分别如图8—13与图8—14所示。这样主次分明,有助于报告的解构与要点提炼。

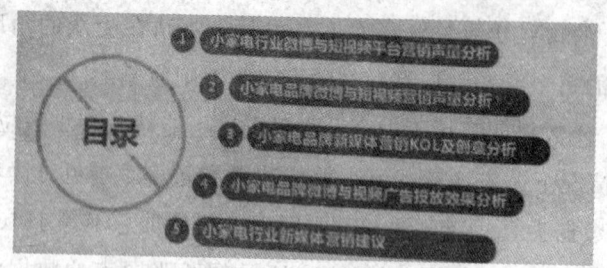

图8—13 数据分析报告的主目录

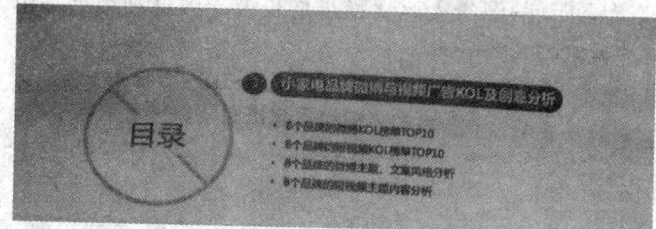

图8—14 数据分析报告的二级目录

3.前言

该报告的前言主要交代了报告的数据来源及说明,如图8—15所示。

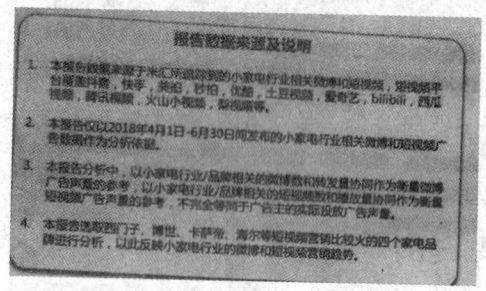

图8—15 数据分析报告的前言

4.正文

该报告的正文部分,选取了西门子、博世、卡萨帝、海尔等短视频营销比较成功的四个家电品牌进行分析,以此反映小家电行业的微博和短视频营销趋势,并通过各种图表展现。部分内容如图8—16所示。

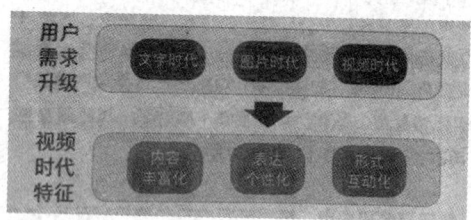

图8—16 数据分析报告的正文

5.结论与建议

该报告最后对小家电行业微博和短视频营销进行了总结并给出了相应建议,如图8—17所示。

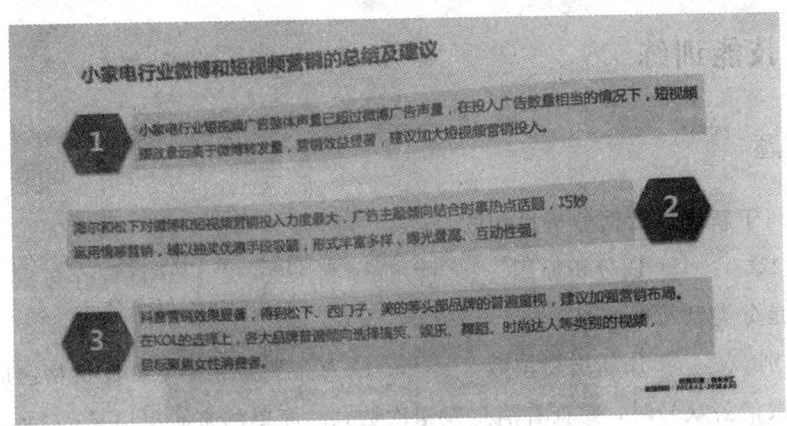

图 8—17 数据分析报告的结论

6.附录

作为 PPT 格式的分析报告，不适合在最后罗列内容，该报告最后一页展示了公司的理念及公众号二维码，也是对公司的一种宣传推广，如图 8—18 所示。

图 8—18 数据分析报告的结论

本章小结

1.数据分析，就是指用适当的统计分析方法对收集来的大量数据进行分析，将它们汇总、理解并消化，以求最大化地开发数据的功能，发挥数据的作用。

2.新媒体数据主要有数值型数据和分类型数据两种，能用于数据分析的工具很多，从适用性的角度可以将目前市场上主流的分析工具分为基础类、专项类、平台类、系统类。

3.常见的新媒体营销数据分析对象包括流量分析、销售分析、图文分析、执行分析。

4.数据分析报告可以使用不同的工具呈现，常见的包括 Word、Powerpoint、Excel、Powerbi、Tableau 等。

5.数据分析报告主要有三个方面的作用，即展示分析结果、验证分析质量、为决策者提供参考依据。

知识与技能训练

一、单选题

1. 下列不属于新媒体数据分析目的的是（   ）。
   A. 分析现状　　　　B. 分析原因　　　　C. 预测未来　　　　D. 保存数据
2. 以下不是分类型数据的是（   ）。
   A. 用户性别　　　　B. 新增粉丝数　　　C. 商品类型　　　　D. 价格区间
3. 在分析微信公众号时，要查看消息发送次数，最简单的来源渠道是（   ）。
   A. 微信公众号平台后台　　B. 第三方工具　　C. 公共资源平台　　D. 人工统计
4. 通过图文分析，可以有效地对（   ）进行评估。
   A. 文章标题　　　　B. 文章内容　　　　C. 文章推广　　　　D. 以上都是
5. （   ）在数据分析报告中可以省略。
   A. 标题　　　　　　B. 目录　　　　　　C. 正文　　　　　　D. 附录

二、多选题

1. 新媒体数据分析的意义主要体现在（   ）方面。
   A. 了解新媒体运营质量
   B. 预测新媒体运营方向
   C. 控制新媒体运营成本
   D. 评估新媒体方案效果
   E. 制订新媒体营销计划
2. 新媒体数据来源渠道之一是公共资源平台，主要有（   ）。
   A. 政府及相关部门网站　　B. 行业协会　　　　C. 行业网站
   D. 咨询公司、智库　　　　E. 其他公开数据源
3. 常用的数据分析工具可以分为（   ）四大类别。
   A. 基础类　　B. 专项类　　C. 编程分析类　　D. 平台类　　E. 系统类
4. 常见的新媒体营销数据分析对象主要包括（   ）。
   A. 流量分析　　B. 销售分析　　C. 图文分析　　D. 执行分析　　E. 运营分析
5. 常见的数据可视化图表类型有（   ）。
   A. 柱状图　　B. 条形图　　C. 饼图　　D. 折线图　　E. 雷达图

三、判断题

1. 数据分析是有目的地进行收集、整理、加工和分析数据，提炼有价值信息的一个过程。

(   )

2.新媒体分析的数据类别主要有数值型数据和分类型数据两种,我们用1表示男性,用0表示女性,因此男性、女性是数值型数据。(   )

3.做销售分析时,可以只分析销售不好或者销售权重大的组织或个人。(   )

4.数据分析报告只能用 Word 文档形式来呈现。(   )

5.图表是"数据可视化"的常用手段。(   )

四、案例分析题

以下数据来自有米科技收集的 2018 年 4 月至 2018 年 6 月小家电品牌在短视频平台的营销数据,图 8—19 为小家电品牌短视频点赞量,图 8—20 为小家电品牌短视频评论量。请依据图 8—19 和图 8—20 分析各品牌小家电的短视频营销效果。

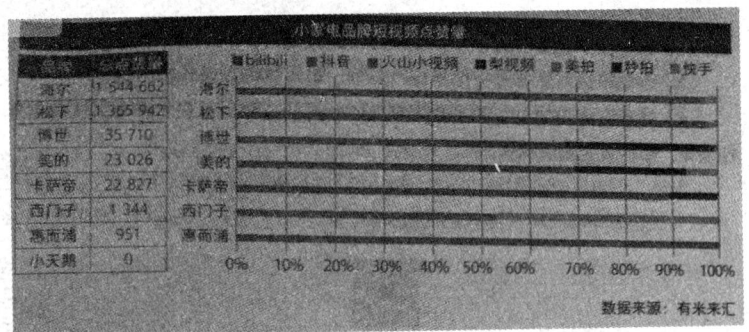

图 8—19　小家电品牌短视频点赞量

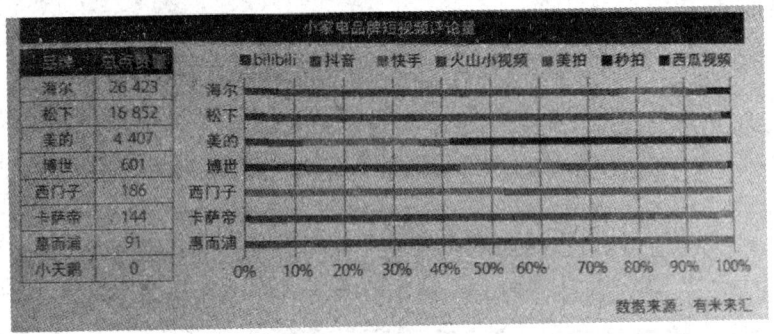

图 8—20　小家电品牌短视频评论量

五、实训实战题

(一)实训背景

学生已经对新媒体营销的数据分析概念、流程、工具等形成基础认知,通过本次实训活动,学生可以更直观地熟悉新媒体营销数据分析的过程。

(二)实训任务

(1)选择新媒体平台等搜集相关数据,编制某行业或某企业的新媒体营销效果分析报告。

(2)数据分析报告可以根据内容采用PPT、Word等不同形式。

(三)实训步骤

(1)教师演示如何通过新媒体平台或第三方工具查找所需数据。

(2)小组成员通过工具收集数据并进行数据分析。

(3)小组成员对数据分析结果进行总结,给出营销效果分析结论。

(4)完成实训内容后,以小组为单位进行路演,教师对各个小组的实训结果进行点评,展示优秀实训结果。

第九章　新媒体舆论管理及发展趋势

【知识目标】

了解新媒体舆论的特点，新媒体舆论可能产生的负面效应，新媒体舆论负面效应应对的原则和策略，了解新媒体未来发展趋势。

【能力目标】

能够运用新媒体管理的策略应对负面效应，并进行相应调整。

【案例导入】

新媒体舆论影响

举个例子，我们以前在网上无非是聊聊天、玩玩游戏、听听音乐什么的，做些可有可无的事来打发时间。

而随着网络文化时代的进步，我们发现网络不仅可以给我们带来所需的资源，给我们娱乐放松展示自己的机会，更是驱使网络现象蔓延的一个重要过程。

比如网络文化中的跟风现象。

最能体现跟风现象的就是"人肉搜索"事件。在这个事件中，我们看到了互联网带给我们的利与弊。

大家愤怒时，可以发起"网络通缉令"，于是被"通缉"的人无论是好还是坏，很快，在互联网上我们就能看到有关他及他周围一切的相关资料。人们在惊叹网络力量的同时，也会不自觉地参与进来，而像"人肉搜索"这一集体化或个人化的网络行为，会被大家跟风的这样一种行为，可以被看作是一种由网络文化引申的现象。

互联网同任何新生事物一样，在成长期间，总是伴随着种种缺陷。暴力网站、黑客事件、垃圾邮件、虚拟财产失盗、木马病毒等问题给网络秩序和网络道德规范以沉重打击。在这些问题亟待解决的同时，网络社会又出现了"网络推手""网络打手"这一不规范的新新职业。

"芙蓉姐姐""天仙妹妹"等网络红人的迅速窜红都是"网络推手"的"杰作"。

而传遍一时的"王老吉事件"则靠"网络打手"的推动，"网络推手""网络打手"是近几年才兴起的网络名词，但是其操纵了网络舆论，瓜分了网络民意。

·· **新媒体营销** ··

2009年12月19日,央视经济半小时节目将其评价为"网络黑社会","打手""推手"严重影响了网络秩序。

网络文化又同时宣布了一种新的语言的诞生,即网络用语多在网络上流行的非正式语言;多为谐音、错别字改成,也有象形字词,以及在论坛上引起流行的经典语录,比如BS(鄙视)、XPP(夏骗骗)、蒜你狠、苹什么、灰常灰常等。

【案例启示】

政府部门不但可以从网上看到民众的基本心态和社会的主要问题之所在,还可以有意识地利用网络,对关系到国计民生的重大事件,广泛征求民众的意见,使决策更具科学性,有着更广泛的群众基础。

社会心理学家认为,通过群体讨论,无论最初的意见是哪一种倾向,其观点都会被强化,称之为群体极化效应。网络文化的极端性特征,可以迅速把"善"放到最大,有利于促进社会公德、推动制度完善。现实生活中的一切丑恶和不公平现象,都会在网上被曝光,迅速被正义的洪流所淹没。

第一节 新媒体舆论的特点

网络舆论是指在互联网上流行的对社会问题的不同看法，网络舆论是社会舆论的一种表现形式，是通过互联网传播的公众对现实生活中某些热点、焦点问题所持的有较强影响力、倾向性的言论和观点。

一、新媒体舆论的概念界定

通过检索发现，2000年前后，我国国内学术期刊和大众媒体上相继出现"在线舆论""网上舆论"的提法。2003年，互联网在"孙志刚案"及其他热点事件中扮演了民意表达平台角色，网络舆论成为一种正式的社会现象，并进入公众话语。随着与互联网相对独立的手机媒体等新媒体也成为民意表达的重要平台，"新媒体舆论"这一概念开始逐步流行。我们认为，新媒体舆论，是指在互联网、手机媒体等新媒体上传播的公众对焦点问题所发表的有影响力的意见或言论，也是现实民意借助于新媒体的表达。

1. 舆论的界定

舆论是一种极为丰富和复杂的人类精神现象，人们对舆论的定义说法不一。国内外学者就此的定义各抒己见，已多达七八十种。但一直未能有一个公认的定义。

关于舆论，古代称为"舆诵""舆颂""清议"，指众人的意见。目前我国多数专家学者也把舆论看成意见，认为舆论是多数人对于某一事件有效的公共意见。刘建明在《社会舆论原理》中指出："舆论是一定范围内多数人的集合意识及共同意见。"李广智在《舆论学通论》中指出："舆论是社会公众对涉及个人利益事件的意见的自由表达和传播而形成的共同趋向。"甘惜分认为，"舆论是社会生活中经济政治地位基本接近的人们或社会集团对某种事态发展大体相近的看法"。项德生在《舆论与信息》中指出："舆论，就是社会公众或集团对人们普遍关心的事态所做的公开评价。"喻国明在《解构民意：一个舆论学者的实证研究》中指出："舆论是社会或社会群体中对近期发生的、为人们普遍关心的某一争议的社会问题的共同意见。"沙莲香在《社会心理学》中指出："舆论是指大家共同关心的有争议的问题上多数人意见的总和，是社会上的众人对某些社会事件的一致反应和判定，是具有代表性的综合性的意见。"陈力丹认为，"舆论是公众关于现实社会以及社会中的各种现象、问题所表达的信念、态度、意见和情绪表现的总和，具有相对的一致性、强烈程度和持续性，对社会发展及有关事态的进程产生影响，其中混杂着理智和非理智的成分"。胡钰在《新闻与舆论》中指出："舆论就是社会中特定群体对特定事件表现出来的特定意见。"

而联合国教科文组织的专题报告《多种声音,一个世界》中给舆论下的定义:舆论是一种常常难以进行确切的科学分析的集体现象,它是与人的社会性紧密联系在一起的。但是舆论既不是暂时无变化的,也不是从地理角度上构成一个整体的。李普曼在《论学》中对舆论做了粗糙的描述:"他们头脑中的想象,包括对于他们自己、别人、他们的需要、意图和关系等,都属于他们的舆论。"

综合以上不同的观点我们不难发现,舆论具有以下几个特征:舆论应该是公众的意见,舆论必须要有一个焦点,舆论是不断发展变化的,舆论是一种巨大的社会精神力量。具体可参考多伊彻的舆论形成"瀑布模式"(如图9—1所示)。

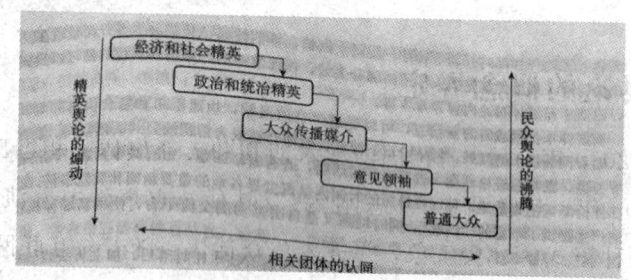

图9—1　多伊彻的舆论形成"瀑布模式"

在社会现实中,人们往往把大众传媒或媒介的言论等同于社会舆论,把民意等同于社会舆论,把众意或公意等同于社会舆论。

2.网络舆论与新媒体舆论

舆论作为公众发表的集合性意见,在古代社会主要是通过口耳相传,舆论的载体也主要是人群自身。现代舆论的形成和大众传播媒介有着密不可分的关系。在20世纪90年代以前,现代舆论的载体主要是报纸、广播、电视等大众传媒。随着网络作为"第四媒体"的出现,一种新的舆论类型——网络舆论也应运而生。

与传统意义上的舆论相比,网络舆论主要是因其传播主体、载体、传播方式和受众特点等具有不同特征,但作为舆论在网络传播方式下的延伸,它仍然具备舆论本身的性质,因此我们这里将网络舆论界定为:网络舆论是伴随着网络传播方式的流行而兴起的一种特殊的舆论形态,是网民对出现在网络上或社会现实中(两者往往相交)的各种现象、问题所表达的具有共同性的观点、态度、信念和情绪的总和,具有相对的一致性、影响力和持续性,并对社会发展及有关事态的进程产生影响。也就是说,网络舆论是公众意见与网络传播媒介相结合的产物。只要满足方式上以网络媒体为载体进行传播、内容上是公众发表的集合性意见这两个条件,就是网络舆论。

网络舆论的兴起是社会发展过程中的必然现象。目前中国正处于社会的转型期,社会摩擦急剧增加,不同的集团、群体存在不同的利益诉求和文化需求,因此就有必要提供一个活跃的公共话语平台,来促使他们充分、合法地发表各自的意见,从而实现沟通、化解偏见、消除冲突，网络正好适应了这一要求，由此形成了活跃的公共话语平台。在网络传媒时代，借助电子邮件、BBS、博客、微博等信息交互工具，网民结合内容讨论、参与媒体建设的热情极其高，舆论的影响大大增强。而且网络舆论有相当的言论自由度，许多用户在其中发表自己现实中不愿意说或不敢说的意见，因此网络舆论常常是社会焦点问题的意见集散地，其地位也日益受到人们的重视。

随着手机的普及，手机媒体也成为民意表达的重要平台。由手机传播的言论更具有开放性和民主性，范围也更具广度和深度，传播速度更加快捷、方便，形式也多种多样，社情民意的表达更加自由和高效，因而手机媒体成为公民参与政治的一个新平台，手机媒体政治参与已成为中国民众政治参与的一条重要途径。因此，包括网络舆论与手机舆论在内的"新媒体舆论"逐步开始流行。

作为舆论形式的一种，新媒体舆论必然具有舆论的特征。但是，与传统舆论相比，传播空间不同，加之新媒体传播机制的影响，特别是传统把关人角色在新媒体传播中部分失效，使新媒体舆论成为与传统大众媒介舆论有较大差别的舆论形态。

二、新媒体舆论的特性

1.丰富性与多元性

新媒体舆论的丰富性是指新媒体舆论内容无所不包、无所不及。新媒体所具有的虚拟性、匿名性、无边界和即时互动等特性，使网上舆情在价值传递、利益诉求等方面呈现多元化、非主流的特点。加上传统把关人作用的部分失效，积极健康的、庸俗的和灰色的都可以找到立足之地，以至于新媒体舆论内容异常丰富。

新媒体本身承载着海量信息，可以超越时空的限制，快速汇总和整合信息并对其进行存储。随着网络技术的发展，网络论坛、博客、微博日益成为活跃的公共话语空间。新媒体舆论包罗万象，既存在轻松话题，也存在严肃话题，既有庸俗话题，也有高雅话题。网络论坛、博客等作为新闻的集散地，可以在最短的时间内呈现世界各地的重要新闻和突发事件，这就为舆论的产生提供了丰富的"议题"；同时网络又是自由互动的交流平台，使得新媒体舆论的内容五花八门、异常丰富。

过去，由于地理位置的自然屏障作用，交通和通信技术相对落后，加上传统媒体的把关人的存在，恶意的政治信息难以入侵。但是，互联网的自由性与开放性使得天然的地域障碍不复存在，新媒体舆论的意识形态呈多元化特征。

2.开放、自由与互动性

在现实社会中，人们处于特定的群体中，个人行为往往会受到各种社会习俗与制度的制约，很多人戴着"面具"。而在虚拟的网络世界中，虚拟的身份与匿名的形式给了人们一种前所未有的平等，人们感受到空前的安全感。正是这种安全感增加了人们对自我意志的认同，并激发了人们表达与表现的欲望。

新媒体舆论的主体是成千上万分布在不同区域的网民,这些网民通常在网上匿名表达自己的观点与意见,具有很强的虚拟性。网民的匿名性特点决定了新媒体舆论具有开放性与自由性的特点。

新媒体具有即时互动性,其舆论传播过程得以延续和完整。新媒体舆论的受众不再是毫无主动性可言的"靶子",传播者也不再拥有绝对的话语主导权和控制权。而且,在新媒体传播中,传播者与受众的角色模糊,可以在瞬间相互转化。相对于传统媒体的强势,网民个体逐渐成为网上信息发布的主体,个人的力量在增强。

3.速成性

新媒体舆论的迅速形成得益于新媒体传播的优势。互联网打破了时间和空间的界限,新媒体舆论的速成性主要表现在新媒体舆论形成的时间的缩短与空间的缩小上。

首先,与传统媒体相比,新媒体在信息传播过程中省去了印刷与录制等诸多环节,缩短了从媒介议程转向公众议程,也就是形成社会舆论的周期。由于新媒体传播的优势,信息发布速度迅速,并且能够借助新媒体进行快速传播。帖子或言论一旦引起网民的关注,就会被网民反复转载,以惊人的速度扩散。

其次,新媒体的即时互动性使交流成为一个动态的系统,网民能够对网上意见迅速做出反应。这种互动的过程可以迅速使新闻事件成为大众普遍关注的焦点,很快引发并形成舆论。新媒体为网民提供了相互交流的平台,消除了传统媒体信息的传递和反馈过程中存在的滞后问题,使各种意见能在短时间内迅速聚集,并得到整合,进而形成舆论。一些重大新闻和热点问题在网上发布仅几个小时,新媒体舆论便会沸腾。

此外,互联网传播具有广泛性,作为舆论主体的数亿网民虽然散布于世界的各个角落,但在短时间内就可以打破地域的界限与空间的阻隔,实现意见的互动,从而快速形成舆论。

新媒体舆论既可能"兴""衰"迅速,也可能长期持续。新媒体舆论分为两大类:一类是信息类型的舆论,另一类是观点类型的舆论。由于新媒体传播效率超过一切传统媒体,当重大突发事件发生时,新媒体都会在第一时间予以报道,迅速吸引网民眼球,引发网民表明立场,交流信息,引起共鸣,形成一个主导性意见,并在网上迅速形成舆论。这是典型的信息类型舆论。观点类型、话题类型的舆论,如网上有关社会不公、腐败等的舆论就长期滞留,即使网上除了引起某种舆论的信息和言论,相关话题仍难以消除。观点类型的舆论一旦形成,在舆论目的没有实现之前,网民不改变原来的观点,舆论往往短期难以消除,它总会在新闻跟帖中、论坛或者博客上出现。

新媒体舆论容易"一边倒"。在很多案例中,多数网民的认识和看法普遍简单直接,不深刻不全面,带有很强的群体盲从性,出现"一边倒"的态势。对于网民普遍关注的问题,如敏感的国际关系问题、社会阴暗面、腐败案件和负面的突发事件等,种种偏激的言论甚至比正面主流的言论传播的速度更快、波及面更广,出现舆论"一边倒"或"关键时刻的雪崩现象",从而导致网民意见的"高度集中",即使这些舆论是非理性、情绪型的。

互联网是个开放的、参与性十分强的世界。任何人,不论其社会地位、贫穷富贵、文化高低、性别种族,在互联网上一律平等。最突出的是在网络论坛中,所有访问者都能在其上发布自己的消息和对事物的看法。

4.非理性和理性因素并存

新媒体作为民意表达的重要平台,在社会中的作用和影响力越来越不可小觑,新媒体舆论也日益成为政府执政所必须参照的"晴雨表"。由于新媒体的匿名性、开放性等特征,有人会把新媒体作为发泄情绪的场所,形成一种情绪型舆论。这种舆论有政治情绪型、社会情绪型、文化情绪型、生活情绪型等。新媒体情绪型舆论在网上出现有助于党和政府了解真实民意,新媒体在日益成为公共民主生活的"推进器"。

但是情绪型舆论也存在着非理性、消极性、感染性、扩散性的特点。新媒体的匿名性和互动性加剧了新媒体舆论在感性上的膨胀与理性上的匮乏,使新媒体舆论呈现出一定的盲目、冲动、偏激、缺乏理智等特点。

新媒体舆论的非理性还可能造成现实的冲突。新媒体舆论的冲突性是指新媒体舆论的伦理相对主义强化和伦理基础准则的冲突。伦理基础准则有一定的地域性,但互联网却是全球范围内共享的,这就造成了在互联网上不同地域间的伦理基础准则相互冲突。在某些国家和地区,法律与道德上允许对成人提供色情服务,在网上提供色情服务和信息属于合法;而在绝大多数国家和地区,在网上提供色情服务和信息是要受到谴责、反对甚至法律制裁的。新媒体的跨地、跨国性与各国政府的地理管辖权相矛盾,使得一些在现实世界属于违反法规而会受到制裁的行为,一旦移到新媒体空间,由谁充当制裁主体以及如何制裁就会变得模糊不清。这就造成了新媒体舆论的伦理相对主义强化和伦理基础准则的冲突。

在很多案例中,新媒体舆论具有"群体化"倾向。一方面,群体中的非理性特点在网民中十分严重;另一方面,新媒体聚集的群体极易导致群体认同的现象。通过说服机制,网民会向讨论时的倾向性结果靠拢。这一特点很容易导致言说者的态度偏激,话语权的争夺在一定程度走向"语不惊人死不休"的极端。

5.难控性

新媒体舆论的难控性是指在新媒体上要对舆论进行控制是比较困难的。对于传统大众传播媒体的舆论控制,各国政府通过规定大众传播体制,制定有关法律、法规和政策,分配传播资源,对创办新媒体进行审核登记,限制或禁止某些信息内容的传播等来规范。对传统媒体来说,由于把关人的存在,舆论的控制是不难做到的。然而互联网是高度开放的空间,每个人都有"麦克风",新媒体信息的传播者数以亿计,网上信息的传播不可能都经过新闻出版部门的审批。

在网络上匿名地发送邮件、参加BS讨论都相当容易,电子邮件也极易被人截取、更改和伪造。新媒体的开放性在理论上使每一个人都成为"新闻发布者"。对于海量的新媒体用户,不可能在"信息高速公路"上检查每一条言论,更不可能对其做出全面的客观评价,这就使得新媒体舆论控制变得复杂和难以操作。新媒体舆论的难控性是新媒体舆论一个最重要的特征，新媒体舆论的丰富性、复杂性、多元性、冲突性等特征都是由难控性派生出来的。

新媒体舆论的调控难度表现如下：

一是新媒体舆论主导权不完全由网站掌握，而是由参与议论的网民数量的密集度和强度所决定的。

二是新媒体的开放性使信息传播者往往可以想方设法绕开各种障碍来发布消息，网站管理者也不可能对网上的言论逐一进行检查评价。

三是新媒体舆论具有复杂性。新媒体舆论混乱、无序，自觉舆论与自发舆论并存。网民可以在网上对任何事情畅所欲言，新媒体舆论主要以自发舆论为主。

四是新媒体舆论具有多元性。新媒体舆论的意识形态呈多元化。世界上存在着对立的社会政治制度和意识形态，随着新媒体的发展，地域屏障已不复存在，希望在网上完全控制言论不太现实，网络信息可以从地球任何一个地方无限量地向另一个地方传输，这就使新媒体舆论的意识形态呈现多元化特点。

由于"网络水军"的存在，新媒体舆论呈现出容易被人操纵的特点。网络水军受雇于网络公关公司，为他人发帖、回帖造势。网络水军有专职和兼职之分。

三、新媒体舆论的功能

新媒体舆论的功能表现在如下诸多方面。

1.舆论监督

政府决策、法律法规的制定现在都可以通过互联网、手机上传播的舆论来施加影响。如物权法的制定，全国人大常委会就通过网络公开征求意见。一些学者、专家呼呼叫停征收养路费，以及国务院法制办等部门对此的回应也都是通过网络的快速传播而为人们所知晓的。

2.信息传播

新媒体的存在使得信息的传播速度越来越快，网络的即时传播特性使之超过了传统媒体。如2013年3月，中国政府对缅甸毒枭糯康、桑康·乍萨、依莱、扎西卡四名湄公河案罪犯执行了死刑，仅仅几分钟后，各大门户网站就对此进行了报道。由于新媒体舆论具有集散、传播甚至放大效应，网络成为人们获取信息的重要渠道，过去存在的一些信息不透明、不对称现象得到很大改变。

3.交流思想

新媒体舆论通常是多种声音并存，使得网络成为各种思想碰撞的场所。2013年1月11日，因被很多人嫌弃长相丑陋、认为受人歧视的四川某大学学生曾世杰，在持续的心理压力下走向极端，在校园湖边杀死一名女生，刺伤两名男生。曾世杰"因丑杀人案"是否要进行精神方面的司法鉴定，成为法学专家与网民争辩的热点。许多网站开通的辩论台、网上投票等为不同舆论的争辩提供了场所。

4.对政府行为产生一定影响

新媒体舆论对政府行为产生的影响主要表现在以下几个方面。

(1)以敏捷反应形成即时性影响

2001年广西南丹矿区特大渗水事故正是由于新媒体的披露,黑幕才得以揭开。同样,2003年的"孙志刚案"也是由于新媒体舆论的力量,涉案人员才受到法律的严惩,同时也推动了我国的法制进程。2009年5月7日的杭州飙车案被中国网民称为"欺实马事件"(音同70码,取欺负老实人之意)、河北大学新校区"10·16"交通肇事逃逸案("我爸是李刚"事件)、"孙伟铭案"、"药家鑫案",等等,都产生了较大的社会反响。新媒体舆论传播更敏捷、更快速,对政府的行政效率提出了更高的要求。广大社会民众有权质询政府,政府也有责任回复民众。面对质询,政府要有更快捷的反应能力和足够的重视,及时公布有关信息,对民众所关心的社会问题予以反馈,以消除民众的疑惑。公众的质疑、猜测大多源于信息的不畅通,极个别是少数部门的乱作为和不作为。

(2)以多元反应形成印证性影响

新媒体的出现使信息可以在瞬间从一个地方无限量地向任何地方传输。任何组织或个人都可以在网上找到发布自己的信息的空间。传播的开放性和传播者的多元化打破了传统媒体对舆论传播的垄断。

(3)以海量反应形成复杂性影响

与传统媒体相比,新媒体摆脱了报纸版面、广播电视固定时段和节目容量等诸多限制。由于传播主体的多元化,网络上的每个人都成为潜在的信息提供者,使得网络信息源源不断;同时,数据库的存在使历史信息得以保存,正是信息集纳的广度与深度型积累形成了新媒体舆论的海量信息。

(4)以互动反应形成挖掘性影响

新媒体的快速回应特性使互动成为一种必然的经常性交流方式。在传统媒体时代也有传统意义上的互动,但其范围和影响有限,而且内容也必须受到严格审查,是一种"分时"的互动。而网络将互动变成一种"即时"互动。网络在线调查、即时点评和多渠道的参与使新媒体舆论形成速度远远快于传统新闻舆论。一个热点事件的存在加上一种情绪化的意见,就可以成为点燃一种舆论的导火索。新媒体舆论互动的影响已经得到中央高层领导的重视和肯定。

第二节 新媒体带来的负面效应

互联网的开放性和便捷性为大众参与新媒体传播提供了方便。任何人都可以在网络上发表任何言论，而不像在报刊等传统媒体上发表文章时需要经过编辑的筛选和加工。这种几乎毫无限制的"自由"被一些人滥用，从而导致新媒体中出现不少为法律所禁止或社会道德所不容的行为。鉴于新媒体主要指互联网，下面将主要论述互联网所产生的负效应。

互联网是一个自由且身份隐蔽的地方，网络犯罪的隐秘性非一般犯罪可比。互联网的自由性、开放性和隐蔽性使得网络中的犯罪行为层出不穷，而且难以被发现，网络成了高智能犯罪的"温床"。

一、信息安全形势严峻

在互联网建立之初，为了防止核打击的破坏，互联网被设计成不需要控制中心就可以工作的样式。因此，在网上不存在可以对传送的信息进行监控、审查和封锁的中心阻塞点，这一效果被称为"迄今为止可以最大限度让大众参与发表言论的形式"。但与整个网络系统的开放性、兼容性相伴而生的是单个网络点的安全问题。网络安全包括以下四个层次。

1. 国家安全

国家安全即如何保护国家机密不受网络黑客的袭击而泄密，保证国家机构不受网络黑客的袭击正常运作。

2. 商业安全

商业安全即如何保护商业机密、企业资料不被窃取。对新闻事业而言，网络的商业安全在于如何保护新闻信息的内容、背景及消息来源不被他人非法利用。

3. 个人安全

个人安全即如何保护个人隐私（包括电子邮箱密码、个人背景资料、信用卡号码、健康状况等）不被非法利用。

4. 自身安全

自身安全即如何保证接入互联网的电脑不受网络病毒的侵袭而瘫痪。

目前，国际普遍认同的维护网络安全的途径有两种。其一，技术保护。通过网络主机或在服务器上加装安全软件，对来访信息检查过滤。其二，立法保护。制定和完善法律规范，对新媒体行为进行约束。这两种途径在一定程度上起到了监控的作用，但互联网给人类社会带来的前所未有的开放性、兼容性给网络安全保护造成了极大困难。网络安全意识尚未普及，许多用户，尤其是众多个人用户并未采取任何安全保护措施。

网络是一把"双刃剑"。它给全世界带来了巨大的利益，但同时也会成为黑客和恐怖分子的武器。

"黑客"一词最初是指那些痴迷于计算机的电脑天才，而现在则成了对网络系统非法入侵者的统称。黑客问题已经成了全球关注的世界性问题。以网络安全技术最先进的美国为例，白宫、美国国防部、中央情报局、联邦调查局、重要军事基地、科研部门、美国航空航天局、著名企业网站都有被"黑"的记录。从理论和技术上讲，没有哪个网站敢说自己不会被黑客攻破。黑客利用某种技术手段，侵入他人网站，堵塞他人网站信息通道，涂改、删除他人网页信息，犹如蒙面人穿门入室。据美国联邦调查局的调查，在计算机犯罪中，有80%的案例为黑客通过互联网非法侵入别人的计算机网络系统。每年美国政府的计算机系统遭非法侵入的次数达30万次之多，黑客犯罪引起的损失估计有15亿美元。

在针对新媒体的袭击中，黑客是攻击的执行者，计算机病毒则是黑客的首选武器。现在一些国家已开始组建"黑客部队"，专门用来发动网上攻击。对新媒体危害最大的正是这种有国家和政府支持的"合法"黑客。

当今几乎每天都产生新的电脑病毒，而且是"青出于蓝而胜于蓝"。计算机病毒是一种计算机程序，具有寄生性、潜伏性、隐藏性和传染性的特点，一旦发作，会修改计算机系统信息，影响系统运行的稳定性或夺取对系统的控制权。一些恶性病毒会使系统崩溃，甚至毁坏硬件，使整个网站的设备全部报废。

在互联网上严重危害社会和他人的行为，其表现形式主要有两种：一种是在互联网上实施不法行为，袭击网站并在线传播计算机病毒。另一种是利用互联网实施金融诈骗、盗窃、贪污、挪用公款、窃取秘密和其他不法行为，如电子讹诈、网上走私、网上非法交易、电子色情服务、虚假广告、网上洗钱、网上诈骗、电子盗窃、网上毁损商誉、网上侵犯商业秘密、网上组织邪教组织、在线间谍、网上刺探等。其特点是行为的跨国性、公然与隐秘的交织性、无现场性、危险及结果的可修改性和成本的低投入性。虽然世界各国对网络文化垃圾的传播都有一定程度的限制，但要将这些东西从互联网上清除，还需要漫长而艰苦的努力。

中国的网络安全状况不容乐观。近几年来，在中国利用计算机网络进行的各类违法行为正以每年30%的速度递增。此外，国际黑客也频频"光顾"中国网络。更严重的是，许多网民对信息安全缺乏应有的警惕和认识。例如，超过一半的网民不更换自己的电子邮箱密码，1个月换一次密码的只是少数。网络安全专家、中国科学院高能物理研究所研究员许榕生指出，目前中国网络系统其实非常脆弱，提高网络的可靠性和安全性应该成为互联网发展的当务之急。他还说，在美国，网络安全费用占网络工程总费用的20%，而在中国这个数字小于1%。

目前，微软在中国势力庞大，约有九成五的用户都采用微软的Windows系统，但在中国政府近年来积极筹建的电子政务系统上，有官员认为，如果再采用微软的软件，那将来中国的机密政务被外国窃取将易如反掌。因此，为了安全起见，中国电子政务平台开始转向Linux。依据《中华人民共和国政府采购法》，除个别情况外，在同等条件下，只要中国有的软件，政府就不会购买国外进口的。中国拥有自主知识产权、商品化的通用高性能微处理晶片"龙芯一号"等产品不断问世，标志着中国晶片走上产业化道路，对中国国防、国家安全也将起重大作用。

二、侵犯知识产权

信息生产、加工和处理的计算机化、网络化大大方便了信息的复制和抄袭。正如有人戏称网络内容提供商（Internet Content Provider，ICP）是"网络复制和粘贴"（internetcopy and paste）一样，该戏言一针见血地反映出网络上知识产权保护的混乱状况。侵犯网络知识产权的形式包括抄袭他人的文字作品、网页设计，任意下载、删改、转发和刊登其他网站的信息内容。这导致当前网站告网站、网站告传统媒体、传统媒体告网站、著作权所有人告网站等诉讼案例频频发生。

在网络上，知识产权被侵犯的现象屡见不鲜。一位作者要在互联网上维护自己的合法权益往往要付出很多的时间、经济成本，并且承担着较高的败诉风险，因为在网络上对知识产权的侵犯存有零成本、隐蔽性、迅速性、全球性以及罪证难以搜集等特点。简言之，在互联网上侵权非常容易，而维权却十分困难且成本高昂。

发表在网络上的作品与发表在报纸上的作品相比，只不过是传播的载体不同而已。后者是以报纸这种传统的纸质媒体为载体进行传播，而前者是以网络这种新型媒体为载体进行传播，二者在本质上是一致的。从网上"下载"网络作品，与摘登其他报纸的作品一样，应视为"转载"，应依照《中华人民共和国著作权法》（简称《著作权法》）第三十二条的规定，对著作权人的合法权利予以保护。

网上信息资源诸如论文、软件、专利、商标、未经授权的资料乃至商业秘密等十分丰富，都易为不法之徒所侵犯。撰写论文、开发软件要投入大量的时间、精力、资金，但复制却轻而易举。对于在网络上侵犯知识产权的行为，最有效的措施就是将侵权者绳之以法。

美国1997年通过了《1997年网络著作权责任限制法案》《1997年世界知识产权组织著作权条约实施法案》《1997年数字著作权和科技教育法案》；1998年10月又颁布了《数字千年版权法案》。

日本国会于1997年6月10日通过《著作权法修正案》，修正的主要内容是扩大传媒的公开传播权的范围。

1997年11月12日欧盟执行委员会针对信息社会著作权制定了履行《世界知识产权组织版权条约》的新规则，其中规定了复制权、公开发行权、著作权管理信息等内容。

在我国，人们对于"公众传播权"有肯定意见和否定意见，但国际趋势和中国司法实践都趋于对该项权利进行保护。

2001年10月27日第九届全国人民代表大会常务委员会第二十四次会议修正的《著作权法》第十条规定："信息网络传播权，即以有线或者无线方式向公众提供作品，使公众可以在其个人选定的时间和地点获得作品的权利。"这为中国的互联网知识产权保护提供了基本依据。

2005年4月国家版权局和信息产业部联合颁布了《互联网著作权行政保护办法》，该办法自2005年5月30日起施行；于2006年5月10日国务院第135次常务会议通过的《信息网络传播权保护条例》，自2006年7月1日起施行。这些法规进一步完善了中国的互联网知识产权保护法律体系。

受法律保护的作品包括《著作权法》第三条规定的各类作品的数字化形式，《著作权法》第十条对著作权各项权利的规定均适用于数字化作品的著作权。将作品通过网络向公众传播属于法律规定的使用作品的方式，著作权人享有以该种方式使用或者许可他人使用作品，并由此获得报酬的权利。

然而互联网知识产权保护之难往往并不是无法可依，而是维权的经济成本、时间成本依然过高，即使赢得了官司也可能导致在经济上破产。而网上侵权的特点往往使违法者能轻易躲过法律的制裁。因此在中国要想有效保护互联网知识产权，还有漫长的道路要走。

三、信息泛滥

互联网使得信息的采集、传播的速度和规模达到空前的水平，实现了全球的信息共享与互动，它已经成为信息社会必不可少的基础设施，将世界更进一步地联结为一体。但与之俱来的问题是，汹涌而来的信息有时使人无所适从，从浩如烟海的信息海洋中迅速而准确地获取自己最需要的信息变得非常困难。在新媒体活动中，信息的发布、传播失去控制，产生了大量虚假信息、无用信息，造成信息环境的污染。因为在网络上任何人都可以自由发表意见，并且发布的成本几乎可以忽略。在某种意义上，每个人都可成为全球范围的信息制造者，从而增加了人们利用信息的难度。这种现象被称为"信息爆炸"（information explosion）。

此问题给人类社会带来了负面效应和潜在危机。信息是潜能巨大的战略资源和取之不尽的财富，如何使信息资源得到有效利用、提高信息的质量，已经成为一个世界性的亟待解决的问题。

网络给每个传统的受众都提供了成为传播者的可能。这提高了受众的地位，打破了传统媒体传播者的单向性，但也带来了传播权的滥用，任何人都可以以任何目的传播任何消息。这其中，有谣言，有色情淫秽信息，有泄密，有危害国家安全的信息，还有侵害社会伦理道德的信息，以及大量色情、暴力、虚假广告等有害信息。这些垃圾信息已泛滥成网络新公害，就像大城市中的工业垃圾和生活垃圾造成环境和生态污染一样，它们阻碍用户迅速查到有用信息，因而需要得到及时处理。如何排除不良信息的干扰，并从网上过滤出真正满足自己需要的信息，已成为网络受众面临的重要挑战。而在网络信息的海洋中查找所需的信息，绝非一件轻松自在的事。

信息传播的空前自由为人类带来太多的信息而导致信息选择困难，造成信息选择的不自由。因为过多的信息会使人无从入手。阿尔温·托夫勒(A.Totter)在《未来的震荡》中曾对这种情况做过这样的表述："有时选择不但不能使人摆脱束缚，反而使人感到事情更棘手、更昂贵，以致走向反面，成为无法选择的选择。一句话，有朝一日，选择将是超选择的选择，自由将成为太自由的不自由。"

人们在享受着网络上丰富的信息带来的便利的同时，也在忍受着"信息爆炸"的困扰，"信息爆炸"已经对社会经济的发展产生了负面的影响。在一些情况下，每天要处理的信息超出人们的分析能力，降低了人们的决策效率，甚至导致决策失误或是难以做出最佳决策。在另一些情况下，搜集信息所花费的成本已超过了信息本身的价值。因为一方面，个人用于接收、处理信息的时间和能力有限；另一方面，大众传媒借助新科技传播信息的时间和能量的无限拓展性，导致信息汹涌而来。大大超过人的处理能力和有效应用的信息引发了一系列社会问题：信息太多导致人们紧张不安；滥用信息造成信息犯罪；信息堆积引起信息危机、信息雪崩，以及对信息的错误判断。

信息的真实性不能保证是阻止互联网正常发展的一大难题。互联网从整体上缺乏传统媒体的把关人。由于网络的开放性、自由性，任何人都可以在网上发布信息，这势必造成网上信息真假难辨，更有甚者故意乃至恶意散布虚假信息。这些信息在产生、传递过程中没有传统媒体的层层审查程序，没有人对这些信息的严谨性、真实性、权威性把关，而且多媒体技术的发展使得制造假新闻、假照片易如反掌。

人们试图从技术上寻求解决办法。从20世纪90年代中期开始，各国日益将研究重点放在数据库技术、信息挖掘技术、信息标准化技术上，形成了信息获取技术的研究热潮，产生了由许多学科互相交融的新的交叉学科——知识发现。

目前人们获取信息的方法主要有检索(information retrieval)技术，如分类目录型搜索引擎、基于关键词的检索搜索引擎、基于内容的检索等技术。另外，一些网络内容提供商通过智能化的代理服务器，由用户定制感兴趣的信息，从网上将有关信息定期发给用户，帮助用户高效率地从网上提取有价值的信息，这就是邮件列表推送(push)服务。

近两年数据挖掘(datamining)技术的研究成为新的热点。数据挖掘技术是从大量的数据中发现隐含的、前所未知的、对决策者具有潜在价值的知识和规则。这些规则包含了数据库中一组对象之间的特定关系，揭示出一些有用的信息，为经营决策、市场策划、金融决策等提供依据，以此来从数据库的相关集合中抽取出有价值的知识、规则或信息，从而使数据作为丰富可靠的资源为知识归纳服务。数据挖掘是一项正在发展中的技术，它的成果必将对信息获取起到积极的作用。

四、网络犯罪日益猖獗

有人说，在互联网上没有人知道你是一条狗。网络的隐蔽性、开放性、自由性为网络犯罪提供了得天独厚的条件,网络犯罪的例子可以说不胜枚举。

1. 网络色情犯罪猖獗且呈低龄化特征

许多网民对网络色情存有强烈的猎奇心理,甚至有不少网络色情犯罪者。

1999年9月初,河南省商丘市梁园区人民法院开庭审理并依法做出判决的何肃黄、杨科传播淫秽物品牟利案,法院以"传播淫秽物品牟利罪"判处何、杨有期徒刑各三年,并处罚金各1万元。它是中国第一例依法判决的"网络传黄"刑事案件。

虽然黄毒自古以来就已经存在,但可怕的是电脑网络使色情内容更容易传播。使用新媒体犯罪,使犯罪成本越来越低,传播手法越来越隐蔽且快速,犯罪者也越来越低龄化。

传统媒体的信息传播方式是单向的,即传播者将信息主动推送给受众,受众处于被动的地位,因此政府易于控制网民与色情内容的接触。而新媒体则将这种单向传播方式改变为双向传播,受众的主体地位得到体现,他们可以主动地选取自己所需要的信息。自制力较弱的网民往往会出于好奇或冲动心理刻意地去寻找一些色情、暴力信息。互联网上有许多专门提供色情服务的网站,如世界上著名的色情刊物《花花公子》就以合法的形式在美国进入国际互联网。许多网民在日常生活中无法接触这类色情杂志,因此怀有一种"窥淫"心理。互联网缺乏传统媒体中的把关人,而且网民能够在隐蔽的情况下看到低级庸俗的东西。

有研究资料显示,网民对色情信息的搜索多于对其他网络信息的搜索。网络色情信息的进步扩散对广大网民的身心健康产生了不良影响,许多人一旦陷入其中就不能自拔。

许多国家进行了相关立法,以应付日益猖獗的网络色情犯罪。例如,由美国前总统克林顿签署的《儿童在线保护法》,要求公共图书馆和学校在电脑上设定电子过滤设备,也就是设定过滤网络色情内容的软件,否则公共图书馆和学校将丧失联邦政府对电脑设备和网络划拨的补助。但是,因为网络犯罪的隐蔽性、跨国性、快速性,其至今未得到有效抑制。

尽管如此,世界各国都在制定限制措施和技术法规,以规范网络行为。如英国政府已使用"防火墙"技术,推广色情内容过滤卡;加拿大要求家长在多媒体上加挂V形色情过滤卡和暴力过滤卡。

我们必须加强对信息网络的监控与管理,建立先进的检测机制,"过滤"流入中国的网络信息,以防信息垃圾和犯罪活动的入侵。同时可建立一个以中央网络为枢纽,以各地的局域网、校园网等为支点的网络群,规范网络运作,以防不良信息污染网络。对那些利用新媒体色情信息和黑色信息进行网络犯罪者,必须动用法律武器予以严惩,净化网络空间。

2. 网络诈骗

网络诈骗大多发生在金融领域。在美国和俄罗斯都发生过计算机工作人员通过网络盗窃银行高额资金的案例。

据美联社2002年8月7日报道,美国有关当局说,有多达4000人利用"9·11"恐怖袭击事件后发生的电脑线路故障,从纽约市的一家信用机构骗取了大约1500万美元。这些人利用市政信用联合会在恐怖袭击后的一段时间中电脑系统不稳定的机会,不断从自动提款机中提取现金。

据《生活时报》2002年9月6日报道，广西农民设的"网络致富"骗局有2000多人上当。

据CNET网站报道，2007年1月18日，美国加利福尼亚州一位名叫杰弗里·顾狄恩（Effrey Goodin）的男子由于利用电子邮件设陷阱骗取他人信用卡密码，被判处101年监禁。他于2006年因涉嫌网络诈骗而被逮捕，并被洛杉矶地方法院陪审团裁定有罪。在进行诈骗的过程中，顾狄恩使用盗来的Earthlink账号向美国在线（AOL）用户发送电子邮件，督促收信人到指定网页更新他们美国在线的账户信息，否则将面临中断服务的危险。邮件中提供的网页链接其实就是他设下的一个专门收集信用卡信息的陷阱。顾狄恩是2003年《反垃圾邮件法》（CAN-SPAM Act of 2003）公布以来第一个依据该法被裁定有罪的美国公民。

3.网络敲诈

据《联合早报》2002年9月10日报道，武汉一大学生用电子邮件敲诈李嘉诚3亿港元的案件被侦破。网络空间不同于现实生活中的物理空间，物理空间中更多的是面对面的实体行为。相比之下，网上敲诈操作简便，匿名登录，不留痕迹。近几年来，这种犯罪越来越多，情节越来越严重。

4.非法贩卖

有不少犯罪分子利用网络的隐蔽性、迅捷性、全球性的特点，在网络上非法贩卖武器、毒品等。

据《联合早报》2002年2月18日报道，一名被控在曼谷一所大学校园里使用手榴弹进行攻击的泰国学生宣称，他的手榴弹是在互联网上买来的。该爆炸案造成两人受伤，三辆车被毁。起初，警方怀疑被控的学生把手榴弹来源推给互联网，主要是不想让警方找到真正的帮凶。警方追根究底，终于确认手榴弹的来源果真是互联网。

5.网络诽谤

在现实中如果有人捏造并散布某些事实，损害他人的人格、名誉，就有可能构成诽谤罪，那么在网络中捏造并散布某种事实，损害了他人的人格或名誉是否也有可能构成诽谤罪呢？答案是肯定的。

在网络的"发祥地"美国，早在20世纪90年代初，法庭就已经审理过网络诽谤的诉讼，英国和澳大利亚也审理过网络诽谤诉讼案件。随着互联网越来越普及，网络诽谤诉讼会越来越多。对此也有人认为，网上出现的诽谤言论，许多都是可以立即进行驳斥的。如在某BBS上出现诽谤言论，被诽谤者可以立刻在BBS上进行回应。如此一来，一方起诉另一方诽谤实在没有必要。但也可能存在这样的情况：被诽谤的一方不能或不可能立即进行反驳回应，他们也许平时并不经常浏览网页，得到的消息是经旁人传达的，或他们并不具备一般的电脑知识，根本不知道如何将自己的言论放入BBS。

网络诽谤在国外并不鲜见。美国弗吉尼亚州一名大学教授在一宗互联网匿名诽谤案中胜诉，获得67.5万美元的赔偿。这是美国首宗网上诽谤赔偿案。

6.网络恐怖主义

"9·11"事件是美国人挥之不去的阴影,恐怖分子利用网络进行攻击的预言又成为人们新的梦。在网络化的社会,发生"数字珍珠港"事件不是没有可能。数千个生命在2001年9月11日的那场恐怖袭击中消逝了。爆炸、劫机和其他大规模破坏活动等恐怖分子常用的手段一度成为人们的话题,也成为一些国家的防范重点。在当今的网络世界,计算机也会成为被恐怖分子利用的重要武器。与一般的恐怖主义不同的是,网络恐怖主义以网络为战场,通过网络上的漏洞进行破坏,达到危害人类的目的。现在全球网络恐怖分子已经蠢蠢欲动,他们正在寻找可导致全球恐怖的漏洞。制止网络恐怖主义需要全球各国政府、企业甚至每个人合作,从预防入手,在每个环节采取防范措施,这样才能保证网络的世界安全。

7.警惕网络暴力

网络暴力就是在网上发表具有攻击性、煽动性和侮辱性的言论,损害当事人名誉。网络暴力亟待运用教育、道德、法律等手段进行规范。

互联网是一把"双刃剑",具有"善恶双重品格"。"互联网之善"表现出某种令人激动的特性,面对"孙志刚事件"及一系列侵犯百姓权益的案件,正是互联网民意促成了"收容遣送制度"的取消,改善了底层民众的生存状况,显示出互联网的强大能量。但是"陈易卖身救母事件""虐猫女子事件""铜须事件"提示,人们有必要建立起合理的网络规则。其核心是划清言论自由与侵权的界限,对侵犯个人权利尤其是隐私权的网上言论,应该有一套有效的监督机制,使侵权者不能逃脱应负的法律责任。

五、网瘾症

互联网充斥着形形色色、无穷无尽的信息,能满足不同个体对信息占有与索取的需求。另外,互联网有开放、平等、相对宽松自由的环境,能使人产生对其他任何事物都无法产生的亲密感、无时空感和无压抑感,因此容易导致使用者上瘾,网络可以让人们足不出户就能获得自己所要的物品、想要的信息,可以让网民交到一些网友,可以聊天,可以听音乐、看电影,在虚拟的世界中网民的生活似乎比在真实世界更丰富多彩。然而,网络却使网民与生活现实的距离进一步拉大。长期沉溺于网络当中的网民容易产生人际交往障碍,其性格变得孤僻,与他人距离疏远,对人冷漠,容易变得孤独、苦闷、焦虑、压抑,甚至情绪低落、消沉、精神不振。长期沉迷网络易让人产生空虚的感觉,并引发心理常见疾病,如躁郁症、厌食症、强迫症等。痴迷网络者与现实世界接触机会减少,与家庭成员缺乏沟通,造成精神抑郁、情绪低落,生理、心理都受到影响。人们习惯于网上的指令,回到现实世界,有可能出现人与人之间交流的不顺畅。

上网成瘾不仅危害网民自身的身心健康,还对网民个人家庭、社会造成危害。为了有效克服网瘾症,专家提出了以下建议:利用业余时间上网,上网时间每天控制在两个小时以内,千万别打破正常的饮食与生活习惯;上网要有明确的目的,要有选择地浏览自己所需要的内容，不要漫无目的；上网过程中应保持平稳的心态，消除猎奇心理，不宜过分投入；别迷信网络爱情，要知道爱情是在现实中的；不要为了打发时间而泡在网上。

但是我们也要反对夸大网瘾症的危害，甚至将其归入精神病的做法。网瘾症从根本上来说是一种媒体依赖现象。

六、数字鸿沟

信息技术的发展还造成贫富国家的差距进一步拉大，即强者越强、弱者越弱。这在新媒体方面表现得淋漓尽致。一方面，在家庭计算机拥有率较高的西方国家，新媒体发展迅速，个人获取网上信息非常便捷；另一方面，许多第三世界国家的温饱问题与教育问题尚未解决，更谈不上上网或从网上获取信息。这就造成富国容易获得信息，从而能获取更多财富；而穷国信息闭塞，经济更为落后。

目前，世界各国范围较大的基础网络都是由国家统一规划布局并兴建的基础性信息设施。各国综合国力、技术水平各异，网络的发展水平也存在很大差别。传播和技术已日益冷酷无情地把世界隔离成两座营垒。一座营垒由那些受到良好教育且极具经济实力的信息精英把持盘踞，他们是计算机系统的经营者，控制着传播工具；另一座营垒则属于传播圈的"下层阶级"，这里的成员文化水平有限，他们在巨大的传播机器的摆布下过着物质与精神双重贫困的生活。信息成为能迅速接触它并能有效地处理它的人的力量源泉，互联网则加速了弱势更加弱势、强势更加强势的进程。

尽管中国的互联网在短时间内发展得突飞猛进，但如果以网络用户占国民总数的比例与世界发达国家和地区横向比较，就会发现我国网络用户占全国总人口的比例与发达国家和地区的差距还很大。网络的发展和普及取决于综合国力以及国民的科技文化素质。中国作为地域辽阔、人口众多、经济文化发展水平不平衡的发展中国家，将始终面对信息时代数字鸿沟这一严峻问题。

数字鸿沟首先表现在与发达国家和地区的差距上，中国不仅与北美、欧洲诸国差距巨大，而且与亚洲的日本、韩国、新加坡等国差距也甚大。中国内地与香港、澳门、台湾地区也存在很大差距。

数字鸿沟在我国东部地区和西部地区、中心城市与中小城市、城市与乡村在网络基础设施、网络知识与技能教育、网络用户数量等方面都存在着较大差距甚至巨大差距。

数字鸿沟造成互联网上各国舆论力量失衡。发达国家尤其是美国舆论主导新媒体，而发展中国家因技术、资金和人才问题在新媒体中的地位甚至低于在报纸、广播、电视中的地位。

各国计算机和网络技术水平的差异使发达国家在互联网上占据了优势地位。相对富足的西方国家拥有较强的网络信息生产能力，新媒体中来自发达国家的声音多，而来自发展中国家的声音少，这就是网络信息传播中语言和文化的不平衡。发达国家利用互联网技术控制发展中国家，并凭借新媒体优势对发展中国家实施信息侵略和文化侵略，宣传和鼓吹其文化，进行文化渗透。网络信息内容中所携带的西方价值观、意识形态冲击着非英语国家和民族的人们原有的思想观念和文化。例如美国在新媒体上的优势地位形成美国文化对小国文化的销蚀和征服,最终形成一种以西方文化为主的全球网络文化,这造成发展中国家本民族文化的衰落。如何保护和发扬本民族的优秀文化传统,保持全球文化的多样性,已经成为发展中国家亟待解决的问题。

七、网络谣言

谣言,指的是没有相应事实基础却被捏造出来并通过一定手段推动传播的言论。谣言的历史与人类的历史一样漫长,而互联网又推动了谣言的快速传播。在现代环境下,利用灵活无序的网络传播,谣言传播变得速度更快、作用力更强。

1947年,美国学者奥尔波特(Gordon Allport)给出了一个决定谣言的公式:谣言=(事件的)重要性×(事件的)模糊性。他在这个公式中指出了谣言的产生和事件的重要性与模糊性成正比关系:事件越重要,越模糊,谣言产生的效应就越大;当重要性与模糊性任何一方趋向零时,谣言也就不会产生了。要想终止谣言的传播,就应及时披露事件的真相,所谓"谣言止于真相"。

2014年12月,疑似猎杀野生动物豹猫的广西男子黄某在互联网上发布谣言,称猫是在集市购买的,并强调"家养的猫,就是家猫"。经警方调查后,黄某供认,图片确系保护动物豹猫,自己捕猎后将其贩卖。最终黄某被没收非法所得,处罚金2000元,并因散布谣言被拘留10天。

第三节 网络舆情的应对策略

一、网络舆情的应对原则

1. 黄金24小时法则

新媒体平台上负面信息处置的关键时间段是信息发布后的24小时内。如果能24小时内及时处置,就可能化解危机,防止其成为舆论热点;否则就可能演变成为新媒体事件。因此各级宣传、公安等管理部门要建立新媒体舆情的监测预警系统,对新媒体平台进行全天候的跟踪监控。一旦出现舆论监督和其他负面信息,要力争在第一时间发现,并迅速反映给当事方和上级主管部门。

尽量在第一时间发布新闻,赢得话语权。先入为主,掌握主导权。危机管理实质上是危机沟通管理。真实透明的信息、开放式的报道、人性化的沟通,不仅不会引发恐慌、给政府添乱,反而会促进网络民间力量与政府力量的良性互动,产生积极效应。

第一时间发布信息。及时准确地向公众发布事件信息,是负责任的政府的重要表现,对于公众了解事件真相、避免误信谣传、稳定人心,具有重要意义。

第一时间引导舆论。第一时间发布信息,引导舆论,有助于政府掌控危机事件的主动权,稳定人心,避免出现歪曲性报道并防止谣言传播。

第一时间掌握新闻主导权。危机因具有高度的破坏性而天然地会成为公众关注的焦点,激起他们的兴奋情绪。对此,若引导得好,会向着对危机管理有利的方向发展;引导不好,则会妨碍危机事件的处理。媒体既是公众情绪的风向标,也是公众情绪的催化剂。

对于新媒体平台上出现的舆情信息,原则上应实行属地管理;所在地区的宣传部门是发现舆情的第一责任人;在发现涉及本地的新媒体舆情后,要尽快启动应对机制,迅速联系舆论关注的相关单位或个人,通报新媒体舆情信息,了解事件的真实情况,搜集整理舆论应对材料,当事单位和当事人是舆论应对的第一责任人,必须根据新媒体舆论反映的情况快速做出反应。

2. 信息公开原则

在新媒体环境下,应该及时公开信息,而不是也不可能封杀信息。

公开是原则,不公开是例外。在突发事件中,要速报事实,慎报原因,既不失语,又不妄语。

(1) 政府相关部门要善于发挥主场优势,警惕主场劣势

政府的主场优势表现为公权力优势、媒体优势、知情优势。政府的主场劣势表现为网民对公权力的不信任感、对司法公正的失望、对社会公正缺乏信心。

政府在舆情应对中应充分发挥主场优势。政府掌握的信息远比网民个人所了解的信息全面,中国政府对新闻媒体具有重大影响力,而且最主要的一条,政府应该具有权威性。宣传部门要充分发挥媒体优势,不失语、不妄语,发挥信息优势,学会有节奏地抛出系统化的专业信息,利用政府与民间的信息不对称,有力地引导舆论。同时也要警惕政府的主场优势变成主场劣势,这就是政府公信力的流失。

(2) 抢旗帜和切割战术

在网络舆情中勇于"抢旗帜"。在舆情频发的今天,要高扬社会公正、司法公正、以人为本和谐社会的旗帜,积极排查和解决社会中各种不和谐、不稳定因素,维护人民群众的切身利益,不要因为种种顾忌而把这样的旗帜送给网上意见领袖,而让广大网民对政府失望。

要善于使用切割战术,即中央和地方切割,政府和无良官员切割。

第一,宜疏不宜堵,保证信息的公开透明化。突发的热点事件尤其是负面事件必然会引起网络舆论的广泛关注。此时形成的网络舆情会包含着各种网民的声音,其中不乏偏激的不理性声音,甚至有时候这种声音是占主流的。在处理此类事件时应该通过事实说话,公开信息真相,设置议题议程,疏导舆论,而不是封堵杂音、堵塞舆论通道,后者更多的时候只会适得其反,只有事实才是引导舆论的根本。

第二,宜解不宜避,主动承担应有的责任。舆情危机的爆发大多数时候是因为对突发事件的问责处置采取回避态度,不积极解答,而问责又是事件的舆论焦点。因此在舆情应对时要主动解答公众疑问,不能回避,更不能回绝。

突发事件应对三要素通常包括:公布事实、官员问责、惩戒违法民众(如图9-2所示)。

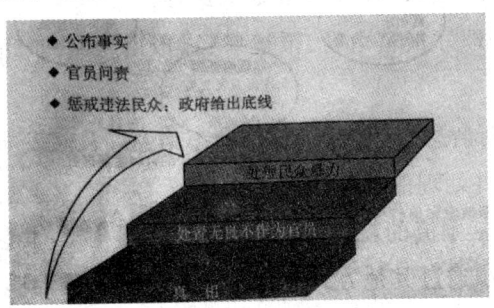

图9-2 突发事件应对三要素

(3) 沟通原则

越来越多的政府部门与官员开始意识到积极主动与媒体和民众沟通的必要性,一个表现是越来越多的中国政府部门与官员开通了微博。不过,目前在不少政务微博、官员微博中,形式大于内容,缺乏实质性常态的互动。在微博中,所有人都平等,不会因为是官员影响力就高人一等。

新媒体舆论的引导策略可以归纳为：快速发现新媒体舆情，明确舆论责任主体，主动设置新媒体议程，第一时间发布信息，认真回应质询议题，坦诚对待公众疑虑，适时进行权威评论，积极开展民意互动。政府部门新闻发布活动的多种形式见图9-3。

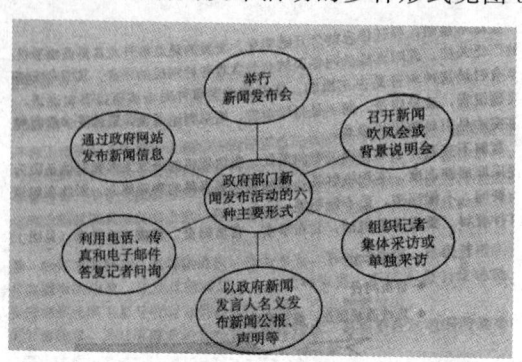

图9-3　政府部门新闻发布活动的六种主要形式

在突发事件中，政府部门要主动组织与积极策划新闻宣传，主动通过媒体赢得公众。与媒体沟通最终是与记者沟通。而记者不是你的朋友，也不是你的敌人；不是你的上级，也不是你的下级。记者，永远是你的挑战者。

突发事件发生后，新闻发言人作为政府的代言人，要尽快与媒体进行沟通，认真回应质询议题，坦诚对待公众疑虑。

新闻发言人的危机公关也主要表现在与媒体的沟通上面。作为政府代表的新闻发言人要最早、最先、最快说出事情的真相。

新闻发言人要有力传递主信息。在出场之前，必须清楚自己的立场是什么，主信息是什么，通常称之为SOCO，即唯一的(single)、最重要的(over-riding)、沟通(communication)、目标(object)。

应对媒体，新闻发布的具体传播控制策略主要有：

(1)进行报道管理：处理好报道角度、报道口径、报道尺度、报道形式，并且有后续报道的跟进。

(2)不间断地发布最新信息：随时发布事件动态信息，及时发布政府的应对举措，调动社会积极参与应对，发布事件处理的最终结果。

(3)发挥主流媒体(包括主流的新媒体)的作用：一旦主流媒体能准确及时地提供真实的权威新闻信息，公众就会减少通过其他方式搜集信息的行为，各种谣言和"小道消息"自然会消失。政府如果采用不报或少报的做法，则首先会影响到主流媒体的信息发布，使主流媒体在舆论竞争中处于被动地位，同时大大削弱舆论引导的有效性和影响力，不利于社会稳定。

(4)适时组织专家引导：政府相关部门要适时进行权威评论，组织专门的专家队伍，通过专家发布评论和指导，围绕专家意见开展报道。

在与媒体积极主动沟通中，要提出报道要求，掌握核心信息传播渠道，确保信息输出规范可控。与媒体打交道的5项基本原则是：态度诚实、信息公开、前后一致、信息清晰、备有预案。与记者沟通的10条黄金法则是：任何一次与媒体的沟通都是机会，而不是威胁；充分准备，了解记者的采访安排；认真做好采访前的调研和准备；掌控采访过程；做到有礼貌、有耐心、心情愉快；交流简单清晰，不说行话、套话；回答要准确简洁；不说"无可奉告"；不说谎，不猜测，不推测；不发表个人观点。

在发生灾难性突发事件时，新闻发言人站出来要做的第一件事就是以人性化的方式表现出对事件的关心，然后是说明将采取的行动和对事件的全局看法。因为在灾难性突发事件中，人民受到了伤害，感到恐惧、愤怒和困惑。

2011年"7·23"甬温线特别重大铁路交通事故发生26小时之后，官方新闻发布会终于在温州举行。当新闻发言人王勇平被问到"为何救援宣告结束后仍发现一名生还儿童"时，他称："这只能说是生命的奇迹。"之后，被问到为何要掩埋车头时，王勇平又说出了另一句话"至于你信不信，我反正信了。"

当时王勇平的原话是这样的："关于掩埋，后来他们（接机的同志）做了这样的解释：因为当时在现场抢险的情况，环境非常复杂，下面是一个泥潭，施展开来很不方便，所以把那个车头埋在地下。说这段话的时候，王勇平用力一甩脑袋，这段画面也被制作成GIF动画，在微博上发布。

王勇平的这段话以及在新闻发布会上面带笑容的表情，让广大网友不满。在微博上，大家都用"至于你信不信，我反正信了"来表达对事故发生以及善后的质疑。随着"至于你信不信，我反正信了"成为网络流行语，有人将该句式称为"高铁体"。

二、网络舆论发展的新特点及对策

在移动互联网时代，政府、社会、学界大都有一种印象，即微博、微信已成为网络舆情发酵和传播的主要平台和场域。我们在对大量"两微"数据和案例进行挖掘、整理和分析的基础上，梳理了2018年1～12月的热点舆情情况，并就其中有代表性的重点舆情进行着重分析，希望用实证的方式来证实或证伪这种印象，并提出对策建议。同时，在此研究的主体部分基础上，进一步对"两微"舆情生成、传播的特点和规律进行学理阐释。

1.网络舆论发展的新特点

我们综合运用了大数据分析和问卷统计等不同研究方法的优势。微博的数据来自第三方机构提供的关于舆情传播、用户行为的监测资料，我们在此基础上进行大数据分析。因微信群数据无法在公开渠道获得，我们的研究从微信用户的角度切入，采用问卷调查法，有效调查对象规模超过两万人。

通过研究可以发现，网络舆论在移动互联网时代的发展具有如下特点。

1）微博和微信负面舆情占比高，是负面舆情生成传播高发区，成为谣言的主要传播平台。

（1）新浪微博和微信是2018年舆情事件的主要首发源。122个热点舆情中有37件首发于新浪微博，15件首发于微信，"两微"平台首发舆情事件合计52个，占全部热点舆情的42.6%，接近一半。从舆情特性分析，作为社交媒体、社交网络的"两微"平台，其上的舆情生成、传播天然具有碎片化、情绪化、非理性倾向，负面舆情占比高，谣言传播广。对网民的调查表明，45.53%的被访者认为微博负面信息多，40.05%的被访者认为微信群负面信息多，在所有被调查媒体中居前两位。

公众通过网络参与社会事务日渐兴起，社交媒体、社交网络成为大众获取信息、发表意见、交流观点的主渠道，而微博、微信因其互动性强、传播范围广且速度快、精英与草根交织等特征，成为人们发声的主流平台，进而也成为网络舆情高发区，对社会舆论演变和议程走向起到了重要的影响。

我们将"两微"并称，一是基于社会普遍认知。政府、媒体、学界在判断和研究舆情时，将具有社交性质的"两微"并称，已成通常做法。二是基于微信与微博在传播特点上虽然有所差异，但在热点舆情生成和传播过程中表现为紧密的联系和互动。在当下的泛传播环境中，某舆情事件的爆发并不会仅仅局限于微信或微博，重大舆情的形成往往是联动的结果，舆情事件往往是在微博或传统专业媒体上完成信息发布，进而在"两微"平台上共同经历酝酿、爆发和衰退等不同阶段。与此同时，主流媒体账号在微信平台上受到发布时间、发布条数以及关注人数等限制，难以把握主要话语权，在舆情引导、事件解决中的主导性、影响力的发挥受到很大制约。三是基于舆情事件的性质和影响力大小。在舆情事件首发占比上，微信低于微博，但受到微信平台特点的影响，其上舆情的情绪化、煽动性、隐蔽性更强。这是因为微信相较于微博更加偏向于私人化，舆情传播也主要依赖于人际网络群体化传播的途径，这就使得微信舆情传播更加情绪化，容易陷入回音室效应，也缺乏观点辩证的空间。同时，引发舆情的源头受微信私密性保护难以追溯，这就导致舆情的发展更加隐蔽，为舆情监测和舆情引导带来不小困难。

(2) 微信和微博同时也是谣言高发地和主要的传播平台。

"重庆公交车坠江"事件等在微信、微博中的舆情演进出现多次反转，牵动社会神经，主要是因为多次出现不实信息和谣言。调查显示，用户对微信信息的信任度高于微博，是所有被调查媒介中最高的：用户对微信信息的信任度为63%，对微博信息的信任度为36.8%。而手机（短信、彩信、手机报等非手机APP）、网络、报纸、广播电视新闻的信任度分别为：22.4%、19.6%、20.7%、12.6%、34.2%，均低于微博、微信。虽然用户对微博、微信的信任度都明显高于手机、网络、报纸、广播、电视等媒体，但两者之间也存在较大的区别：用户对微信的信任度远远高于微博。这是由"两微"不同的传播模式造成的。微博、微信两个平台在各自用户关系的强弱上存在不同，微博属于大众传播模式，用户之间是弱关系，微信则更侧重于群体传播和人际传播，用户之间是强关系，微信的用户黏性比微博强。正是"两微"不同的传播模式导致了用户信任度的差异。同样的谣言内容，如果告知受访者信息来自微博，受访者相信其信息为真的比例为38.5%；而如果告知受访者信息来自微信，受访者相信其信息为真的比例为 66.4%。谣言通过微信传播，比通过微博传播更容易被人相信。

通过问卷结果，我们了解到微信、微博成为了解新闻时事的第一信息源，尤其是拥有庞大用户群体的微信，更是成为社会舆论的新引擎。随着那些年逾50岁但仍在经济、社会资源上占优势地位的"前网络一代"被迅速卷入网络之中，他们与互联网新生代一样拥有了自己的"两微"（特别是微信）并积极发声，对社会舆论起着重要影响。同时，这类"银发群体"或年龄接近的"准银发群体"，也是网络谣言的最大传播者和受害者。这是因为这类群体最关注食品、健康类信息，而这些领域正是谣言最集中的地方。由中央网信办违法和不良信息举报中心主办的中国互联网联合辟谣平台自 2018 年 8 月 29 日正式上线以来，已整合接入全国各地 40 余家辟谣平台，辟谣数据资源 3 万余条。在平台对辟谣案例进行整理时发现，在当前划分的政治、社会、文化、健康、食品、科学六大类别中，健康、食品、社会类虚假信息、谣言位居前三名。其中，健康类谣言从 2017 年 7 月至 2018 年 11 月共计辟谣 400 条，食品类 192 条。相关数据显示，网络谣言中"舌尖上的谣言"占 45%，食品安全领域成为网络谣言的重灾区。2018 年 7 月，中国健康传媒集团发布《2017 年食品谣言治理报告》显示，微信已经成为传播食品谣言的主平台。数据显示，2017 年食品谣言传播最多的渠道是微信，占比高达 72%；其次是微博，占比 21%。由于微信社交的相对封闭性，微信朋友圈常常成为谣言滋生的"温床"用户自身对谣言的净化能力较弱，导致谣言总是能在熟人圈里广泛扩散。

(3)新华社作为传统媒体代表，成为重要信息首发源和引导舆情客观、理性发展的坚实力量。2018 年 1~12 月，有 23 件热点舆情信息是由新华社首发的，占比 18.9%。新华社发布的信息主要是国内外重大事件，包括国内突发灾害、事故的有关报道。新华社首发新闻之后，会在微博和微信平台上引起关注和广泛讨论。在舆情特性上，由于新华社第一时间发布权威信息，及时进行解读，促进了后续网络舆情走向总体上按照客观、全面、理性的路径发展。这与"两微"平台首发舆情多朝着片面化、情绪化、博眼球的负向演进形成了鲜明反差。同样是首发信息，通过主流媒体与"两微"不同信源的对比，得出的启示是，首发信息源质量对整体舆情走向有着重要影响。

2)舆情事件类型分布不均衡，社会类舆情最易引发关注

(1)舆情事件类型多种多样，其中社会类(69 件)、企业类(28 件)、娱乐类(10 件)热点舆情最多。通过对 2018 年 1~12 月热点舆情事件的类型进行统计，发现涉及的范围极为广泛，可以归纳为社会、政务、灾难、企业、娱乐等多个领域。其中社会类、企业类和娱乐类最多。在 122 个重大的舆情事件中，社会类为 69 件、企业类为 28 件、娱乐类为 10 件，社会类超过了一半，成为网络舆情的高发区。

(2)不同类型舆情事件的特点差别大。一是社会类舆情事件。该类舆情事件复杂多样，涉及面广，涵盖违法犯罪、民生、教育、医疗卫生等公共问题，因此传播范围、关注人群、情热度等特征较为复杂。总的来说，社会类舆情事件中，与人们切身利益息息相关的公共议题较易引发高度持续关注，热度一般不会很快消散，如西安楼盘摇号内定的事件。此外，公众人

物的言论容易引起不同观点的争议，舆情传播过程中情绪性、争议性特点明显，也会引发大范围关注，如俞敏洪发表的关于女性的不当言论。而违法犯罪相关的舆情则带有鲜明的传播特性，不少犯罪事件本身骇人听闻，带有强烈的反常性，在传播中契合人们的猎奇心理，因此传播快、热度高，同时也更容易引发夸大描述甚至谣言，如空姐乘滴滴遇害事件等。二是政务类舆情事件。该类舆情事件在传播中呈现主流媒体引导、社交媒体广泛参与的特征，这类事件往往以官方渠道、传统媒体发布较为权威的信息，传统媒体在政务类舆情传播中占据相对较高的地位。同时，政务类舆情事件虽然热度一般不会很高，但通常能够引发较为稳定持续的关注，在涉及国际重大问题时，也会有较多意见领袖参与讨论。三是灾难类舆情事件。这类事件的传播特征呈现出典型的本地化倾向，鲜明地体现为以事发地点为中心、通过网络信息节点向外辐射的舆情散播特征，如福建碳九泄漏事件等。四是企业类舆情事件。该类事件的传播以垂直专业化媒体、意见领袖的带动为主，这些具有相对专业背景的传播主体往往在舆情传播中起到较为关键的推动和引导作用。五是娱乐类舆情事件，这类舆情具有爆发快、热度高、消散快的特点，这是因为娱乐明星自带流量和话题属性，会给舆情带来爆点，但这种热度无法持久。

(3)"两微"热点舆情多发源于细微之处，并更易聚集扩散"悲情个案"。"两微"平台上的舆情感知具有高度敏感性的特点，这突出体现为网民和媒体都非常关注"微事件"，一些大人物的"微行为"容易被聚焦放大，演变成舆情热点。在"扁平化"的网络环境下，当权者高裕阶层都是社会重点关注的对象，特别需要自我约束，谨言慎行。这类群体不但要注意自己的"大行""大礼"，也需要注意自己的"细谨"和"小让"。因为在微传播的条件下，这些群体的任何微小行为都有可能被"晾晒"于公众的视野之下，成为大新闻，成为人们关注的热点事件。此外，在草根群体充分利用"两微"直接参与到舆情生成传播的今天，"两微"的舆情更易聚焦"悲情个案"。而悲情个案表现出极强的鼓动性和感染力，极易扩散成为全国性的热点事件。这是近年来微传播条件下舆情发展的一个趋势，同时也提示人们，在处理个体利益受损事件时，尤其是带有悲情色彩的个体利益受损事件时，一定要慎之又慎，因为它极易演变成大范围的热点事件。

2.针对舆情传播现状需要采取的对策

"两微"舆情引导和监管要创新方式，形成协同共治格局。针对以"两微"为代表的舆情传播现状，需要采取一系列有效措施来予以应对，以便形成完整的引导和治理机制，为经济社会的发展营造良好的舆论环境。具体对策如下。

对策一：坚持包容与严管并重的治理理念，实现从被动应对到主动引领。政府对网络舆情总体上应持包容、开放的态度，对广大网民，要多一些包容和耐心，对建设性意见要及时吸纳，发挥网络舆情"晴雨表""减压阀"的功能和对社会治理的促进作用。同时，对境内外敌对势力操纵的网上违法犯罪活动，要旗帜鲜明地严加管控，但在具体执行中要避免"性质认定"扩大化。总体上，政府需要对网络舆情进行适时主动引导，加强推行政务公开、化解信息不对称、推进媒体融合、提升传播效果,调动起不同领域观点意见领袖的正面作用,实现网络舆情治理从被动应对向主动引领的转变。

对策二:抓住舆情治理核心领域,创新监管方式。针对热点舆情特别是负面舆情事件大多首发于"两微"平台并在其上集中传播的现状,应重点监管以微博、微信为代表的社会化媒体和社交网络,建立有效的舆情监测、舆情研判、舆情预控机制。将预防为先的思路贯穿全过程,与相关平台打通对"两微"舆情实时监测的信息渠道和系统接口;通过对舆情事件的时间、地域、分布、网民关注和参与情况等多维度分析,有效识别舆情演变敏感点和危险点通过设置智能优化、动态完善的舆情指标、预警阈值,科学确定舆情的重要、紧急程度和等级划分的标准,提升重大舆情在萌芽期的有效识别率,为及早预控抢占先机、打下基础。同时,要在法律法规框架内和保证公民合法权益的前提下,创新舆情治理思路,结合个人信用体系建设,提高全社会促进网络舆情健康发展的主动性、积极性与前置性。配合国家正在研究建立的互联网领域失信黑名单制度和联合惩戒机制,激发个人守法意识,对网上恶意造谣传谣等失信行为形成普通个体能够深刻感知、引以为戒、常记于心的有效制衡和惩处机制;促进互联网企业主动加强信息内容管理制度、用户注册和审核机制、网络信用档案、技术甄别手段建设,促进网络诚信建设各环节进一步制度化、规范化。由于微信舆情的情绪化、隐蔽性、回音室效应更强,网上舆情比微博舆情更难治理,建议政府相关部门优先在微信平台上进行网络失信治理的试点,带动网络空间舆论生态健康发展。

对策三:发挥企业、行业"自我管理"的主动性,促进人工智能技术在舆情管控领域的运用。发展与治理是需要平衡的两个方面,互联网企业应主动规避网络舆情风险,主动加强企业内部管理,积极参与行业自律,才能获得最大的商业利益和可持续发展。企业应树立正确的发展观、技术观、产品观,形成内部的统一正确认识,避免因舆情事件管理不力而给企业带来发展风险和商业损失。针对网上舆情发展快、爆发快的特点以及重大网络舆情多为跨平台传播的情况,企业应积极参与、推动建设舆情自律、业内互动与企业"自我管理"的行业协作机构,在业内协同的基础上提升舆情治理效率和效果。在目前企业内部管理+政府监管+社会监督的治理格局中,引入"行业互助"这一新的环节,使企业间在舆情治理这一问题上及时互通信息、及早采取措施,而不是各自为战,甚至"互看笑话"。而在企业内部,特别是对"两微"平台,则应着力加强人工智能技术建设,将其积极运用在对负面内容、风险舆情的发现和管控之中。对舆情这一与技术发展密切相关的问题,要利用先进技术来有效防范和破解。

对策四:加强舆情规律研究,提高全民网络素养。要兼具宏观结构意识与"细分拆解"意识,既要时刻关切政治、经济、社会、文化、国际等宏观因素对舆情演变、舆论生态的深刻影响,也要更加深入到舆情发展和治理的各环节之中,对网络舆情的演化规律和不同阶段的特征、符合国情的网络舆情指标体系建设、网络舆情的引导应对以及法律法规科学制定等领域加强研究。同时,舆情来自大众、反映大众,因此要加强科学知识、用网知识等的普及,全面提高网民素养。在以"两微"为代表的社会化媒体和社交网络时代,网民要在媒介使用素养、信息消费素养、信息生产素养、社会交往素养、社会协作素养、社会参与素养六个方面有效提升自己，让人的发展跟上媒介技术的发展和网络舆情的演变。要使网民普遍做到对新媒体技术和应用的合理、合法、节制使用，提升对信息的筛选、辨识、分析与批判能力，培养负责任的发布信息、传播信息的意识与能力，学会合理选择网上交往对象、维护健康的社交网络，增强网络分工协作中的个人定位、任务执行、有效沟通能力，提高在网上有序、合理参与社会事务的素养、修养。互联网为普通人赋予了更多的权利和力量，根据"责权平衡"法则，相应地，网民的责任意识、网络素养、参与能力相应提升，有利于形成健康有序的网络舆论生态。

　　对策五：吸取国外经验教训，确立符合国情的治理模式。重视互联网立法，在互联网服务商的责任、保护个人隐私、数字签名、网络犯罪和保护未成年人、网络实名制度等方面做出明确的法律规定，塑造网络舆情健康发展的制度环境与基础保障，便于依法依规治理。同时对舆情治理可能衍生的问题也要提早采取防范措施，如韩国网络实名制曾引起大范围用户数据泄露，而2018年Facebook的用户数据信息大规模泄露事件也提醒人们，不仅要在信息流通环节重视秩序，在信息保存管理环节也应该充分重视用户权益，保证网民的隐私安全。新加坡、美国、英国分别采用网络舆情治理"严格主义""自由主义""折中主义"，这三种模式反映出网络舆情治理模式应与一国国情和特定发展阶段相适应。我国是正在经历互联网舆情发展初期的社会主义国家，社会稳定和民族团结应是互联网舆情管制的首要目标。因此，我国在借鉴他国行政管理的基础上也应该结合本国国情，在尊重互联网用户表达权利的基础上，对于危害国家安全、侵害个人权益等负面舆情发展方向进行及时管制。对网上信息内容的传播，在符合社会主流价值观和互联网信息服务管理"九不准"等内容规范前提下，借鉴英国《R3安全网络协议》等分级制度，对法律允许传播的内容进行更精细化、科学化的细分，便于对儿童、成人、老年人等不同群体进行更合理的传播，并发挥"两微"等主要舆情平台在内容"分级"上率先探索、率先推行的带头作用。

3. 解决现实社会的矛盾是解决问题的根本之道

　　虚拟的互联网世界其实是现实社会的缩影，解决好民生问题，完常规利表达和机制是网络舆情应对的基础。

　　例如，拆迁是众多危机事件的导火索。在拆迁过程中，政府及执法部门应做裁判。除非出于公共利益，在拆迁中，政府及执法部门只应该保持中立、做裁判，而不是维护开发商的利益。作为商业活动，开发商应该事先评估拆迁风险。

　　最牛的"钉子户"或许在日本。因为居民不肯搬迁，日本东京成田国际机场1号跑道拖延十几年才完成，2号跑道因无法修到规定长度屡发起降险情，3号跑道至今还在图纸上不能动工(见图9—4)。

图9—4 日本最牛"钉子户"示意图

注:图中圈出的是2号跑道南端的"钉子户",飞机每天在他们头顶起降。

成田机场是无法提供夜间起降服务的,因为根据和机场内几户居民的协议,夜间禁止起降,以免影响到这几个"钉子户"的休息。

这几户人家就住在机场里面,他们已经与政府和机场斗争了40年。很多居民都已经搬迁了,只剩下他们坚守在这里。热田家就住在规划中的3号跑道上,这条跑道一直不能动工。网络舆论引导能力也是一种执政能力。"言塞湖"的"诞生",往往是民意早期受到冷落,才演变成中期的"民议"、后期的"民怨"。民意在每一道环节上的被冷落与搁置,都会导致舆情能量的聚集。彻底阻截"言塞湖",当从"清淤"开始。

本章小结

1.新媒体舆论具有丰富和多元性、开放自由和互动性、速成性、非理性和理性因素并存及难控性等特点。

2.新媒体舆论具有舆论监督、信息传播、交流思想、对政府行为产生一定影响等多种功能。

3.新媒体舆情的应对应遵循黄金24小时法则、信息公开原则、沟通原则等原则。

4.针对网络舆情传播的新特点应采取相应的针对性对策。

知识与技能训练

一、单选题

1. 舆论是一种常常难以进行确切地科学分析的（　　）现象。
   A. 个人　　　　B. 企业　　　　C. 集体　　　　D. 政府
2. 新媒体舆论也是现实（　　）借助于新媒体的表达。
   A. 民意　　　　B. 价值观　　　C. 消费者　　　D. 市场
3. 新媒体的（　　）使交流成为一个互动的系统。
   A. 虚拟性　　　B. 及时互动性　C. 新颖性　　　D. 创造性
4. 新媒体情绪性舆论在网上出现（　　）党和政府了解真实民意。
   A. 无助于　　　B. 无关于　　　C. 有助于　　　D. 以上都不对
5. 新闻发言人的危机公关主要表现在与（　　）的沟通上。
   A. 企业　　　　B. 当事人　　　C. 领导　　　　D. 媒体

二、多选题

1. 新媒体舆论是指在（　　）等新媒体上传播的公众对焦点问题所发表的意见和言论。
   A. 互联网　　　B. 手机媒体　　C. 报纸　　　　D. 电视　　　　E. 杂志
2. 新媒体舆论的速成性主要表现在新媒体舆论形成的（　　）的缩短和（　　）的缩小上。
   A. 篇幅　　　　B. 图片　　　　C. 时间　　　　D. 空间　　　　E. 内容
3. 情绪型舆论有（　　）。
   A. 政治情绪性　　B. 社会情绪性　　C. 文化情绪性
   D. 生活情绪性　　E. 发泄情绪性
4. 新媒体舆论的功能有（　　）。
   A. 开放性　　　B. 自由性　　　C. 舆论监督　　D. 信息传播　　E. 交流思想
5. 新媒体舆论的应对原则有（　　）。
   A. 黄金24小时法则　　　B. 信息公开　　　C. 沟通原则
   D. 不变应万变　　　　　E. 互惠性

三、案例分析题

子贡陷阱在时下的中文互联网语境里，"塔西佗陷阱"。常被用来形容"组织或个人失去公信力后，说真话也好，辟谣也罢，都不再有人信。"这种"信或者不信"，显然与塔西佗的原意（对人不对事；憎恨一个人，所以厌恶他做的所有好事和坏事）有很大的差异。更准确的称呼应该是"子贡陷阱"。

据《论语》记载,子贡曾感慨:"纣之不善,不如是之甚也。是以君子恶居下流,天下之恶皆归焉。"其大意是:商纣王坏,但也没坏到传言中那种程度。所以,君子以身居下流为耻,居下流者往往会变成吸谣体质,天下一切坏事都可能被归到他头上。换言之"君子"(个人/组织)应该重视名誉和公信力。没了名誉和公信力,谣言就可能主动上门,辟谣也没人信。

试分析:怎样才能提高公信力?

四、实训实战题

(一)实训背景

通过本实训活动,学生可以掌握新媒体舆论管理及应对技能。

(二)实训任务

(1)根据设定的主题,搜索阅读量"10万+"以上的"爆文"至少3篇,并对其进行舆论影响分析。

(2)根据设定的目标撰写新媒体文案并发布。

(三)实训步骤

(1)教师演示如何通过搜索引擎新媒体爆款图文。

(2)小组通过相关网站搜索新媒体"爆文",进行新媒体舆论影响分析,以PPT形式提交报告。

(3)分小组根据设定的目标撰写新媒体文案并发布。

(4)小组路演并评价。

参考文献

[1] 林海.新媒体营销[M].北京:高等教育出版社,2019.

[2] 李东临.新媒体运营[M].天津:天津科学技术出版社,2018.

[3] 匡文波.新媒体概论[M].北京:中国人民大学出版社,2019.

[4] 肖凭.新媒体营销实务[M].北京:中国人民大学出版社,2018.

[5] 林海.移动商务文案写作[M].北京:国家开放大学出版社,2017.

[6] 秋叶,刘勇.新媒体营销概论[M].北京:人民邮电出版社,2016.

[7] 王力剑.新媒体和电商数据化运营[M].北京:清华大学出版社,2019.

[8] 谭贤.新媒体运营实战:从入门到精通[M].北京:中国铁道出版社,2019.

[9] 勾俊伟.新媒体数据分析[M].北京:人民邮电出版社,2017.

[10] 刘向东.一本书读懂虚拟现实[M].北京:清华大学出版社,2017.